会议卷（1924年~1949年）

主　编：刘兴育
副主编：朱　军

主　编：刘兴育
副主编：朱　军

云南大学史料丛书

会议卷

（1924年～1949年）

云 南 大 学
云南省档案馆 编

云南大学出版社

图书在版编目（CIP）数据

云南大学史料丛书．会议卷：1924年～1949年/刘兴育主编．—昆明：云南大学出版社，2010
ISBN 978－7－5482－0049－9

Ⅰ．①云…　Ⅱ．①刘…　Ⅲ．①云南大学－史料②云南大学—教育会议—史料—1924～1949　Ⅳ．①G649．287．41

中国版本图书馆CIP数据核字（2010）第046529号

云南大学史丛书．会议卷
主　编　刘兴育
副主编　朱　军

责任编辑：冯　峨
出版发行：云南大学出版社
印　　装：昆明市五华区教育委员会印刷厂
开　　本：787mm×1092mm　1/16
印　　张：22
字　　数：578千
版　　次：2010年3月第1版
印　　次：2010年3月第1次印刷
书　　号：ISBN 978－7－5482－0049－9
定　　价：58．00元

社　　址：昆明市一二一大街182号云南大学英华园内
邮　　编：650091
电　　话：0871－5033244　5031071
网　　址：http：//www.ynup.com
E－mail：market@ynup.com

序　言

云南虽然地处边陲，但在近代教育的发展方面却不输内地。1922年12月，时任云南省都督的唐继尧出资创办的私立东陆大学宣布成立，校址位于已有四百多年历史的云南贡院。1923年4月20日学校正式举行大学开学典礼。1930年学校由私立东陆大学改组为省立东陆大学，1934年又进而改名为省立云南大学。1938年，学校由省立云南大学成为国立云南大学。16年里，从东陆到云大，从私立到公立，从省立到国立，学校几经改组变迁，先后有董泽、华秀升、何瑶、熊庆来四任校长，学校逐步发展，日臻成熟。

在云南大学的发展史上，最值得一书的是1937—1949年著名数学家和教育家熊庆来担任校长的12年。在此期间，云南大学进入了自己历史上最辉煌的时期。

1937年抗日战争爆发，熊庆来教授接受云南省主席龙云的聘请，出任云南大学校长。当时的云大，只有两个学院6个系，三十几名教授，8名讲师，302个学生，教学设备简陋，教学质量不高。熊庆来原在清华大学工作，他以清华为蓝本，从云南实际出发，利用抗战初期各方人士南下昆明的机会，广揽人才，延聘了一大批著名学者，如刘文典、顾颉刚、吴文藻、楚图南、陈省身、华罗庚、费孝通、庄圻泰、霍秉哲、华岗、尚钺、彭桓武等来校执教。当时云大师资阵容之强，水平之高，在全国大学中是少有的。熊庆来校长还亲自创作了《云南大学校歌》，制定了“诚正敏毅”的校训，要求学生具有诚实、正直、聪敏、坚毅的品格和精神。在熊校长的努力下，到1946年，云大已发展成为文、法、理、工、农、医等学科门类较为齐全，有5个学院18个系、3个专修科、1个先修班、3个研究室，在校学生达一千一百多人，图书馆藏书十余万册，理科各系有实验室或标本室，并有附属医院、附属中学、天文台、实习农场、实习工厂等设施较完备的综合性大学。到40年代，云南大学已被美国国务院指定为中美交流留学生的五所大学之一。1946年，英国《简明大不列颠百科全书》把云南大学列为中国十五所世界著名大学之一。熊庆来主校12年，云南大学蒸蒸日上，日新月异，被称为是学校历史上的“黄金时代”。

新中国建立后，云南大学又经过了新的调整组合，其发展也经历了诸多曲折起伏，一路走来，直到今天。随着历史的延伸，国家的发展，今日的云南大学，无论是院系设置、师生规模，还是校园环境、办学条件，与80年前或50年前相比，都已不可同日而语。然而，学校的优良传统，却由一代又一代云大人传承下来，发扬光大。从私立东陆大学“发展东亚文化，研究西欧学术，造就专才”的办学宗旨，到今天“会泽百家，至公天下”的云大精神；从当年“诚正敏毅”的老校训到今天“立一等品格，求一等学识，成一等事业”的新校训，都昭示着云大一脉相承的光荣历史。正所谓“八十余载，弦歌不断，薪火相传”。

在八十多年的岁月里，云南大学积累了大量的文书档案资料。这些史料真实而生动地记录了学校一步步走过的艰辛历程，其中包含着几代云大人的心血和汗水，是前人留给我们的宝贵遗产。随着时间的推移，一些历史文档已开始变质损坏。尽快整理、编辑和出版这些珍贵的资料，不仅可以完整地反映学校发展的历史，真实地记录历代云大人为学校作出的贡献，而且有利于我们总结八十多年的办学经验，把握未来学校的发展方向；也有利于对学校师生员工进行爱国爱校的传统教育。这是一项有意义和有价值的工作，做好这项工作，既是前辈师生校友的心愿，也是我们后来者义不容辞的责任。

由于学校1949年以前的档案资料均已移交云南省档案馆保存，为了更快捷有效地查找整理相关资料，我校档案馆和党史校史研究室与云南省档案局（馆）携手合作，计划用几年的时间，共同编辑出版多卷本的“云南大学史料丛书（1922—1949）”。在“史料丛书”完成编辑出版之际，负责此项工作的刘兴育先生索序于我。一方面因为我在学校分管档案和校史工作，另一方面也出于我个人对学校历史的热爱和兴趣，于是欣然从命，完成此序。

肖　宪

2008年8月于云大会泽院

编辑说明

1. 体例。全书按照编年体形式分章节编排。在忠实于文献档案的基础上，对所录入的会议记录做了格式化规范处理，但有的会议记录不完整，如1946年4月25日校务会议，1949年10月11日云南省公私立中等以上院校整理委员会、国立云南大学整理委员会、国立昆明师范学院整理委员会代表会议会议记录等只能按照现有档案进行整理。

2. 标题。档案中每次会议的标题不统一，如“二十八年第三次校务会议”、“第三十四次校务会议记录”、“三十二年度第六次校务会议记录”、“三十二年度第一学期第一次校务会议记录”、“三十八年第　次校务会议记录”等，标题繁杂混乱，编者做了统一处理，都统一为××年××月××日会议。

3. 编辑加工。档案中出现的异体字、通假字和繁体字，在整理过程中统一改为简体字，如“连”、“钜”、“覆”，改为“联”、“巨”“复”，“週”、“疎”改为“周”、“疏”等。档案资料大多数没有断句，编者做了断句处理。

4. 姓名。会议中出席人有的姓名不统一，如蒋惠荪、蒋蕙荪；有的用字，有的用号，如熊庆来、熊迪之。为了规范起见，按照档案中出现次数最多的来处理。

5. 学校建制。学校在不同时期的建制不同，如私立东陆时期设有处、科、系，国立时期设有院（处）、系（组、馆、室）等，均照原文录入，未作修改。

6. 数字及时间。数字用法按照1995年12月国家技术监督局批准、发布的《出版物上数字用法的规定》处理。如五〇〇〇元，改为5000元，原正确的汉字数字保留，如五千元。涉及时间，如民国卅四年五月十一日改为公元1945年5月11日。为体现历史原貌，在内文中的数字及时间未加改动。

7. 资料中部分编号混乱不清者，按照“一、（一）1.（1）”予以规范。有些编号只有“一”没有“二”，或只有“1”，没有“2”，或只有“甲”，没有“乙”的，其编号予以删除。

8. 注释。统一采用页末注。

编辑说明

目　　录

四　熊庆来时期

一　董泽时期

（一）私立东陆大学教务会会议记录

1924年10月18日会议

日期：十月十八日午后七时

出席人：校长　萧主任　赵主任　刘润卿　郝昺衡　华仲垣　余秀生　李镜华　胡学如　龚仲钧　严佐兴　杨子深　杨季岩　黄学勤　周子如　李东明

议决事项

一、本学期学生成绩照前学期标准办理发给奖学金案。

议决：照预科主任所定办理通过。

二、本学期政府津贴分配案。

议决：照预科主任所拟办理。

三、资助外省学生案。

议决：贵州学生陈德文、吴杨泽特免本学期学费、宿费、体育费、讲义费，共十四元。另案宣示，后不为例。

四、预科学生毕业案。

（1）考试时期；（2）办法；（3）举行毕业式日期。

议决：毕业办法，以各学期成绩为总平均分，定其等第与资格，若某一学期有一科不及格，须经补考，仍不及格，不能毕业，须补读后乃可毕业。考试时间定于十二月初六以前完结，初九以前各教授须将成绩送来主任室汇办，十八号举行毕业礼式。

五、预科课程变更案。

议决：由明年预科新班起，法文停授，遇必要，经学生要求时可以特别开班，旧有各班仍照旧章继续办理，生理卫生科第一学期授生理，第二学期授卫生，每周一时。

六、预科生用书购买案。

议决：各科教授将应用书目填单，尽下星期三以前送主任室，以便订购。

1925年2月21日会议

日期：午后七时半

出席人：校长　华主任　萧主任　赵主任　余教授　白尚文　范晋丞　刘润卿　周子如　李东明　杨子深　胡学如　杨季岩　龚仲钧　黄学勤　华仲垣

议决事项

校长：今晚商议事件，因本校有预科乙班。因各生程度不及，故降为乙班，约于今年六七月毕业，实于学制办事种种俱感困难，可否设法改编，使之受同等学科，以免将来困难。

萧主任：此问题曾经评加讨论，各有利弊。就学校方面论，以合并为善，其最大原因即在学制，盖本校学生均春季始业，若不设法改编，对于办事上极感困难，经济上亦因之受影响。故请各位想法解决，以免各种困难。自己之意，拟特开一班，为之补习，俾与甲班学生有同等程度。

赵主任：三角几何都可于教授本科功课时顺便补授。最重问题即在英文，拟请特设补习班不可。

校长：若特设补习班，学生担负未免太重。

议决：决定合并，令其入本年开办之本科，若一学期后，其成绩优者可与本科生享同等待遇，劣等生届该班毕业程度时仍准毕业，惟须至明年始能入本科一年级一学期。工本科之法文作为随意科。

1925年7月16日会议

日期：七月十六日午后七时

出席人：校长　华主任　萧主任　刘润卿　严佐兴　杨子深　胡学如　李镜华　黄学勤　周子如　余秀生　李东明　袁蔼耕　范晋丞

一、校长提出预科第二班升入本科试读毕业案。

对于该班学生毕业考试办法。

议决：照牌示办理，俟考试完毕，开一第二届预科学生毕业成绩评议会评议毕业标准。惟须各教授将成绩于本月二十八日以前送交主任室，定三十一号晚开评议会。

二、校长提出各教授对于学生改进意见案。

范老师：本校学生学科俱用英文考试时用中文答复，故能圆满，用英文反觉不甚圆满。

华主任：此层已据学生要求，当对各生解释究竟现在能否于各科中另出中文讲义，互于参用，或著或译。

严老师：可以拟定一种中文参考书，或给与一大纲。

余老师：可用中文解释，令学生笔记即作为讲义。

萧主任：此问题可分两层：（1）科书应否用原本；（2）考试答案应否用英文。为维持大学体制计，当用原本，如各教员能出中文本亦可，大学原评教员以自由，应由各教员斟酌答案问题，在英文好者用英文亦可达意，不好者往往辞不达我们意思。学生用中文、英文俱可，惟名词一项非用英文不可，即用英文，亦必加注英文，以免混淆。

严老师：赞成萧意，课本用原本，另由教员出讲义或由学生笔记。

校长：用原文，学生日寻字典颇分精力，若能给与中文讲义自较好。

范老师：照此。要请各教授注意，若出讲义，须告学生考试时考原文非考讲义。

赵主任：此问题应请注意：（1）学生想象中以为国内大学俱与本校有不同；（2）若用中文，恐两年后无书可用，以自己意见，学生每月须有报告，以验其试否，了解下了若干功夫，使其功作增加，则对于学校方面之责备自可减少。

严老师：文科生对于学生的请求：（1）请求减少钟点；（2）课程即分为各系。我意不必分系，可用选科制使各按天性发展，一面由教授注意月报告。

华主任：定课程表时尚不知有偌多学生均未分系，照此学期看困难可以减少，不过在本科之初，无分系之必要。已意分系学生，教授俱难办，倒不如照严意作选科制。学生意尚想将国文、英文等各分一系，以适应个性，约为计算，用选科制学生兴味可以增加。

校长：去年定课程时本分主、副、选三科，本可减少钟点，惟云南学生无自习习惯，故仍将钟点加多，将来还须减少钟点，增加自习，由教授注意月报并商定学分办法。

范老师：减少钟点可不必，由自己经验看来，求学生能了解课本已为得基本知识，若多看参考书，遇学说不用时。即莫所适从，故一做不到选科一项，问题甚大，在外国必俟有基本知识始能用选科，再则学生对于课程尚无选择能力。

校长：本校所订选科系于主、副、科之外，由学生自由选择学科学习。

赵主任：拟由主任先行讨论。

萧主任：基本问题仍在钟点多少。自己意见，一年级选科制万难办到，二年以后可以做到。

华主任：若不分选科，减少学生兴味。

余老师：钟点冲突。

校长：一、二两年不能实行，三、四两年由主任酌定。

赵主任：工科无问题，惟文科方面不可不由文科主任先行深思办法。一面应由各教授负责对学生解释（对于课程方面）。

校长：选科办法由主任拟具办法再为决定。

李老师：文科学生读书能力太薄弱，应如何增进？

严老师：问题即在英文。

三、图书部改进办法案。

赵主任：自己于图书未专研究，惟校长托付，故勉承其乏，现在略作数事：（1）训练管理员；（2）编制。惟对于教授无密切关连，亦殊有碍，应请各教授贡献意见，以资裨益。基于下学期能将电灯点着，则学生有更多参考时间。

严老师：自己对于图书馆很满意。

袁老师：对于中文书籍已出过书单，尚应添加。

校长：经费虽未确定，但尽量购买，应各教授斟酌开单，尚设法尽量购买。

赵主任：对于文科方面，初级的书尚希尽量购买。

严老师：本校当借经费扩充地点，作一足球场。

校长：由杨庶务长华主任会办。

四、预科改办高中案。

校长：本校决于明年将预科改为高级中学。

五、理预科学生请免上法文案。

杨庶务长：自己意见，拟根本取消。

赵主任：取消法文，当以他项功课代之。

校长：本校办理二年半，究竟学生对于习惯礼貌尚可观否。

严老师：很好。

校长：尚望各教授对于学生须严格训练，并讲述本校历史，俾知创造之艰难。

1925年8月17日会议

日期：午后七时

出席人：　校长　华主任　萧主任　赵主任　袁老师　杨庶务长　柏老师　聂老师　严老师　周老师　李老师（镜英）　刘老师　胡学监　周会计长　杨老师季岩　余老师　龚老师

校长：宣布开会理由。

一、学生王猷志、李谦请毕业升学案。

赵主任：王猷志因预科期间有一科不及格，照预科规程不能毕业，其次因操行不及格，经评议会议决不予毕业。李谦因文科功课尚有二科不及格，但照章得补考一次。究竟该生等应否毕业？需讨论。

杨季岩：经议定，若因要求而改变，恐不能办理，若准毕业，不啻推翻评议会。

萧主任：若经学生要求，不变更，于教职员之管理、教授俱有不便。

赵主任：尚有周旋余地。

华主任：学生要求答复，前次牌示经据校长答复，即不毕业，将来也有办法。

赵主任：李谦功课不毕业，尚有办法，王猷志则否。办法似应分两种。

校长：经严办去始与规则符合，毕业当然不能，惟须给与一求学机会，使之自新，而示惩戒。

余、严：根据前次牌示办理。

议决：降班半年（预科二学年第三学期），以观后效。

二、课程表排列案。

议决：通过。

三、预科第三班毕业案。

校长：该班科目请赶于本年十二月五日以前教完。

赵主任：此事在十二月五号以前即须结束，十九日放假，故该班功课须在五日以前教完。

四、插班生成绩审查案。

赵主任：此次应考十一名，照章一个俱不能取，就中张一名总平均分及格，内一科不及格，应取否？请讨论。此外尚有四名，亦各有特长，拟取，已取一名，试读生三至四名。

杨季岩：入学试验不得从宽。

校长：似可照办。

议决：照办。

五、各教员于星期六日为学生讲演常识案。

校长：学生于功课外，须有一种办事能力，故请教职员将心得为学生讲演，且可与学生联络讲演题目，由各位自定。请讨论通过，即自开学后一星期即实行。

议决：另表排列通过。

1925年11月18日会议

日期：午后七时

出席人：校长　华主任　萧主任　赵主任　刘润卿　周贾斋　严佐兴　周子如　李东明　黄学勤　胡学如　李镜华　聂庚余　杨子深

一、本学期预科毕业事项。

校长：宣述开会理由。

本届预科学生考试提前两星期，成绩应于何日交主任室？

赵主任：请自十一月二十九号起至十二月五号止，将该班考毕于十二月七日以前将成绩送主任室。至于不毕业各班，请将学期考试留一二科于毕业礼之后，以免学生纷散。

议决：照办。

（一）预科第三届毕业礼定于十二月十六日举行。

（二）毕业生评议会仍照前办理（由各主任、各科主任、学监同系教授组织），聂庚余、黄学勤、李镜华、柏西文、李东明、袁蔼耕、杨子深、杨季岩、刘润卿、胡学如各科主任定十二月九号晚开会。

（三）毕业礼委员会。

（来宾）创办人、各军旅长、各团长、各校长、各团体会长、本校赞助人，由秘书处办。观礼券一千张。军乐、训练礼式由赵主任办。余兴不定，由华主任、刘老师办。杂务由庶务处办。招待由华主任、胡学监办。

（四）不行毕业礼，成绩有一科不及格者不得毕业（布告）。

二、关于给分标准案。

萧主任：本校奖金现已另改办法，惟津贴尚仍旧，因此之故，若各教授给分标准不一律，则学生成绩即难确定，往往发生异议，此点应请各教授注意。

校长：本校教育方针今后宜改为德国式，因学生无论如何训育，一与社会接触，即立刻沾染一切恶习，故今后只能注意，讲座教授务必严格。

赵主任：方才校长所言自己已有一点感触，本校学生无论如何训育，一到社会里去即根本变异，故训育一端实属无法，况大学为高等教育人才，教育不能兼顾训育一方，只求选就几个人才，希望尚似较多，故求各教授严格教授。其根基薄弱者只好听其自然。

三、学生体育案。

华主任：对于体育有点意见，本校体育现有网球、足球、篮球、排球等，大致完备，外方学校对于学生体育设有竞技赛会等，以启兴趣，并给与奖励以示提倡，本校似宜注意及此，请讨论。

胡老师：自己授兵式体操，此种体操各生在中学时代业已操过，故感觉无趣味。

刘老师：早操一方，近来受校长检查后，缺席者甚少。至课外运动，因无组织，不好运动者无论如何均不运动，拟请由提倡奖励方面做去。

萧主任：拟将体育费定为两种：（1）上体育者减少，不上体育者增高。（2）组织体育评议会鼓励提倡。

校长：由华主任、刘胡两老师组织一体育会筹备办理。

四、限制学生旷课案。

赵主任：本校学生点名册向系每教授一本，册上曾经载明学生缺席，二次以上即请通知，以便追究。惟接到此种报告者，绝无仅有，以后应请各教授注意，盖不如此，功课即无从整顿。在寒假或者尚须集合各教授从长讨论。

1926年3月9日会议

日期：上午十时半

出席人：校长　萧主任　赵主任　周教授　严教授　周会计长　胡学监　刘教员　李管理员　杨庶务长　李教授东明华主任　李教员镜英　何教授元良　余教授　袁教授　龚教授

主席：予不久外出，特开此会，将自己所欲为诸君言者，就此一言。（1）本校经费向恃捐款，现因金融枯竭，影响甚大，本校设备因之颇不完全。此次外出即募集捐款及捐募机械等。（2）本省交通亟待整顿，此次外出即劝华侨投资开发本省实业。（3）自己回来已久，知识锢蔽，亟须外出一次，以新耳目，并与各大学联络感情，至于出外以后一切校务均交行政委员会办理，在此期间料想诸君必能使校务日有起色，请诸君负责办理。又委员会事务已陈蒙创办人核准。本学期新招预科一班，应照章组织招生委员会，至各委员自己当照章延聘。

赵主任：点名制度前次曾经议定，各教授每人一册，然各教授多未实行。此后务请合作，按时点名。每晚将名册交主任室或学监，以便登时跟究至证，分册分学期、月终平时三项，亦请照办。

萧主任：工科第一年级去年毕业者仅有三名，曾经研究一次，若人数过少即不开班，现在新生报名者仅有一名，去岁讨论过不足五名者不能开班，应否照办，请讨论根本办法以便照办。

赵主任：或者本年理预科生即可先行问明能否续学，以定开办与否，若人数不足、即将该班改为职业科。

主席：工本科限定至少六人，不足六人即不开班。理预科班无六人以上升入本科，改办职业科。

议决：照办。

萧主任：各科教本请各教授到图书室清理寄到与否，如未到，即请通知以便催促。

赵主任：本校各科教本均由各教授自行采用，英文一科请由英文老师到商务书馆采定通知。又科书不敷分配，学生应照何办法。

议决：敷用则卖，不敷用时由教授先日指定，令学生自到图书馆摘录，不能借出图书室（限定本科）。

主席：星期六演讲，照旧施行。

1926年5月8日会议

日期：午后四时

主席：华主任

出席人：萧主任　洪启文　严佐兴　周子如　刘润卿　周栗斋　李镜华　杨子深　胡学如　程懋泉　李东明　聂庚余　袁蔼耕　聂迤南　李颂鲁　余秀生　范晋丞　何元良　段辅堂　龚仲钧　华仲垣

讨论事项

主席：宣布开会。今日开会在整顿校风，近日学生常到主任室要求事件，足见该生等对于学校尚有不满，经委员会研议，分教务、校务两方办理。校务方面已着手整顿，至于教务方面，亦应进行，请各位提供意见。

赵主任：在两星期前校内发生数事，兹择其大者言，即有学生以非正式呈文谨求更换教员等等，此为本校开办以来所未有，当经驳斥，不准。此外为擅移公物等等，俱时时发见。至校务方面已着手整顿。教务方面不得不请各教授合作，照历来思想，如果功课不严，学生即因之懈怠，往往产生非礼举动，故请各教授照章点名，遇有非礼举动，即请通知主任，由操行方面办理，以免涓涓不塞。但考察操行系属消极，兹拟从积极方面，兼及并进。自己近来觉得全国高校师生感情异常薄弱，故拟创办音乐、体育等会，每周费一夕之力联络感情，增进学生研究兴趣。

刘学监：上下堂不依照钟点，殊有妨害。

主席：以后请各教授按时上下。

周栗斋：有些学生对于教室规举不甚严重，使教授芥蒂。此属似应加以注意，以养成规律习惯。

胡学监：此等举动，间或有之，学监在教室外面殊难稽查。

主席：请学监及各教授随时取缔。

萧主任：照现在教育趋势观之，大概可分放任、严格二种，此种分别在中学时代则然，至于大学多主放任，但以今日环境观之，往往易受恶势力诱惑，且学生自治力薄弱，尚不及外国中学生，以此情形不得不反潮流使校风有所改进，以影响全省学校。在本校成立时，俱持干涉主义，至去岁因伙食昂贵，学生要求出外膳食，因此自习钟点不能遵守，种种举动因此产生，若不整顿，不知依于胡底。校务现已积极整顿，教务则须请各教授援助，认真点名。现已由行政委员会拟订操行规则，此项规则以分数表示，以八十分为基本分数，若一学期不请假不迟到，照加分数，次则不迟到等亦照加分数，反之即由八十分内照扣之，至四十分者除名。若在四十至六十分间者，即扣发政府、地方津贴。此即操行方面之消极办法，但此法在学生看来不过一种压力。在积极方面似应提倡各种会团，庶可渐使学生纳入正轨。

主席：方才萧主任所言关于操行方面，必须各教授按时点名，方便考察。至补救办法即如赵主任所言，提倡各会，俾学生不致分心他事。

洪启文：自己意见，各教授可以各用一本点名簿，若遇学生不到，开单送学监查究。此种簿子即留教授处，随时登记，并记录各生操行，似较便当。

萧主任：本校以前即照此办理，但行之两年，因此种须至学期末转交到主任室，且往往有分数而无其他记录，故本年始改行新制。

赵主任：现在讨论结果似宜仍用旧制，但有何法可使学监能即时知学生不到？

洪启文：如无学生旷课报告，即系教授不合作，至于报告方面可用小箱一支放置教员休息室，教授遇学生不到时，书片置其内，由学监启视查究。

赵主任：现在洪教授意见仍照旧制，人各一本，将格子放大，遇学生不到，书片置其中。

范晋丞：与其用簿不如用卡，以免麻烦，遇学生不到，即揭卡置箱中。

萧主任：如此则教授于记分无考。

余秀生：且箱太多，以后麻烦。

主席：提付讨论。

范晋丞：现有三难：（1）格太小；（2）符号；（3）无日子。

萧主任：范教授所言容易解决，只须将各簿格式改变即可。

主席：以恢复旧制点名册，人各一本，在教桌添用便用条，遇学生不到，随书置箱中。付表决，举手多数通过。

主席：提出设立音乐、体育各会，请讨论。

程懋泉 ：每学期开运动会一次。

萧主任：将各班分组，每学期比赛一次。

主席：委员会议决办法，由教职员成立一会，加入学生方面请各教授自行认定一项，下次组织。

严佐兴：现在各会均有做中文演说一项尚无，应组织中文辩论会，俾学生练习演说。

萧主任：付议。

主席：以组织音乐、体育等。会付表决，多数举手通过。

主席：请自行认定。一会认定如下：

体育——周　李（镜华）　何　刘　聂　华　胡

音乐——柏

中文辩论——袁　严　龚　洪　程　李（东明）　周（栗斋）

英文——范　余　严　洪　萧　华　袁　段

科学——萧　李（颂鲁）　余　何　段　聂

主席：请各会自行公举主席。

体育——华

中文辩论——袁

英文——洪

科学——余

主席：此外有无应行整顿事项，请讨论。

严佐兴：月考应严加注重。

范晋丞：主张废除月考。
萧主任：并行不悖。
主席：请各位斟酌办理，务从严格。
范晋丞：学生于课前无预备，如何办理？
萧主任：现在自修方面已从严办理。

1926年7月26日会议

主席：校长

出席人：赵主任　华主任　李颂鲁　段辅堂　何元良　周子如　刘润卿　聂庚余　龚仲钧　杨季岩　萧敬业　李东明　聂迤南　洪启文　胡学如　李镜华　柏西文　袁蔼耕　华仲垣　余秀生　李伟架

报告事项

主席：今晚为自己回校后第一次会议，谨将在外情形特为各位一述，自己在外除政府任务外，即为本校宣传，外方近已知有本大学，且知本大学在云南文化上之重要。其次即为募捐，此事可分三部：（1）香港方面已得何东、陈廉柏等赞助，尚有希望。（2）上海陈光甫、任稷生等均极赞助，又留美同学认捐印机一架，已有把握，自己希望将外方捐款抵补仪器费用。（3）日本方面对于捐助本校颇形冷峻，故不欲向彼方要求经济补助，而向彼等要求补助机械。因向文化事务局接洽，一再交涉，始将特别允许补助，并嘱逐年向该局要求，以便列入预算。此外庚子赔款，从前均极力交涉，均无结果，此次出外向黄任之诸君接洽，已允下次分配时力为协助。故自己在沪时曾写信回校，请各位报本计划。前数日又写信给各主任，此美款方面之情形。至于英国庚款，自己在沪时曾列席讨论，如方针决定当可望分配本校。此次在外就各方观察下来，觉得本校教职员同心同德，颇足自豪，各大学亦颇钦仰，甚望各位努力做事，为西南放一光明，为中国放一光明，且可使本校在国中树一良好模范，若果一部办好，全部随之而好，以副吾人报效国家之初意。

讨论事项

赵主任报告：本校在上学期曾开教务会议议决管理教授均取严格，后由行政委员会本此议案拟定办法两项：（1）管理方面分积极、消极两项。消极方面注意上课、自习两端，曾制定操行分数记分法一种，此法中最重要之处在于旷课一点，曾经教务会议议决，由各教授追究，但自施行以来，合作者固多，而不合作者亦复不少。若有什么困难即请提出讨论，否则自下学期起即请合作进行，此消极方面之事也。至于积极方面为体育会、科学会等等均已成立，就吾观察下来，尚收一部分效果，此上学期较重事项之情形也。（3）此外又上学期所行之点名法等有无窒碍，亦请各位讨论，以便改善。至于下学期功课略有变动，诸君有何意见亦请提出讨论。

主席：各位对于操行记分法尚有应行改善之处否？此外积极方面之各种会团尚有应行增加之事项否？均提出讨论，以便下学期实行。又各位对于学生品行、课程各方有何意见，请即报告，以便改良实行。本校每学期终了均开会讨论下学期应改良事项，以期集思广益，臻于至善。

赵主任：各教授无甚意见发表，主任室尚有一事请各教授注意者，即请将上学期成绩尽本月二十八日以前送交主任室以便汇办。又关于体育一项，华主任提议早上做剧烈运动似于课程有碍，拟将早操钟点缩短为廿分钟。

刘老师：现在早操系分两部，一部分习柔软操，一部分习拳术，除点名时间外，大约所上亦不过一二十分钟。

华主任：将体育钟点减少，可以减少疲劳。

萧主任：将钟点缩短恐引起学生怠惰习气及不注意，不如钟点仍旧，而由实际着手。

华主任：自己意见亦从实际着手。

主席：体育一项可以照我们在学校时候办理，不必拘定时间，行教相宜不知何时为宜。

萧主任：从前将体操、体育分开，球戏作为课外运动，用意在鼓励学生起早，如照规定运动似亦无甚妨碍。

刘老师：若将时间移动，恐学生又将懒睡不起。

主席：现在意思是在操一分钟有一分钟之益，由刘老师研究办理。

主席：军事体操亦可顺便一说，当国中反对军事教育之时，本校不避非难，毅然行之，以提倡尚武精神，为国家乡里之用，但几年以来学生方面不见有尚武精神，究竟以后应该积极进行乎，应增加或减少钟点乎，抑应进行裁废乎？应请刘老师将经过情形报告一下。

胡老师：军事教育全在训练纯迅，而学生方面以为动作简单，在中学如此，在大学亦如此，殊少趣味。其次因枪支太劣，学生不愿操习自己，因为军事教育或与学生心理不合，故不免疏忽一点。以后请校长将枪支，掉换较好点的，以提起学生兴味。至于野外练习，因课程关系殊难实行，究应如何办理请校长斟酌。

主席：此外教务方面下学期应讨论者，请主任提出。

华主任：自己对于文科方面之法文有点意见，因为学生英文程度不足，学生学习极难展开，要求取消，可否暂行取消，请讨论。

主席：俟将来详细考虑。又英文一项本校科书概用原本，意在使学生得科学真义，但中国人似不必用英文，可否由教授自编讲义，用讲义有无妨碍等等亦关重要，并请研究。

李镜华：用英文作教本，因中国书籍贫乏，用英文成为不可避免之事实。自己意思以为在预科时代，一切功课除英文外概用中文，庶到本科时代不致感受困难。

主席：问题太大，应由各教授提供意见。

萧主任：此事可分两项：（1）学校应取人才教育方针。（2）抑取广泛教育方针。若取前者，当然不能改变目标，若取后者是将一切事项推翻，问题太大，非今晚所能讨论。

主席：我所提出的并非改变方针，是在研究几年来教授经验上之困难。

萧主任：法事一项，以自己意见在云南方面需要甚急，文科方面似不宜遽然变更。至于预科改用中文，恐到本科时尤感困难。

余秀生：英文程度不足，教授上因感困难，但将要点用中语说明，亦不见十分困难。

主席：自己所想者不在改变方针，而在研究方法。致（至）于法文方面亦然，非欲取消是科，而在研究该科教授之方法。

余秀生：现在各教授教授课程有用原本者，有自编讲义者，均就各人所近者而用之。

洪启文：法文方面应先研究，是否学生来不及，抑系别有问题。至于教授方面，自己有一方法，即将原文上文字写出来，令学生抄写一遍，然后逐条解释，如此数次，学生对于名词方面当然了解，以后看原文书籍自然容易。

赵主任：本校因种种关系，近来不多开会，有许多事件为今晚所议者，非有部会议时，常开会不可，以后至多两星期开会一次，廑教授效率可以增进，不识各位意见如何？

主席：赵主任所提议自己甚表赞成，盖时时研究，然后好方法始能产生。各位对于赵主任所提议是否赞同，抑或有修正之处，请讨论。

李颂鲁：自己意见以为不如由教授随时思索，遇有意见即书片送交主任室，以便汇集讨论。

何元良：自己以为教授会议应分别文工科及各部分，以求一致。

主席：总教务会议可定两月一次，有事时临时召集，部会议两星期一次。

李镜华：会期不必过勤。

萧主任：部会议不必专注重教授法，其次各课本、课程等等均应列讨论之列。

赵主任：学生对于教授教法讳莫如深，教者殊不易得真实之批评，如有部会议，可在会中讨论，而求改善，如此学潮亦可消除。

洪启文：自己以为部会议可不必规定，因主任即为部首，可由主任召集。

赵主任：我所说的部会议稍有不同，于系统言，不以科言。

赵主任：动议自本年下学期起，每两星期开各科教授会议一次，增进各科教授效率，每两月由校长召集全校教授会议一次，增进全校教授上之效率。

萧主任：会议应分总会、科会、系会各种，总会由校长召集，科会由主任召集，系会由何人召集应请预为规定。

主席：系会不必分，以科会为单位，凡开科会时全部教授均可列席。

赵主任：提案，主席付表，付举手，多数通过。

1927 年 8 月 11 日会议

主席：校长

出席人：萧主任　余主任　何会计长　杨庶务长　李颂鲁　杨季岩　浦逖生　陈华庚　刘润卿　黄日光　严庆余　邓屏洲　岑仲垣　李镜华　聂雨南　刘铁庵　袁主任　胡学监　柏西文

校长：新学期开始，下学期事办项特照例提出讨论。

一、授课时间表请各位认定。

二、分配课外讲演时间。时间改为每星期六十一至十二时。

三、考试问题。现在各教授对于各科试验、学期试与平时试多未一律举行，此后请一律举行，平时试验及学期试验以符定章而肃校风，否则政府津贴标准及捐款免费标准即不易决定，而对学生家族，成绩亦无从报告，困难诸多，请格外辛苦，认真考试是所愿望。

四、操行问题。训育方面并关重要，亦请各位随时注意，随时指教。至学监方面对于管理方面有何意见，不妨提出讨论。

五、学生课外活动问题。此前课外有各种会团，本学期应仍旧举行，抑改弦更张，请讨论。

萧主任：考试问题已经校长详述，现仅就主任室困难一言，请各位帮助。以前学生成绩放假两周后即可寄出，本学期至本日止，只有三分之二，因此对于免费方面办理殊难，务请将前学期成绩在一周内送校是盼。又闻前学期学科有经学生请求未考试者或延期者，其未考试者请于两周内设法补考，将成绩送主任室以便办理。

校长：在外国方面往往定一空间、时间，许学生自由问难。拟自本学期实行，烦各位自定时间通知主任室转知学生，俾便前往。又上学期曾提议由各教授组织一研究会，互相研究本科各事项，遇有须改良者，即通知学校改良办理，以免学生烦言。又国文一科学生请多作几次，请自下学期实行。又点名一项关系学生勤惰，以后按时点名以便稽查。又讲义一项漫无规定，不免虚糜，以后请将应用数目开交庶务处，以便考核而期节省。

浦逖生：关于学生活动，拟请举行一种比赛，如中英辩论之类，若干日举行一次，由各教授指导，胜者给予奖品，以资鼓励。

萧主任：浦老师意见甚为赞成，或者自本学期起特别注重一项，其余亦仍旧进行，一面布告学生，以各教授担任会团，由学生自往接洽。

华仲垣：此事关系学生，似应多于征求学生意见，由学生自动办理。

浦逖生：学校亦可办理，但如此赛时事无人主持，进行恐缓。

校长：或者由学校代聘主席，令知学生自行组织。

柏西文：学生虽组织音乐会者甚多，惜无地方、器具，应先行准备。

余主任：奖品、比赛由学校规定，会团由学生组织，方可引起兴趣，促其活动，俟有基础，自可交其自办。若决定如此办理，即由校拟定简章宣布。

议决：照余主任提议办理，事务交教务处主办。

萧主任：本校校歌屡经提议尚未拟定，应从速办理。

议决：通知本校教职员、雇员、学生征集校谣草案，给予奖品，由秘书处办。

校长：各科会议应如何组织?

议决：每学期内随时由校长召集各科会议，如数学会议、英文会议之类。若范围较大，可召集科会议，如工科会议之类。

1928年5月5日会议

主席：聂雨南

出席人：华秀升　李颂鲁　杨季岩　范晋丞　余秀生　聂庚余　刘润卿　张鲁川　刘铁安　段辅堂　段继之　李镜华　柏希文　李季立　邓屏洲　陈仲福　蒋耕　何元良　赵述完　萧敬业

主席：自校长公出后，校务皆由行政委员会主持。前经通告，本日恰值自己主席。关于各科事务请各科主任报告。

华主任：关于文科方面，所当讨论者为教材。文科教材为中文出版物，有适用者自当选用，其次则由教师出讲义，其次始用英文原本。

范晋丞：教材以普通为主，至于选用教材，当得教员同意。

华主任：本校教材原由教授主张，惟因有种种困难：（一）因购书需时超，列时选用教授已去兼之。（二）学生不买，遂使新书置之高阁。而学生则要求发讲义。生出种种弊病，养成学生依赖性，故前次教务会议只主张发大纲，而不发讲义，已意本校对于购书应设法推销，现已想出种种方法。请图书主任报告。

袁主任：学生不采购，原因在价格太贵，致使校中推置万余元之书无法。始因富行减半汇水，本校仍照半价售给学生。近定办法，学生将来仍可退还。

范晋丞：书之损失不在售不售，而在学生看不看，最好是强迫学生在图书室自习。

赵主任：强迫自习当然点名处点名，须设指导员，不过指导员一层，难于其选，且学生大半通学，亦难全行到校自习，即监学亦感受其很困难。

袁主任：可否将科书改为参考书，使学生参考。

华主任：关键仍在推销书籍，若书不买，又不发讲义，学生所得殊不实际。

柏西文：外国大学有深长历史，故始有今日情形，本校不过数年，遽难出列，只能徐徐做去。

议决：文科教材尽图书室现有者选用，如不合用，而有其他代替书籍，亦可采用，如中文出版物或讲义之类均可，总以学生得实际知识为准。

主席：请工科主任报告本科应商事件。

杨主任：工科学生无甚问题，所要者仍在推销书籍。

主席：请预科主任报告事务。

赵主任：现有数事请各位注意。本校预科每年都有毕业，但自前年以来，发生要求教员给及格分数之事，影响甚大。自己屡次思索，得办法如下：照本校预科规程，五十分以下须重习，后因体谅学生，准予补考，结果繁不胜繁。现在只有实行校规，如学生程度太差，即请准予五十分以下之分数，令其留级重习，其余及格学科仍得升级，意在一则不为少数人而牺牲本校严于训练之精神，二则藉此矫正学生不良之积习。此事在主任及教授双方俱有保障。盖学生补习功课，须经主任考察，若有相当准备，始商请教授补考。此事当限定预科，故特提出报告。现在请各位就功课表，将间暇、能认定教授之时间填就，以便排列。

华主任：本校自有文科以来，即分政治、经济、教育三系，本年已无教育系，因一则学生太少，统计前后只有四人，太不经济；二则不便开班，故只好暂停，俟将来经济充足或学生多时再为开班。特将此情形报告诸位知道。

会计长：本校董校长出募捐，约期六月，已将六月。经费筹足，此项经费即系法公司赔款，法公司赔款牵涉太大，已经交涉多次，都未收到。一二两月份薪水只能暂缓，俟董校长回校时再为补发，特此报告。

赵主任：本国学潮一起一伏，自去岁大学潮之后，大约有一二年平静，可以趁此整顿。整顿之道，遂点名为先。以后务请各教授按时认真点名，不到者及时通知，以便立即追究，此于学生学业不无相当利益者也。

1929年3月16日会议

主席：校长

出席人：杨主任　华主任　邓主任　李季立　范晋丞　何元良　余秀生　聂庚余　段继之　杨子深　张子深　倪宣之　鲁啸轩　刘润卿　胡学如　聂雨南　陈松岩　刘铁庵　赵述完　袁蔼耕

校长：今天开会讨论各科应办事项，请各科主任报告。

华主任：文科一年级能否开办须看学生是否足额。

杨主任：工一亦与文一相同，须看报名学生多少。

邓主任：预科今年共报考有八十六人，能否取若干，尚未定，总之此次取录，重质不重量。至上课方面，因龚老师外出，预一“名学”暂以“政治经济”代教，下学期再授预二“国文”，请倪宣三老师代授，因刘铁庵事忙之故。

讨论事项

一、上堂点名若不实行，一则操行分无法根据，二则学生借故对于不喜欢教员钟点即不上课。以前对于点名曾想过种种办法，今年本科拟请照旧点名。预科学生较多，应如何办理，请讨论。

议决：以后上课仍由各老师逐堂点名，点名簿每日更换一张，课毕交教务处核汇，其有应名后又私自退堂者，由教员及学监干涉纠正。

二、早操应否继续，如须继续，是否与其他学科同一重视。

议决：早操应认真与其他学科同一重视，自本学期起，每早自七点半至八点钟为早操时间，无论通学、住校，均须一律上操，女生免上。

三、本校应否实行军事训练？

议决：实行训练。详细办法由教务处商议。

范老师提议：学生既不能一律住校，所有住校学生应严其出入，以免在外游荡，误荒功课。

校长提议：本校学生有平时不用功，追毕业时成绩不及格而教员麻烦者，此后请将各生成绩早日送校，以便斟酌去留而免临时麻烦。又此后对于学生管理，务请力从严格，以保校风。又国文一科请多出题目令作，并请多指定参考，使其自习方可，勿游荡情事。

胡学监提议：此后对于管理学生，应如往昔分工合作，职员应负管理责任，夜间并应到校巡视，此其一。又行政会议自己未得加入，于责任方面不无妨碍，此其二。又各部方面薪水俱有增益，而学监则否，权利、义务不等平均，此其三。

校长提议：各教员中对于学生成绩每每互有出入，此后请各教员随时交换意见，则各生成绩可归一致，遇学生成绩恶劣时，即立主予开革。

1929年8月21日会议

日期：八月二十一日

主席：华主任代

出席人：李镜华　鲁啸轩　李季立　聂雨南　邓屏洲　刘润卿　张鲁川　袁蔼耕　范晋丞　黄日光　余秀生　胡学如　聂庚余　聂镇南

讨论事项

一、上学期因火药灾未举行学期试验，现距下学期注册日期不远，关于淘汰学生应如何办理案。

议决：尽本星期五（八月二十一日）由各科教员将成绩送交主任室核汇，应淘汰学生仍根据成绩办理。

二、范教员提议：注意饮料，并添置校工清洁教室案。

议决：转达庶务处照办。

三、刘学监提议：请会计处规定发薪时间或将薪水改为封送案。

议决：转达会计长务酌办。

四、范教员提议：于本校经费可能范围内规定购书费案。

议决：转请校长核办。

1929年12月9日会议

主席：校长

列席人：何元良　聂雨南　杨秀岩　刘润卿　杨子深　张子浚　华秀升　陈勋仲　邓屏洲　范晋丞　聂庚余　倪宣之　黄日光　袁蔼耕　胡学監

主席：本校凡有学生毕业，应先开成绩评议会。本年毕业之本二、预六学生成绩，昨经讨论，因出席教员较少，未曾决定，本晚请继续讨论。

议决一：对于以前英文不及格各生，昨会议决补考，仍应请李教员照章补考，以肃校章，而尊重本会精神（星期三八至十时补考）。国文未交卷各生，并请倪老师补考。

议决二：万福龄、张维辰两生有三科以上不及格，且操行太差，应照章留级。

二　华秀升时期

（一）省立东陆大学校务、教务会会议记录

1930年10月21日会议

日期：十月二十一日（星期二）午后二时

主席：华秀升

出席人：聂长庆　袁丕佑　杨克嵘　赵家遹　严继光　杨维浚　萧扬勋　聂体仁　刘元才

记录：邵润

议决事项：

一、本校开学及注册日期案。

议决：定二十四日午后三时开教务会议排列功课表，是日及二十五日注册，二十七日实行上课，分别布告登报。

二、规定职员名称案。

议决：本校各部处主要职员概称主任。

三、规定司书、校工人数、薪工案。

议决：由会计、庶务两主任就预算范围及各处状况酌定需用人数，再就现有司书、校工分别去留，其应添设及补充员役向外招考，从优给薪。

四、大学军事训练及附中童子军案。

议决：大学军事训练应添设军事训练员一人，加援军事学科。附中应照章实行童子军教练。

五、举行定期校务会议案。

议决：定每星期三午前十时在校早餐之后开校务会议。

六、教职员办公时间案。

议决：本校教职员每日须有一定办公时间，由各职员自行决定，开单交秘书处汇表通知，教员每周拟定一时为接见学生时间。俟开教务会议时提出议决实行。

七、稽查学生案。

（1）凡有嫌疑学生不许注册。（2）添设学监严格考查学生行动，通知其家长。（3）设置校警稽查出入。（4）学生出入须佩带校章。

1930 年 11 月 5 日会议

日期：十一月五日（星期三）午前十一时

地点：接待室

主席：华秀升

出席人：萧扬勋　王炳章　袁丕佑　何瑶　邓鸿泰　聂体仁　聂长庆　严继光　邓鸿藩　赵家遹　杨维浚　刘元中　梁恒洲

记录：邵润

讨论事项

一、校外学生请求插班或旁听案。

议决：特别生及旁听生本学期概不收取。

二、学生乱画墙壁案。

议决：将学生现在犯规及应行矫正之处分别列举，召集全体学生诰诫。

三、职员办公及接见学生时间案。

议决：邓主任星期一二三四午后、星期五六午前在校，严主任继光每日午前十一至十二时在校，聂主任长庆每日十一时以后在校，聂主任体仁星期二三五六午前十时起，星期一四午前八时起在校，何瑶主任星期一午前十一时以后、星期二十一至一时、星期三全日、星期四八至十时、星期五一时以后、星期六十一时以后在校，袁主任丕佑星期一二三四五十一时以后在校，王主任炳章俟后再定，邓编辑员鸿泰星期一至五一时以后在校，赵主任家遹每日十一时至十二时在校，梁学监恒洲星期一四五六出外二小时，余均在校，邵秘书润每日八至十一时在校。

四、欢迎筹备委员案。

议决：定下星期一（十一月十日）正午十二时开会欢迎，布告学生知照，仪式临时酌定。

五、市政府呈请拆卸本校护国门房屋案。

议决：房屋由庶务处投标拍卖，函复市府。

1930 年 11 月 19 日会议

日期：十一月十九日午前十时半

地点：会客室

主席：华秀升

出席人：萧扬勋　赵家遹　聂长庆　邓鸿藩　袁丕佑　聂体仁　杨维浚　邓鸿泰　杨克嵘　何瑶　刘元中　梁恒洲　严继光

记录：邵润

讨论事项

一、本校本学期休课及考试日期案。

议决：俟教育厅将学校历改订颁行后再为照办。

二、本校此次开学原属过渡，对于学校改进办法应否由本校拟具提交筹备委员会公决案。

议决：推袁、杨、邓三主任，将文、工、法三学院编制拟定，下会提出决定，再为作成整个计划呈请省政府采择。

三、近来电灯不亮，妨碍学生自习，应如何办理案。

议决：将大学、附中学生寄宿费一律退还，由该生等自备灯火。

四、变更本校校务会议议决案，通知办法案。

议决：以后校务会议议决案于下次会议时由出席者分别盖章认可，不再油印分布，以省手续。

1930年11月22日会议

日期：十一月二十二日（星期三）

地点：接待室

主席：华秀升

出席人：邓鸿藩　杨克嵘　杨维浚　袁丕佑　范师武　王炳章　邓鸿焘　赵家遹　梁恒洲　何瑶　刘元中

记录：邵润

讨论事项

一、捐款学生及家贫学生向有免缴学费办法，此时应否继续照办，请公决案。

议决：捐款学生及家贫学生均照旧案办理。

二、续议本校明年改进意见案。

议决：再由杨、邓、袁三主任及预科、附中主任分别研究，尽一星期内提出。至于预算，以国币为本位。建议书内并声明理学院之重要，惟须有充足经费始能开办。

三、本学期试验及放假日期案。

议决：定十二日二十七日举行毕业礼，一月一日放年假。

四、全省运动大会，本校得奖学生应开会慰劳案。

议决：定十二月一日（星期一）午后二时在至公堂开会慰劳，招待茶点。由各班推举代表一人参加，并由职员醵资酌购运动衣袜奖励。

五、本校学生请于本星期六（二十九日）举行秋季旅行案。

决议：照准。惟星期一不能放假。

1930年10月3日会议

日期：十月三日

主席：华秀升

出席人：赵家遹　袁丕佑　邓鸿藩　萧杨勋　严继光　范师武　王炳章　邓鸿焘

何瑶　刘元中　梁恒洲　杨维浚　聂长庆　聂体仁

记录：邵润

讨论事项

一、本届本预科毕业生应实弹练习，拟请省政府发给空包四百枚案。

议决：照办。

二、本届学生毕业礼办法案。

决议：

（一）毕业学生届数改为民国十九年。

（二）礼节照旧。

（三）会场布置等项由庶务处担任，文凭、成绩由教务处担任，请柬、通告由秘书处担任，训练、礼节及招待由学监处担任。

（四）毕业学生制服，本科用学生装，预科用原有制服，教职员听便。

（五）毕业生游艺会准予举行。大学推举杨主任子深、刘梁两学监、王主任、赵主任，附中推聂主任、李虚黄、刘耀秋主持筹备游艺。日期由一月二日起。

三、附中学生呈请发还垫用运动会款项及同学录津贴由。

决议：同学录系该生等自身之事，碍难发给津贴。至运动会费用事，在本校改组以前，本校经费困难，所请并难照准。

四、续议本校组织案。

决议：文法两学院照办，薪水校长六百，院长四百，系主任二百五，事务主任定三百，其余各项将于星期五午后七时开会决定。

1930年12月10日会议

日期：十二月十日

地点：接待室

主席：华秀升

出席人：杨维浚　杨克嵘　邓鸿藩　赵家遹　袁丕佑　聂体仁　梁恒洲　刘元中　邓鸿森　王炳章

记录：邵润

讨论事项

一、学生毕业游艺会筹备办法案。

决议：由前次会议推定各筹备委员先就经费、日期、科目等项商定具体办法，再督同学生筹备进行。

二、第五班学生童锟呈请设法开班以资造就案。

决议：所请有碍校章，碍难照准，如该生愿继续求学，准归入第六班上课。

三、省府令据市政府呈请拨用本校南城房屋案。

决议：此项房屋昨准市政府函请拆卸，业已投标拍卖，呈复。

四、学生请示游艺会名称案。

决议：定名为“新春游艺会”。

五、秘书处拟具毕业礼秩序及请柬案。
决议：修正通过。

1930年12月17日会议

日期：十二月十七日
地点；接待室
主席：华秀升
出席人：邓鸿藩　严继光　袁丕佑　赵家遹　聂长庆　梁恒洲　邓鸿焘　杨维浚　刘元中　聂体仁　何瑶
记录：邵润
讨论事项
一、毕业特刊投稿较多，排印不及，应如何办理案。
决议：用小字照新开式排印，先登载重要稿件，次要文字留俟校刊出版，再为刊登。
二、南城房屋售获二千五百五十元，即由此款内以二千元补助学生游艺会案。
决议：照办
三、本校教职员薪水收据及一切单据，应照贴印花案。
决议：照办，以便报销。

1930年12月24日会议

日期：十二月二十四日
地点：会议室
主席：华秀升
出席人：聂长庆　杨维浚　梁恒洲　严继光　聂体仁　赵家遹　何瑶　邓鸿藩　刘元中
记录：邵润
讨论事项
一、召集本届毕业学生成绩评议会案。
决议：定本星期五（二十六日）午后七时开会，预先通知。
二、毕业式各项事务担任人员案。
决议：推严主任为来宾招待主任，刘、梁学监为学生招待主任，苏二南、施凤飞为司仪，毕义德速记。
三、毕业生修学证书案。
决议：特别生证书照例发给，惟不能参加毕业礼。

1931年2月3日会议

日期：二月三日

地点：会议室

主席：华秀升

出席：袁丕佑　聂体仁　杨维浚　梁恒洲　刘元中　何瑶　赵家逼　邓鸿藩

记录：邵润

甲、报告事项

主席报告：本校奉令缩紧组织，因将会计、庶务两部合组为事务部，下设会计、庶务两股，编辑部裁撤，训育部亦缓设，以后再斟酌情形添设。

乙、讨论事项

一、本学期教务会议日期案。

决议：定本星期六举行。

二、本学期应征学费数目案。

决议：本预新旧学生一律照招生广告所订各费数目征收，其旧班生中纳费不及此数者，仍照原数缴纳，布告知照。

三、增进教学效率案。

决议：缩减课堂时间，加重课外工作，由各教务主任详加考虑，提出教务会议（议决）。

四、整理寝室案。

决议：由事务主任、学监、庶务股长会拟办法，毕业生饬令迁入附中寝室，大学学生饬令一律在校住宿。

1931年2月25日会议

日期：二月二十五日

地点：会议室

主席：华秀升

出席人：何瑶　聂体仁　赵家逼　杨维浚　袁丕佑　邓鸿藩　王炳章　刘元中　梁恒洲

记录：邵润

讨论事项

一、本校呈请招生及变通经费支配已奉核准，惟校产限二月底办竣，应如何办理案。

决议：暂行搁置。

二、全体学生请免收学费案。

决议：呈请省政府核示，如蒙允准，应请将本校经费免予减成，以资抵补。

三、前预科修业生请继续入学案。

决议：预科奉令收束，所请碍难照准。

四、各职员办公及接见学生时间案。

决议：（1）华校长十一至一。（2）聂主任十一至一。（3）杨主任八至十一时半。（4）袁主任十一至一。（5）邓院长除星期六外十一至一。（6）赵主任星期一四五六，十一至十二。星期二三，九至十。（7）何院长星期一，十二至一，星期二三，十一至十二，星期四，十二至一，星期五，八至十，星期六，十至十二，邵秘书八至十一。

1931年3月10日会议

日期：三月十日午前十一时

地点：会议室

主席：华秀升

出席人：何瑶　邓鸿藩　赵家遹　聂体仁　杨维浚　梁恒洲　李焜　张仲眉　刘元中　袁丕佑　严继光

记录：邵润

讨论事项：

一、取录新生案。

决议：除未毕业学生不取录外，其余应从严取录，以便将来编查。文学院取正式生张永鑫、试读生张鸿书、王兴邦、张伯庸、张瑞光。工学院取试读生王毅，其成绩较优之陈宝泉、罗钟岳、陈大谊、朱丕勋、吴玉昆、谢崇光、李培初、何子荣、关致唐等九人取为预二试读生，由教务处函知，不列榜宣布。

二、学生中尚有未注册者应如何处置案。

决议：自下星期起，凡无注册证者，不给上堂，由学监会同教员执行，先行布告。

三、举行总理纪念周案。

决议：定下星期一（十六日）实行，函省指委会派员指导，并通函布告。

四、本学期校务会议日期案。

决议：仍定每星期三午前十五十一时开会。

1931年3月18日会议

日期：三月十八日（星期三）午前十一时

地点：会议室

主席：华秀升

出席人：杨维浚　萧扬勋　赵家遹　邓鸿藩　何瑶　袁丕佑　严继光　聂体仁　刘元中　梁恒洲　张仲眉

记录：邵润

讨论事项

一、四月二十日本校成立纪念，应否举行仪式案。

决议：照章放假一日。

二、本校立案问题案。

决议：先草拟组织大纲及学则呈请省政府备案，俟奉核准再呈请转部立案。关于草拟大纲及学则，由校长核定职员组织章则起草委员会办理之。

三、学生不按时上课案。

决议：由学监严厉督促，并照案检察注册证。

1931年4月1日会议

日期：四月一日

地点：俱乐部

主席：华秀升

出席人：邓鸿藩　何瑶　袁丕佑　王炳章　赵家遹　萧扬勋　杨维浚　刘元中　梁恒洲　张仲眉

记录：邵润

讨论事项

一、学生制服案。

决议：遵照部章办理，帽用黑呢，衣裤用白市布，帽徽暂用原式，由庶务处先制一套，经核定后限令学生一体制备。

二、挑选本校运动选手案。

决议：本省定七月初旬举行全国运动大会本省选手预选会，由体育主任就本校擅长运动各生加紧训练，以便届时预选，一面并准备多种运动用工具，如跑鞋之类，使学生练习应用，以期养成习惯而符规定。

三、省立各校学生自由到本校运动案。

决议：分函各校，如欲借用本校运动场练习或比赛，须于一星期以前通知，以免时间冲突，至北门外运动场可随时借用。

四、本校二三月经费尚未领获，应如何办理案。

决议：呈省政府，并函财政厅速发。

五、学生寝室电灯不明，妨害作业案。

决议：取消电灯，退还一部分寄宿费，由寄宿学生自备灯油，交事务、学监两处会同办理。

六、本校十九年十、十一、十二月份计算应否将学费并入报销案。

决议：学费收入另案报销。

1931年4月15日会议

日期：四月十五日

地点：俱乐部

主席：华秀升

出席人：何瑶　赵家遹　杨维浚　严继光　袁丕佑　刘元中　梁恒洲　张仲眉

包仰亭

记录：邵润

报告事项

主席报告：本校二三两个月经费已分别呈函省府、财厅，克日发给。据闻呈省府公文已发至财厅，而财厅方面曾叠次催领，均以非将校产交出，不发经费为言，现已逾期多日，教职员薪水亟须发给，只好以锡务公司股票，暂行押借若干万，俟经费领获，即行归还，已托杨主任接洽。

讨论事项

一、基金会函复前校挪用补助费案。

决议：先将仪器单据检出送去。

二、东川矿业公司函本校董事是否继续委派，抑另行委派案。

决议：留俟下次会议解决。

三、向外聘请各科教员案。

决议：本年下学期各科教员预计不敷分配，拟聘土木及政治经济教授各一人，现何院长代表外出，应即托其顺便斟酌接洽。如有成议，须于下学期开学以前到滇。

四、退还学生宿费案。

决议：退还十五元，余五元作各生茶水费用。

1931年4月22日会议

日期：四月二十二日（星期三）

地点：俱乐部

主席：华秀升

出席人：赵家遹　杨维浚　严继光　邓鸿藩　萧扬勋　王炳章　袁丕佑　聂体仁　梁恒洲　刘元中　张仲眉　包仰亭

记录：邵润

讨论事项

一、东川矿业公司函询本校当然董事是否继续派充，抑改派他人案。

决议：本校财产现奉令由基金会保管，应即一面函东川矿业公司，根据前案保留选举权，并声明当然董事由基金会核办，一面由华校长分向财教两厅长接洽办理。

二、关于本校学生请投考中央军官学校案。

决议：此事本校未奉公文，且时期已过，应置不议，由王主任转知学生。

三、学生不按时上课案。

决议：（一）通函各教员，因事请假，须先行通知来校。（二）纪念周由职员轮流训话。

1931年4月29日会议

日期：四月二十九日

地点：俱乐部

主席：华秀升

出席人：邓鸿藩　聂体仁　杨维浚　严继光　刘元中　梁恒洲　包仰亭　张仲眉

记录：邵润

报告事项

主席报告：

一、本校校产、校具，现奉令，校具由本校接收，校产及东火公司财产组织基金委员会由会接收。

二、本校组织大纲现已草就，油印分送各位，请即详细审察提出意见。

1931年5月6日会议

日期：五月六日

地点：俱乐部

主席：华秀升

出席人：邓鸿藩　赵家遹　聂体仁　杨维浚　袁丕佑　严继光　萧扬勋　梁恒洲　刘元中　张仲眉　包仰亭

记录：邵润

讨论事项

一、本校校产现由陆厅长派徐梦麟代表接收，南城地基来函请专案移交，应如何办理案。

决议：一面由校长函复陆厅长，校产、校具俟基金会成立再分别接收，一面具呈省府，校产应请饬由筹委会移交基金会方合手续，俟奉核准并请派员监盘，以昭郑重。

二、修理会泽院屋顶案。

决议：先修破裂处，以二千元至三千元为标准，由校款垫用。

三、审察组织大纲草案案。

决议：先由校长、邓院长、赵主任、萧教授、杨主任集会审察，再提大会。

四、本校学生参加全运会预选案。

决议：组织体育指导委员会以王主任为委员长，聘聂主任、陶教授、梁学监、李教授镜华为委员，挑技堪与预选学生指导练习。

1931年5月13日会议

日期：五月十三日

地点：俱乐部

主席：华秀升

出席人：杨维浚　赵家遹　严继光　王炳章　萧扬勋　袁丕佑　梁恒洲　刘元中　包仰亭　张仲眉

记录：邵润

讨论事项

一、审查组织大纲委员会提出审查修正组织大纲讨核议案。

决议：修正通过。

二、审查学则案。

决议：由校长、袁主任、严教授、聂主任、邵秘书先行审察。

三、教育厅函送私立大学等转俄款宣言案。

决议：组织委员会调查庚款状况，研议进行方策，指定赵述完、严佐兴、袁蔼耕、邓屏洲、萧敬业为委员，由严佐兴召集。

1931年5月14日会议

日期：五月十四日午后七时至十时

地点：会议室

主席：华秀升

出席人：严继光　杨维浚　聂体仁　袁丕佑　邓鸿藩　包仰亭　刘元中　梁恒洲　张仲眉

讨论事项

一、省大筹委会函派代表徐梦麟接收校产案。

决议：如函全部移交徐代表接收，本校不再负责。函约徐代表于下星期三正午十二时来校接收。

二、市府拨还本校南城铺面地基处置方法案。

决议：组织国内外留学生协进会，即用此项地基之一部分建筑会所，其余拍卖之建筑费呈省府核示，一面邀集发起人并募集捐款，公推袁蔼耕起草启事。

1931年5月20日会议

日期：五月二十日

地点：俱乐部

主席：华秀升

出席人：邓鸿藩　聂体仁　杨维浚　赵家遹　王炳章　萧扬勋　刘元中　梁恒洲　包崇仁　张仲眉

记录：邵润

报告事项

本校校产、校具收接事项昨经议定，呈请省政府令由筹委会接收，接收后再分别校产校具移交基金会及大学同时并请派员监盘一案，先奉省府指令核准，并派缪委员监盘。

讨论事项

一、关于校具接收手续案。

决议：俟徐代表接收后，应请由筹委会将校产、校具划分清楚，造册移交来校，再由校接收，同时即请监盘委员来校监盘。

二、奉省府指令，本校学生请免学费一案，只能减不能免案。

决议：学费、体育费、讲义费共收十元，赔偿准备费仍收三十元，实验费免缴，本学期已缴各费应不退还，但各生制服尚未制齐，即由已缴各费内划出二十元作各生制服津贴。

三、学则草案案。

决议：修正通过。

四、组织留学生协进会案。

决议：再加考虑。

1931 年 5 月 26 日会议

日期：五月二十六日

地点：俱乐部

主席：华秀升

出席人：赵家遹　聂体仁　杨维浚　萧扬勋　邓鸿藩　严继光　刘元中　梁恒洲　包崇仁　张仲眉

讨论事项

预科收束办法案。

决议：照呈准案。在暑假期间补习毕业、就便开办暑期学校，由聂主任计划课程并编拟预算，以便呈请省政府核发经费。

1931 年 6 月 3 日会议

日期：六月三日

地点：俱乐部

主席：华秀升

出席人：邓鸿藩　王炳章　萧扬勋　杨子深　赵家遹　聂体仁　包崇仁

记录：邵润

讨论事项

一、奉令造具各项文报，核转教育部立案案。

决议：照令指各项。(1) 组织大纲已草具。(2) 本校经费与规定预算数目相差太巨，应由事务部编造二种预算，一为实支数目，一为假定数目，于文内明白声叙。呈请省政府酌核。(3) 理化设备由理化主任办理。

二、预二学生呈请免予暑期补习案。

决议：暑假预习学校损失甚大，如该班学生不愿预习毕业，即呈请政府取消此案，仍延至年底毕业。否则，应遵从学校办法，在暑假期间预习。由聂主任将此事经过宣示，该班学生呈文退还。

三、开办暑期学校案。

决议：通过。由职教员中酌聘二人主持办理。

1931年6月10日会议

日期：六月十日午前十一时

地点：俱乐部

主席：华秀升

出席人：萧扬勋　梁恒洲　包崇仁　刘元中　严继光　王炳章　张恩义

讨论事项

一、奉令由本校径行接收校具案。

决议：通知各保管人员有无意见，再为呈报。

二、组织委员会办理，呈请备案事宜案。

决议：推文工两学院院长、事务主任、图书主任为委员，定十一日午后七时，在校开会讨论。

三、本校学生参加全运会预选会案。

决议：定十八日以前考试完毕，十九或二十日举行预选会，通知各教员。

注：注明省外各机关通信地址——中华教育文化基金会董事会住上海九江路四十五号四楼四零四号。

三　何瑶时期

（一）省立云南大学校务会议、教务会会议记录

1934年11月17日会议

日期：十一月十七日（星期六）上午八时

地点：本校会议厅

主席：何校长

出席人：李季立　邓屏洲　方介福　徐受益　张蒙九　周明斋　杨子深　刘伯庸　梁芷卿　沈济之　姚际唐　包仰亭

记录：李子廉

甲、报告事项

一、校长报告本年暑假期中参观广州、上海各大学经过。国内各大学近年来经教育部按照大学法规严加考核取缔后，教职员日趋专任，训管注重严格，教学亦颇认真，且经费分配适当，故不惟学校精神振作，学生成绩亦日愈提高。

二、校长报告到南京与教育部接洽概况。自明年起教部补助年额国币六七万元，并可向中英庚款委员会请求补助，以充实学校。本校应体教部之希望，认真整理，教职各员共同努力以期发展。

乙、讨论事项

一、审查学生新寄宿舍建筑面案及方式案。

决议：由校组织新寄宿舍建筑委员会负责办理，并推举杨子深、杨季岩、安汝智、何去非、浦汉英、包仰亭为委员，由杨子深负责召集商定办法，以便早日兴工。

二、发给三四年级十月份补助费案。

决议：按照原定标准逐一审查，文法学院四年级生王尚强、王兴邦、李荣昌、萧福祥、卜兴绚、朱鹏、吴玉崑、张瑞华、万寿康、赵宗煦、苏茂本、罗以智及理工学院四年级生何蒙、李懋修、董礼、王士坤、字凤山、何子荣、何宏道、周传烈、段静斋、袁绩亮、张福、张懋成、赵炳金、谢之俊等二十六名，应照案发给十月份补助费，饬该生等到会计股具领。又查有理工学院四年级生张伯庸一名已领取九月份补助费，现查明该生在校外兼任，有给职务属实，显与校规违背，应饬加倍缴还已领补助费全部，以儆效尤。

三、本学年下学期各院招收新生科系案。

决议：各院应添招何项科系，由各院长酌定，提出下次会议决定。

四、本届毕业生考试方式如何规定案。

决议：遵照部定方式，仍照上届办法办理，并应先将各项表册呈报。

五、本届毕业生毕业典礼如何办理案。

决议：照上学期办法办理。

六、审查本校学生演说竞赛会简章案。

决议：简章修正通过。除由校长担任大会委员长外，英语演说部推张启贤、范晋丞、李静华、陶子固、安汝智、崔华村、何光国为评议会委员，由张启贤召集。国语演说部推邓屏州、白小松、李子廉、邓巨源、李季立、张濛九、周明斋为评议会委员，由邓屏州召集。

七、军事训练课程及集中训练办法案。

决议：由本校教官及本现在实施办法以不妨碍正课，提请教厅军训会酌定。

八、复核医学专修科甄别学生案。

决议：由周主任酌拟办法再为核定。

九、购置医科用品案。

决议：以采购西洋各国之出品为限。

1934年12月8日会议

日期：十二月八日午前十一时

地点：本校会议厅

主席：何校长

出席人：杨子深　张濛九　姚际唐　聂赓余　梁芷卿　包仰亭　刘伯庸　方介福　沈济之　邓屏洲

记录：李子廉

讨论事项

一、审核十一月份三四年级学生补助费案。

议决：查文法学院四年级生王尚强、王新邦、张凤仪、萧福祥、卜兴绚、王锟、朱鹏、吴玉崑、张瑞华、万寿康、赵宗熙、苏茂本、罗以智及理工学院四年级生何蒙、李懋修、马荣标、董礼、王士坤、字凤山、何子荣、何宏道、周传烈、段静斋、袁绩亮、张福、张懋成、赵炳金、谢之俊，以上二十八名，核与补助细则相符，应发给十一月份补助费。

二、审核学生新宿舍建筑方案。

决议：照建筑委员会所商定之方式加地板砖墙，至经费超过之数，俟估计妥当后，呈请教厅核发。

三、学生刘培元借故擅打同学万寿康，曾经训诫尚不知错，应如何议处案。

决议：运动应注重道德，该刘培元犯规之处着记过一次，以示警戒。

四、运动场及寝室规律应如何整饬案。

决议：由校布告：（1）禁止乐唱剧。（2）校外女士不准导入校内，本校女同学不准导入宿舍。（3）对师长应有礼貌，对同学应相敬爱。

五、限制学生在校外兼职案。

议决：由校于本学期末布告学生，若有兼职者即行开除学籍。

六、学生马绳武等呈请设立教育研究会并附组织大纲呈请鉴核案。

决议：发还修正，妥当后再予组织成立。

七、星期六会操时间，课程应如何办理案。

决议：由教务处商请各教授酌改。

八、点收商务馆理化器械案。

议决：由聂主任负责办理。

九、整理本校文卷案。

议决：各部文卷由收发登记后交各部负责人员保管。关于全校者存管卷处设专员保管，并指定关先生负监印核对之责，周先生负收发管卷之责。手续应如何规定，文卷应如何整理，由张秘书员指导关周二先生即日办理。

十、二十四年招收新生科系案。

决议：文法学院招收政治经济系及中国文学系各一班，理工学院招收数理系及采矿冶金系各一班。

1935年1月4日会议

日期：一月四日上午十一时

地点：本校会议厅

主席：何校长

出席人：张蒙九　姚际唐　邓屏洲　聂赓余　沉济之　徐受益　方介福　梁芷卿　包仰亭　刘伯庸

记录：李子廉

讨论事项

一、组织毕业生成绩评议委员会案。

议决：照案组织，并订于一月十二日下午一时开会。

二、举行本届毕业典礼日期案。

议决：定于一月十五日举行，仪式照上届办理，毕业证书送教育部验印，先发给证明书。

三、学生军训已检阅完毕，本学期应定期结束案。

议决：一月五日结束。

四、清理校具、教具案。

议决：自何校长到任之日起，至本年一月底止，所有各部器物、图画、仪器、标本、药品等项，分旧管、新添、消耗或损坏，实有四柱，由各部负责人员分别清点，造册呈报。

五、体育费应限制用度案。

议决：应照预算支用，不得超过。

六、核发十二月份三四年级生补助费案。

议决：查有文法学院四年级生王尚强、王新邦、李荣昌、张瑞光、张凤仪、萧福祥、卜兴绚、王崑、朱鹏、吴玉崑、张瑞华、万寿康、赵宗熙、苏茂本、罗以智及工程学院四年级生何蒙、李懋修、马荣标、董礼、王士坤、字凤山、何子荣、何宏道、周传烈、段静斋、袁绩亮、张福、张懋成、赵炳金、谢之俊等三十名，与补助费标准相符，应照案发给十二月份补助费。

七、二十四年暑假军训应如何办理案。

议决：先由张主任、徐教官商拟办法再为酌定。

八、商定本校向中英庚款委员会请款计划事案。

议决：本届请求补助左列各款：

动力厂——二万五千元

采冶及土木测量仪器——二万元

理化器械药品——一万元

测候仪器——七千元

讲座——三万元。

1935年2月19日会议

日期：二月十九日上午十一时

地点：本校会议厅

主席：何校长

出席人：邓屏洲　杨子深　沈献廷　梁芷卿　包仰亭　聂赓余　刘伯庸　方介福　姚际唐　何光周　徐受益

记录：李子廉

甲、报告事项

校长报告：本校呈请教厅增加经费，现在指令未蒙核准，但新添学系仍应由校设法按照原定计划办理，以期逐渐完成本大学之编制。

乙、讨论事项：

一、决定本学期上课日期案。

议决：定于二月二十一日午后准四时开教务会议，二十五日上课。

二、组织本届新生招考委员会案。

议决：第一试，党义——邓屏洲；国文——倪宣三；英文——李静华、陶子固；数学——何去非、浦汉英；史地——李子廉、聂雨南；理化——聂雨南；军事学——徐受益。

第二试，经济——李季立；政治——张启贤；社会——范晋丞；法学——邓臣源；国文法——白小松；国学——袁树五；名著解说——白小松；高等代数——浦汉英；解析几何制图——杨季岩；高等物理——聂体仁。

三、新班生上学期成绩现已核算完竣，应如何甄别案。

议决：新班生除资格不合格者即行开除外，根据学则四科不及格者开除学籍，三科不及格者留级。法律系——开除学籍者十一人，三科以下不及格者三人，暂准随班听讲，补考一次后再为决定。采矿系——除开除学籍七人外，只除六人，有三科不及格者应留级，有一科或二科不及格者准其转入年级相当学系。以上各项由注册课分别填单通告该生知照。

四、核发二十四年一月份三四年级正式生补助费案。

议决：查文法院四年级生王尚强、王新邦、李束昌、张瑞光、张凤仪、萧福祥等六名，理工学院四年级生何蒙、李懋修、马荣标、董礼等四名，及文法学院三年级生卜兴绚、王锟、朱鹏、吴玉崑、张瑞华、万寿康、赵宗熙、苏茂本、罗以智等九名，理工学院三年级生王士坤、字凤山、何子荣、何宏道、周传烈、段静斋、袁绩亮、张福、张懋成、赵炳金、谢之俊等十一名，共计三十名，核与补助费给与标准相符，应照案发给一月份补助费。

1935年2月21日会议

日期：二月二十一日

主席：何校长

出席人：邓屏洲　沈献廷　方介福　饶季华　倪宣三　刘伯庸　张启贤　何光司　姚际唐　安汝智　徐受益　张天玉　朱守平　聂赓余　李季立　范晋丞　浦汉英　熊子容　马嘎泰　杨子深　张秀材　何去非　苏达先　淘子国　梁芷卿　邓巨源　杨季岩

记录：包仰亭

甲、报告事项

一、何校长报告本学期本校情形。

（一）介绍各学院新聘教授。

（二）文法学院法律系一年级、理工学院采冶系一年级学生之甄别，采冶系学生转入文法学院肆业。

（三）新聘各学系主任。文法学院政治经济系聘范晋丞，法律系聘邓巨源，教育系聘张季材，理工学院采冶系暂缺，土木工程系聘毕仲垣。

（四）各学院学生成绩不能按照规定时间考试，以致对各学生之奖助、学生补助费等之考核滞碍，本学期应请各教授注意按月举行月考，学期末举行期考。

二、邓院长报告：

（一）上学期文法学院法律系新生开除者计有二项：（1）成绩不良、四科以上不及格者；（2）资格不符者。

（二）本学期上课前凡不及格之学生准其补考者已分别函请各教授出题。应请各教授按时举行，以便各生注册。

（三）本学期学生体育成绩及军训成绩应请暑假开始前送校以便计算。

（四）新生入学试验已函请担任考试委员会之教授，请尽二十五日前将试题送校。

乙、讨论事项

学则施行情形。

邓院长提议：按学则规定，每生自入校起至毕业止，共应学完一百卅二学分，但本省情形特殊，如时间减少，必致使各生求学之时间荒废，故为适合部令起见，拟自本学期起，规定主科每一个半学分算学则上之一学分，辅科按二学分算学则上之一学分，请公决案。

议决：照原提案通过，交教务处核算。

1935年3月6日会议

日期：三月六日（星期三）上午十一时

地点：校务处

主席：何校长

出席人：聂赓余　刘伯庸　包仰亭　梁芷卿　徐受益　沈献廷　方介福　张启贤　姚际唐　杨子深　周晋熙

记录：李子廉

甲、报告事项

主席报告：蒋委员长不日来滇，省府指定本校校舍暂作行辕，使用地点应先移开。

乙、讨论事项

一、省府借用地点原有器物应如何移动案。

议决：会泽院楼上西部各室器物先行准备移开，将仪器移置理化室，卷橱移置图书馆办公室，并即整理图书馆，将主任室图书移入图书室，其它器物移置西寝室。

二、学生寝室应否暂行迁移案。

议决：遇必要时再为酌定。

三、新生试场应设置何处案。

决议：设于会泽院楼下大教室，以不妨碍上课为原则。

四、准备试题案。

决议：由注册课先期准备。

五、在此防共期间应注意检举学生行动案。

决议：学生行动应随时加以检举，训导委员及教官应分别值宿，值星由训委会分配，司役亦应值宿，由庶务课指派。严防火警及小组织清理住校学生，注册学生应一律住校，已开除及未注册学生应一律暂饬移出。除放假外，学生不准无故外出。每日下课后应有值日人员负责管理。由训委会办理。

六、评阅新生入学考试日期案。

议决：定于三月十日（星期日）上午十时至午后四时集中本校图书馆阅卷。

七、新生入学志愿应否分开填注第二志愿案。

决议：准予填明于第一试试卷上。

八、医专下学期应否招收新生及充实设备案？

决议：照案专招医学院正系生，充实设备经费问题解决后再为酌定。医专修科学生实习在省立医院，其未成立以前，请政府另行指定。

1935年3月19日会议

日期：三月十九日上午十一时

地点：校务处

主席：何校长

出席人：邓屏洲　聂赓余　梁芷卿　邓伯源　刘伯庸　何光周　包仰亭　范晋丞　张启贤　沈献廷　徐受益　方介福

记录：李子廉　姚际唐

甲、报告事项

主席报告：

一、本校请求中央庚款委员会补助公文发出后，该会及教部已有复文，现将来文宣读。

二、湖南大学发起联络省立各大学请求教部补助，本校接函后，已复函赞同。现将来函及呈稿宣读。

三、奉教厅训令编报本校概况，由本校编辑主任包仰亭汇纂，需要各项材料由总纂向各系主任商订，课程先由各系主任分别汇填。

杨主任报告：此次修缮费均用五千元。

乙、讨论事项

一、请求退学、休学之学生日多，应如何限制案。

决议：现在请求者由校斟酌办理以后，由校拟定退学、休学规程，呈厅核示遵行，对于赔费应加规定，由训委会商同庶务会计课拟定。

二、核发奖助学金案。

决议：尽本星期内将成绩汇算清楚，下次提会核定。请求助学金者由训委会通告，限本期内申请，过期无效。

三、课外运动时间分配案。

决议：由姚主任负责办理。

四、准行辕筹备处函整洁校舍案。

决议：各部整理清洁及玻璃安好，由各部主任商同庶务课斟酌安补整洁，各部墙壁标志亦分别刷新。

五、修补会泽院顶板案。

决议：根据教厅指令，函筹备处查照。

六、规定女生制服案

决议：质料用国货毛呢式样，照部定旗袍式。

1935年4月10日会议

日期：四月十日上午十一时

地点：本校图书馆办公室

主席：何校长

出席人：周晋熙　张启贤　姚际唐　徐受益　包仰亭　聂赓余　杨子深　刘伯庸　邓屏洲　邓巨源　沈献廷　梁芷卿　范晋丞　方介福

记录：李子廉

甲、讨论事项

一、核发上学期奖助学金案。

议决：照案发给，但逾期注册者扣发五分之一。

（一）文法学院四年级八学期学生奖金，赵宗熙照发，王崑逾期扣发五分之一；助学金，吴玉崑照发，卜兴绚逾期，扣发五分之一。

三年级五学期学生奖学金，周均、徐向仁、何尔钊、覃瑞华照发；助学金，武嘉荣照发，何寿核、高瑞云、陈世典逾限，扣发五分之一。

二年级四学期学生奖学金，端木利钰、李尊五照发，朱焜然、杨尚清逾限，扣发五分之一；助学金，戴铨发、武正纲照发，周锡科、樊兴源逾期，扣发五分之一。

二年级三学期学生奖学金，张鸿鸣照发；助学金，温铭、杨荫昌照发，黄光陆逾期，扣发五分之一。

二年级三学期学生奖学金，刘文明、张崇光、张鹤舟、宋素先照发；助学金，熊廷和、怀文璨、和光强照发，黄广钧逾限，扣发五分之一。

一年级二学期奖学金，聂文锋照发，张汝铨逾期扣发五分之一；助学金，全不合格。

（二）理工学院四年级八学期学生奖学金，张福、何宏道、袁绩亮照发；助学金，高文渊、张懋成、何子荣照发，李本立逾限，扣发五分之一。

三年级七学期学生奖学金，金雪渔、王攸立、丁有武照发；助学金，任克一、苏志刚照发，李维垣扣发五分之一。

二年级三学期学生奖学金，陈元龄、吕筑生照发；助学金，陈德培、吴绍兴、陈鸿仁照发，谢沫逾限，扣发五分之一。

（三）医专科奖学金，朱道安、张子宽、周倬、龚吉昌、杨振新、范少泉照发；助学金，刘建华、戴其煜、陈天锡、邹荫芳、唐继周、段琴仙照发。

二、核发三四年正生三月份补助费案。

议决：文法学院四年生张瑞华、赵宗熙、罗以智，三年生李若兰、李蕙卿、何尔钊、余祥麟、武嘉荣、周均、马绳武、涂向仁、张昆秀、符和玉、覃瑞华、郑重兰；理工学院四年生何子荣、何宏道、周传烈、袁绩亮、段静斋、商文渊、张福、黄堪、张懋成、赵炳金、谢之俊，三年生丁有武、任克一、沐镇寰、金雪渔、赵汝贞、苏志刚、王攸立，以上三十三名，核与标准相符，应照案发给三月份补助款。

1935年4月25日会议

日期：四月二十五日上午十一时

地点：本校图书馆办公室

主席：何校长

出席人：张启贤　刘伯庸　姚际唐　徐受益　杨子深　聂赓余　沈献廷　包仰亭　方介福　邓屏洲　梁芷卿

记录：李子廉

甲、报告事项

主席报告：现在省会戒严期间，管理应特加认真，学生应一律穿着制服，不得参差。各部器物、图书清册，请从速办理，以便呈报。

乙、讨论事项

一、现当戒严期间，且本校为委员长行辕所在，对于学生训管应如何特加设施案。

议决：（1）学生应一律穿制服，夏季制服应每人加缝一套，以便换洗。（2）除星期例假及星期三课外假外，一律不准外出。（3）加添卫兵二人，由军训教官商同训委员、庶务课指挥，每夜分班认真巡查。（4）整理消防器用。（5）训导人员轮流值日、值宿。（6）每晚电灯按时启闭。（7）每晚熄灯前点名一次。（8）内务检查自下星期起改于星期一上午七时。（9）详细训管办法由训委会、军训部、庶务课会拟，核定后呈报政府。（10）各系主任每晚轮一人到校视察。

二、本校校址政府指定为委员长行辕，应否另觅相当地点暂行借用上课案。

议决：拟借用省立医院新院址或暂移医学专修科上课，呈厅核示。

三、请求退学之学生应如何严加限制案？

议决：照学则规定，各系办理。

四、审核本校新编一览案。

议决：除各系课程纲要应加补充，各课办事细则由各课分别拟具外，交张主任启贤，范主任晋丞、邓院长屏洲分别传阅，签注意见，交编委会照办。

五、核定新寝室建筑估计工料案。

议决：取估计标额最低而保人妥实者。

1935年5月11日会议

日期：五月十一日上午十一时

地点：校务处

主席：何校长

出席人：傅铭彝　范晋丞　沈献廷　何光周　苏达先　梁芷卿　杨子深　聂赓余　邓巨源　徐受益　刘伯庸　包仰亭　张启贤　方介福　邓屏洲　姚际唐

记录：李子廉

甲、报告事项

主席报告：

一、本校指定为行辕，行辕借用器物应由庶务处留意将来收回，以重公物。

二、加添军事助理员一人。

三、训导人员注意学生沿途往来。

乙、讨论事项

一、行辕借用本校器物，多有临时取用，未出单据者，应如何办理案。

议决：将器物、图书两项之保管困难情形呈报教厅。

二、学生制服有未添制者应否加添案。

议决：一律添制，并将布告照抄一份送医专遵照。

三、本校教学之部已移至医专科，生活之部应否移动案。

议决：暂照现况办理，俟后再酌。在医专添设一阅报室以供学生休息时阅览。

四、医专科下午课程每上不齐，应如何办理案。

议决：由校函请该科各位教员请按时认真上课。

五、核发三四年四月份生补助费案。

议决：查有文法学院四年生卜兴绚、王锟、张瑞华、赵宗熙、苏茂本、罗以智，三年生李若兰、李惠乡、何尔钊、何寿椿、余祥麟、武嘉荣、周均、马绳武、陈世典、高瑞云、涂向仁、张昆秀、符和玉、覃瑞华、杨卫邦、郑重兰，及理工学院四年生王士坤、字凤山、何子荣、何宏道、李本立、周传烈、袁绩亮、段静斋、商文渊、张福、黄湛、张懋成、赵炳金、谢之俊，三年生丁有武、任克一、沐镇寰、金雪渔、李维垣、杨兴邦、赵汝贞、苏志刚、王攸立等四十五名，核实与标准相符，应发给四月份补助费。

六、商定本年秋季新生招收学系案。

议决：文法学院招法律系及中国文学系各一班，理工学院招土木工程系及采矿冶金系各一班，共四班，就原有经费办理，医学院新生俟教部补助费核定后再为招添。

七、蒋委员长昨已莅滇，行辕即在校内，本校应如何表示欢迎案。

议决：欢迎办法由校长商请教厅酌定，赠品推杨子深、包仰亭办理。

1935年5月20日会议

日期：五月二十日正午十二时

地点：校务处

主席：何校长

出席人：张启贤　邓屏洲　包仰亭　聂赓余　徐受益　方介福　沈献廷　李静峰　杨子深　邓巨源　李季立　范晋丞　傅铭彝　杨季岩　陶子固

记录：李子廉

甲、报告事项

主席报告：

一、赠送委座礼物已由指定人员负责办理。

二、委座召见时对于本校垂训较详，并指示本校设备充实可向中法庚款委员会请求补助。

乙、讨论事项

本校请求中法庚款保管委员会补助经费，究取如何方式办理案。

议决：关于采矿、冶金、地质之设备及文化讲座之设置先由校备文，呈请教育厅核转省政府转请蒋委座，饬该会特予补助，并即由校按照手续分别准备，请款计划及书表，容后补送。

1935年6月6日会议

日期；六月六日上午十一时

地点；本校会议厅

主席：何校长

出席人：沈献廷　刘伯庸　邓世英　杨子深　徐受益　聂庚饬　傅铭彝　梁芷卿　方介福　邓巨源　邓屏洲　包仰亭　张启贤　范晋丞　姚际唐　何光周

记录：李子廉

甲、报告事项

主席报告：

一、教育部新颁大学学位授予办法。

二、保管中央庚款委员会复电允许本年补助申洋一万元。

乙、讨论事项

一、核发三四年级正式生五月份补助费案。

议决：查文法学院学生卜兴绚、王锟、张瑞华、赵宗熙、苏茂本、李若兰、何尔钊、何寿椿、余祥麟、武嘉荣、周均、马绳武、陈世典、高瑞云、涂向仁、张昆秀、覃瑞华、杨卫邦，理工学院学生王士坤、字凤山、何子荣、何宏道、李季立、周传烈、袁绩亮、段静斋、商文渊、张袖、黄湛、张懋成、赵炳金、谢之俊、丁有武、任克一、王悠立、沐镇寰、金雪渔、李维垣、杨兴邦、赵汝贞、苏志刚等四十一名，与标准相符，应发给五月份补助费，以资鼓励。

二、本学期依照议决案，扣发学生各费已积有成数，应如何酌定用途案。

议决：将此项扣存各费统留于下学期，学期开始时，对于按期注册之学生每人由校制发白布垫单一床，若费有不敷，由校暂垫并将扣费布告。

三、四年级正式生七月份补助费应否提前发给案。

议决：四年级生七月份补助费，从宽全数于七月初提前发给，一律不予扣除，至三年级生七月份补助费，下学期注册时分别发给。

四、请教育厅派本届毕业考监试委员案。

议决：排定考试日程表，照案呈报教育厅，请派员监试。

五、在学学生毕业证书未呈缴者，应如何办理案。

议决：由本校预科毕业而证书未缴校者，暂由校证明呈报教部，俟毕业证书由部验印发下时，暂由校扣存，以示警惕。至无证明文件之在学学生在上年九月以前入学者，特予声明。因本校在未正式呈报教部备案以前，为适应本省环境需要起见，酌收同等学力之学生，请准予通融验印。自上年秋季以后，入学之新生所缴证书由校长延定三人加以审查。

六、决定本学期考试及下学期注册、上课日期案。

议决：毕业考试日期定于六月二十七八九三日，学期考试日期定于七月一日至六日，下学期开学注册日期定于九月二、三日及五日等三日，六日开始上课，布告学生知悉。

七、本届毕业仪式应否照例举行案。

议决：不再举行仪式，定于七月六日午后三时校长训话后举行毕业宴，并于是日由评议会审定各毕业生成绩。

八、规定代考北平师大日期案。

议决：报名截至七月三日止，考期定于四、五、六等三日举行，由注册课查照向例办理报名及考试手续。

九、注意学生在校训管案。

议决：每日由训委会排定值日、值宿名单，至少同时派有二人在校，并商定管理规则，认真执行。

十、中央庚款已允许补助申洋一万元，指定作为补充理化仪器、药品之用，究应如何支配案。

议决：由科学馆聂主任根据原表，详加挑选，列单估计，再为函复。

1935年6月17日会议

日期：六月十七日上午十一时

地点：本校会议厅

主席：何校长

出席人：邓屏洲　刘伯庸　沈献廷　方介福　邓巨源　傅铭彝　杨子深　梁芷卿　张启贤　徐受益　邓世英　姚际唐　周明齐　聂庚余　包仰亭　何光周

记录：李子廉

甲、报告事项

主席报告：

一、报告部颁学位授予法、施行细则。

二、顷奉部令，学校假期应一律遵照部订办法，不得自由伸缩，并应利用假期指导学生做社会有益工作。

乙、讨论事项

一、教育学系第九班三年生请求利用假期赴越南考察，并祈补助旅费案。

议决：出外考察诸多滞碍，兹本学生利用假期作社会有益工作之原则，改为由该生等举办暑期补习班，程度以初中为准，将酌收学费，并由校指定职员一人负责指导。

二、医科实习医院应如何计划设置案。

议决：由周主任取最低标准，拟具初步设置计划，再为酌定，并呈请教育厅转请省政府将烈士祠拨归医科使用。

三、决定修理会泽院办法案。

议决：聘原日新寝室建筑委员会委员杨子深、杨季岩、浦汉英、何去非、包仰亭为会泽院修理审核委员，由杨子深召集。

1935年7月6日会议

日期：七月六日上午十一时

地点：本校会议厅

主席：何校长

出席人：聂庚余　刘伯庸　邓屏洲　方介福　徐受益　傅铭彝　包仰亭　梁芷卿　杨子深　邓巨源　沈献廷　张启贤　姚际唐

记录：李子廉

甲、报告事项

主席报告：关于本校科系、设备、建筑等事以后应如何扩置，请各位同事须为设计，提出下次会议讨论。

乙、讨论事项

一、审核三四年级正式生七月份补助费案。

议决：政治经济系四年级生六月份补助费，查有文法学院学生卜兴绚、王锟、张瑞华、赵宗熙、苏茂本、罗以智、李蕙卿、何尔钊、何寿椿、余祥麟、武嘉荣、周钧、马绳武、陈世典、高瑞云、涂向仁、张昆秀、符和玉、覃瑞华、杨卫邦、郑重兰以及理工学院王世坤、宇凤山、何子荣、何宏道、李季立、周传烈、袁绩亮、段静斋、商文渊、张福、黄湛、张懋成、赵炳金、谢之俊、丁育武、任克一、沐镇寰、金雪渔、李维垣、杨兴邦、苏志刚、王攸立等四十三名，核实与标本相符，应发给六月份补助费，以资激励。至于七月份补助费，因值暑假期间，四年生已毕业，此特准提前核定全数发给，以便结束。三年生则于下学期注册时再为补发。

二、规定教育、土木二系三年级学生实习津贴案。

议决：土木系三年级学生派往个碧铁路实习，每名酌给津贴四十元。

教育系三年级学生开办暑期补习班，如学费收入不敷时，每人酌给津贴四十元。

三、本校呈报三十三年度新生及转学生一案，未蒙核准备案，各生应如何办理案。

议决：未经核准之张汝铨一名，再呈请通融办理，李华嵩一名饬呈缴证书补报，杨施仁一名因借用证书，查照属实，亟应开除。

1935年9月2日会议

日期：九月二日上午九时

地点：本校会议厅

主席：何校长

出席人：邓巨源　张启贤　范晋丞　聂庚余　方介福　梁芷卿　沈献廷　邓屏洲　何光周　傅铭彝　姚际唐

记录：李子廉

甲、报告事项

主席报告：

一、部令大学不能收转未立案之专科及高中毕业学生。

二、厅令奉省令饬将本校管有圆通山地址，交圆通公园庾主任整理。

三、本校理工学院地址拟勘定昆中大门内一院，已将图案绘交龚厅长，转呈主席核定。

乙、讨论事项

一、审核新班学生证件案。

议决：文法学院政治经济系学生董光第、杨富业、邓瑰周三人证件不实。理工学院数理系学生雷秉钧相片非本人，兹为厉行法令整饬学风起见，凡证件不实、资格不合之学生，一经查照即行开除，外有杨士驷、吴继唐两名证件可疑，预先警戒。

二、审核上学期在学学生成绩案。

议决：五十分以上者准予补考，五十分以下者勒令补习，由注册课分送通知，并于教务会议时请各位老师随时检定学生成绩，督促用功。

三、在学一年级新生未交毕业证书者应如何办理案。

议决：限于本学期注册前补缴，若不补缴，即不准注册，即日布告并通知训委会知照，未缴证书之学生计有政治经济系一年生杨建远、吴莉芬、杨子喻、莫敬先、朱承藩，数理系一年生林祖尧、何凤舞、白士俊、陈湘芸、蔡琼芬、彭芬鼎等十一人。

四、核发三四年生七月份补助费案。

议决：采冶系在暑期中赴个碧实习费及教育系暑期开办补习班之补助费统由本校撙节项下开支。四年生七月份补助费业经提前核发，三年生照案于注册时发给。

五、添设女生宿舍案。

议决：俟本校理工学院地址勘定后再为商决。

六、江西省政府重建滕王阁，向本校募捐，应如何办理案。

议决：由本校经费捐国币五十元交会计课办理。

1935年9月4日会议

日期：九月四日下午四时

地点：本校图书馆

主席：何校长

出席人：蓝思往　王齐兴　梁芷卿　孙万安　傅铭彝　饶季华　白小松　陈芳照　李雪夏　张启贤　马嘎泰　姚际唐　李竞华　范晋丞　邓巨源　李季立　陶子固　刘伯庸　徐受益　邓屏洲　杨哲夫　方介福　杨子深　彭恺丞　沈献廷　朱宇平　张季材

记录：李子廉

甲、报告事项

主席报告：兹乘本学期教务会议之便，将上学期办理之重要事件及本学期计划进行事件先为报告。

一、本校组织及新生。

本校分文法及理工、医三学院，本学期批准招收法律、中国文学、土木工程、采矿冶金四系，均以高中毕业学生为限，报名人数计七十五人，有请求入数理系者，拟成立一系，为经费所限，课程与同科目之班系酌为合上。

二、本校经费。

本年一月间，已由校按照中英庚款保管委员会之规定，请求中英庚款补助，多方进行，已准予本年度补助国币一万元。至中法庚款之补助，蒋委员长莅滇时特为指示，已由校具文呈请，兹奉蒋令，已转教育部妥办矣。又省政府方面已蒙主席提议添建理工学院，地址勘定昆华中学大门内部，已拟具图案，呈请教育厅转请核定，即行兴工。医学院亦应筹建，现拟将医学专修科由烈士祠移至本校，以便训管，以后并拟援省立湖南大学之例，进行改省立为国立，以便充实，并请各同事详为指示。

三、本校教员等级应照案分为教授、讲师、助教，原任者仍照旧，新聘者应照案办理。本学期新聘教授江超西一人，讲师王齐兴、陈芳照、李雪夏三人，助教杨哲夫一人，本日特为介绍。

乙、讨论事项

一、本校学生享有奖学金、西书补助费及三四年月给补助费等项，均须依具成绩，分别核实各科成绩，请严为评定，按期送校，以凭办理案。

议决：本学期起照办。

二、本学期课程时间排定后，即请认真上课案。

议决：照办。

三、各系科体育钟点及女生救护学，自本学期起，应否照章教授案。

议决：各系科体育钟点照章严规定，排于七至八月，与军训参间，可酌为合上。女生救护学亦应照案加授。

四、商定本学期上课日期案。

议决：定于下星期一（九月九日）起开始上课，即布告学生知照。

1935年9月12日会议

日期：九月十二日上午八时

地点：本校会议厅

主席：何校长

出席人：聂赓余　邓屏洲　何光周　沈献廷　杨子深　刘伯庸　傅铭彝　张启贤　梁芷卿　姚际唐　奉光弘　方介福

记录：李子廉

甲、讨论事项

一、审查理工学院设计图案是否是适宜案。

议决：备文呈请教育厅核转省府核定施行。

二、复审雷秉钧证件是否属实案。

议决：由注册课通知该生勒令退学，并通知图书馆收回借书。

三、一年生仍未补缴毕业证书者，应如何办理案。

议决：除已补缴者外，陈明理由者，姑在准限期呈缴，其余即照上次议决案开除学籍。莫敬先、林祖尧、何凤舞、陈湘芸、蔡琼芸、彭芬鼎六人已缴，杨建远、杨子喻、白士俊三人限期缴，吴莉芬无证书准旁听，以一年为限，朱承藩未到。

四、请求补考之新生应否照准案。

议决：俟后重办。

五、新生陆子明请求复入原班，应否照准案。

议决：在不妨碍校规范围内暂准通学。

六、学生黄广钧请求复入原班，应否照准案。

议决：不准，批示知照。

七、教育系三年生马绳武擅扯布告，自贴告白，应如何惩罚案。

议决：俟该生呈具悔过书，再为议处。

八、刘培元打伤工人，应如何办理案。

议决：布告学生，对于校工警卫不能擅自动手打人。

九、各系科实习助理应否分别设置，酌支津贴案。

议决：分别酌设津贴标准，由会计课拟订再酌。

十、公布学生作息时间表案。

议决：由训委会拟订公布。

十一、本校预科毕业生证书遗失者应否补发案。

议决：查明属实者补发一次。

1935年10月2日会议

日期：十月二日上午十一时

地点：本校会议厅

主席：何校长

出席人：张启贤　梁芷卿　邓屏洲　方介福　刘伯庸　傅铭彝　何光周　包仰亭　邓巨源　沈献廷　姚际唐　杨子深　范晋丞

记录：李子廉

甲、讨论事项

一、上学期毕业学生因证书、像片至今尚未呈缴齐全，未便呈报，毕业手续究应如何办理案。

议决：由注册课查明确系本校预科毕业生证书遗失者，查照上次议决案补发一次，入学时须同等学力者，陈明教部，请照旧案办理。至在学二年三学期以前各班，布告限两星期补缴高中毕业证书，以便呈报。

二、核发三四年级正式生九月份补助费案。

议决：查有法律系试验生章青昔，土木工程系试验生杨春达、何宏远等三名，上学期成绩优良着升正式生，文法学院学生王文柏、王继鲁、田树勋、朱焜然、何朝举、李尊五、周锡科、杨尚清、端木利钰、戴铨苍、萧光庭、李若兰、何尔钊、何寿椿、余祥麟、武嘉荣、周钧、陈黄、高瑞芸、涂向仁、张昆秀、覃瑞华、杨卫邦、郑重兰、刘培元，理工学院学生丁育武、任克一、沐镇寰、金雪渔、李维垣、马锡荃、杨春达、杨兴邦、邹玉堂、赵汝贞、苏志刚、丁长治、王攸立、何宏远等三十九名，及医学专修科学生沈翊慈、段琴仙、周以信、龚吉昌、朱道安、唐继周、张子宽、陈天锡、范少泉、周倬、周以敏、邹荫芳等十二名，核与补助费标准相符，应发给九月份补助费以资鼓励。

三、上学期成绩未评定及学生须补考者应如何办理案。

议决：教员已出省者，由校长指定同科教员代为评阅，学生须补考者由教务处通知学生请求教师定期补考。

四、核发奖助学金案。

议决：奖学金下星期决定，助学金布告限三日内请求。

五、规定学生外出制服案。

议决：男生用黄斜纹西装式，汗衣用阴丹士林布，领结用黑色横列式，帽照教部规定，用方顶黑色，鞋用黑色皮鞋。

1935年10月9日会议

日期：十月九日上午十一时

地点：本校会议厅

主席：何校长

出席人：秦光弘　何光周　邓巨源　梁芷卿　傅铭彝　包仰亭　杨子深　沈献廷　方介福　范晋丞　聂赓余　刘伯庸　张启贤

记录：彭恺丞

甲、报告事项

主席报告：

部令毕业各生应补报党义成绩附件，分别发还证明文件六件、成绩表十一份一案。

乙、讨论事项

一、学生制服颜色质料如何规定案。

议决：用西装式秋香色布，钮用黑色化学纽扣，帽用黑色学生帽，衣帽一套约合旧币一百元。由会计及庶务科通告学生。女生用三友实业社二一二淡灰色自由呢制袍式制服，帽不用。

二、核发奖助学金案。

议决：法律系三年级奖学金准给李尊五、朱焜煭、端木利钰、戴铨苍四人。依细则第二条第五项之规定，增给杨尚清、杨秀沣（以上二人，操行略差，缓发一月）。法律系二年级奖学金准给聂闻铎、张汝铨二人（聂闻铎逾期注册，扣发五分之一）。医专奖学金准给朱道安、龚及昌、张子宽、陈天锡、范少泉五人（范生操行稍差，缓发一月）。教育系三年级奖学金准给周均、涂向仁、覃瑞华、何尔钊四人。教育系二年级奖学金准给刘文明、张崇先、宋素先三人。政治经济系二年级奖学金准给黄光陆一人（操行差，缓发一月），政治经济系一年级奖学金准给赵宗朴一人。土木工程系三年级奖学金准给金雪渔、王攸立、丁长治三人（丁生操行稍差　缓发一月），土木工程系二年级奖学金准给杨济苍、陈德培二人（陈生成绩稍差，缓发一个月）。数理系奖学金转给林祖尧、杨发权二人（杨生操行稍差缓发一月）。法律系三年级助学金准给武振岗、樊兴源、周锡科、何朝举四人（何生缓发一月）。法律系二年级助学金准给张灏、胡光泽、李万镒三人（胡、李二生，俟英文补考后再核发）。医专助学金准给陈文藻、周倬、戴其煜三人。教育系三年级助学金准给武嘉荣、高瑞云、陈世典三人（陈文藻逾期注册扣发五分之一），教育系二年级助学金准给李树人、和克强、李锡柱、赵瀛洲四人。政治经济系二年级助学金无人合格，政治经济系助学金无人请求。土木工程系三年级助学金准给苏志刚、李维垣二人，土木工程系二年级助学金准给吴绍兴、陈元龄、陈鸿仁、余正三四人。数理系助学金准给姚嘉璧一人（操行稍差缓发一月）。

三、各级试读生应依例升为正式生案。

议决：文法学院高志远、杨乐天、周龙兴、杨忠及理工学院杨世藻、杨发权等六名成绩均在七十分以上，操行均列乙等以上，应升为正式生。

四、医专学生应否预防缺席案。

议决：医专学生分成三组，每日依次点名，如有缺席，每星期汇报训导委员会一次，以便考核。

五、医专学生间不守校规者，应如何制止案。

议决：请何光周、秦光弘两先生严切诰诫，嗣后不得再有犯规者。

六、在校学生以穿着制服为原则，不得任意穿着华丽衣服以符新生活主旨案。

议决：布告，严切诰诫，不准穿着华丽服饰。

七、教授中请假者太多，应如何办理。

议决：函请缺席太多之教授查照排定时间表莅临上课。

八、应否禁止学生任意外出案。

议决：住校生除星期三、六课外假外，必须请假，核准方得外出，即布告示禁。

1935 年 10 月 26 日会议

日期：十月二十六日上午十一时

地点：本校会议厅

主席：何校长

出席人：杨子深　秦光鸿　何光周　梁芷卿　包仰亭　邓巨源　方介福　邓屏洲　刘伯庸　傅铭彝　沈献廷　聂赓余　姚际唐

记录：李子廉

甲、讨论事项

一、医专学生赵国栋、曹钟璞二人呈请核发奖助学金案。

议决：据医专移交案件，该生等在上学期曾受记过处分，所请未便照准。

二、第七、八班课程业经教授党义，因前未将成绩汇报，兹奉教育厅转下部令，饬令补报党义成绩等因，应如何办理案。

议决：七班成绩表中补填党义成绩，并叙明当时党义一科，请省党务指导委员陈振之教授呈报第八班成绩时亦同样办理。

三、教育系二年级学生请求略为变更理论学科，增加副科课程，应如何办理案。

议决：推邓屏洲、聂赓余、李子廉会同研议，商定办法，再为酌定。
四、学生课外国文补课案。
议决：推邓屏洲拟定办法。
五、填报教员研究专题及重要刊物调查表案。
议决：请各教员照表填明由校汇报。
六、本校教职员定期出外考察案。
议决：推李子廉拟定办法，提会商议。
七、教职员暨学生借阅图书馆图书之册数及日期应如何规定案。
议决：由图书馆负责办理。

1935年11月5日会议

日期：十一月五日上午十一时
地点：本校会议厅
主席：何校长
出席人：何光周　邓屏洲　邓巨源　方介福　聂赓余　梁芷卿　包仰亭　傅铭彝　沈献廷　杨子深　姚际唐
记录：李子廉
讨论事项
一、审查本校教职员休假研究考察规程案。
议决：推邓屏洲、聂赓余、范晋丞会同审查。
二、核发三四年级正式生十月份补助费案。
议决：
（一）文法学院：李若兰、李蕙卿、何尔钊、何寿椿、余祥麟、武嘉荣、周均、陈世典、高瑞云、涂向仁、张昆秀、符和玉、秦瑞华、杨卫邦、郑重兰、刘培元、王文柏、王继鲁、田树勋、朱焜然、何朝举、李尊五、吴致臯、周锡科、章青昔、杨尚清、汤伯涛、杨秀沣、端木利钰、戴铨苍、萧光庭。
（二）理工学院：丁育武、任克一、沐镇寰、金雪渔、李维垣、马锡荃、杨春达、杨兴邦、赵汝贞、邹玉堂、苏志刚、丁长治、王攸立、何宏远。
（三）医专科：沈翊慈、段琴仙、龚及昌、朱道安、唐继周、张子宽、杨尔昌、陈天锡、范少泉、周倬、周以敏、邹荫芳。
以上各生与标准相符应给十月份补助费。
三、寝室清洁整齐奖励案。
议决：每月在旧币一百元以内，由训委会斟酌办理。
四、医专学生杨振新请假已逾本学期上课时间三分之一以上，应如何办理案。
议决：依照学则第四十三、四两条之规定，饬令退学。
五、决定本届旅行日期及地点案。
议决：暂定金殿。

1935 年 11 月 13 日会议

日期：十一月十三日上午十一时

地点：本校会议厅

主席：何校长

出席人：何光周　秦光弘　邓屏洲　杨子深　邓巨源　方介福　聂赓余　梁芷卿　包仰亭　刘伯庸　傅铭彝　范晋丞

记录：彭恺丞

讨论事项

秋季旅行应于何日举行案。

议决：日期：十一月十五日星期五上午七时半出发。

地点：金殿。学生全体均须列队步行。

津贴：每名四元，嗣后每次旅行无论何处均以旧票四元为则。

二、中央庚款补助本校购办理化器械单是否照购案。

议决：照单购案。

三、徐子明先生捐赠本校图书馆中西书籍多种，其运费国币一百八十余元，应如何办理案。

议决：由本校照办。

四、医专学生杨振新前以请假逾期不到，议决除名（尚未公布），现据呈请以久病羁延，事非得已，且查得该生学行均佳，应如何办理案。

议决：本学年姑准随班旁听，考其成绩，再行核办，并记大过一次，以儆效尤。

五、学生吴赛萍高中毕业证书查系改造，应如何办理案。

议决：勒令退学。

1935 年 11 月 26 日会议

日期：十一月二十六上午十一时

地点：本校会议厅

主席：何校长

出席人：傅铭彝　邓屏洲　邓巨源　何光周　沈献廷　杨子深　方介福　秦光弘　梁芷卿　聂赓余　包仰亭　刘伯庸　姚际唐　范晋丞

记录：彭恺丞

讨论事项

一、学生袁晓岑毕业证书查系伪造（张有典毕业证书查系借用），应如何办理案。

议决：袁晓岑着明令开除学籍，证书注销没收，张有典明令开除学籍，证书没收，第五十九次会议议决吴赛萍改造证书一案，并案明令开除学籍，证书没收。

二、本校二十五年春季招生事宜，应如何筹备案。

议决：招收法律系、中国文学系、采冶系一年级生各一班，即日准备一切应行筹备事宜。

三、本校二十五年春季应否招收附属高中一年级案。

议决：招收一班，所有宿舍等一切筹备事宜由各主任即日分别设计准备。

四、本省运动会为日无多，应如何准备案。

议决：即日起每星期三、四、五三天上午七时至八时，军事训练；每星期一、二、六天上午七时至八时，练习各种运动，均加紧练习。星期一内务检查，暂停举行。

五、本学期六表演军训科目，本星期四拟赴北门外演习，应否停课案？

议决：本月二十八、三十两天十一时后均停课半天。

六、前接收师范学院物品清册，应如何办理案。

议决：由秘书处收齐分别交医专何、秦二主任，本校方主任保存。

七、李家花园枇杷树请给价收买，应如何办理案。

议决：即以二十五年夏季枇杷卖价作抵，不再给价，嗣后该项树木由本校处理，承租人无条件脱离关系。

八、日本工学会明年四月上旬在东京开第三次大会，邀请参加，应如何办理案。

议决：通知各部如有愿往参加者，再行核议。

1935年12月11日会议

日期：十二月十一日上午十一时

地点：本校会议厅

主席：何校长

出席人：何光周　傅铭彝　邓屏洲　邓巨源　梁芷卿　方介福　沈献廷　姚际唐　包仰亭　杨子深　聂赓余

记录：彭恺丞

讨论事项

一、军训竞赛应如何分别练习案。

议决：本校先行预选，选定运动员之优秀者，免去军事训练，专练竞赛，其余随意参加运动练习，但不得借口免军训。

二、运动会服装应如何规定案。

议决：第一日着军训服装，第二日穿黄制服，如有服装未备齐整者，即日赶制以归一律。

三、和缉熙毕业证书与像片不符，杨建远实系初中毕业，应如何办理案。

议决：一律勒令退学。

四、核发三四年级正式生十一月份补助费案。

议决：

（一）文法学院：何尔钊、何寿椿、余祥麟、武嘉荣、周均、陈世典、高瑞云、涂向仁、张昆秀、符和玉、杨卫邦、刘培元、王文柏、王继鲁、田树勋、朱焜然、何朝举、李尊五、吴致虞、周锡科、章青昔、杨尚清、杨伯寿、杨秀沣、端木利钰、戴铨苍、萧光庭。

（二）理工学院：丁育武、任克一、沐镇寰、金雪渔、李维垣、马锡荃、杨春达、杨兴邦、赵汝贞、邹玉堂、苏志刚、丁长治、王攸立、何宏远。

（三）医学院：沈翊慈、龚及昌、朱道安、唐继周、张子宽、杨尔昌、陈天锡、范少泉、周倬、周以敏。

以上各生与标准相符，应给十一月份补助费。

五、应否择日练习运动，以资熟练案。

议决：本星期六（十四日）十一时起停课练习，下星期中亦择日练习。

六、呈部扩充本校建筑，应如何规划案。

议决：假定建筑费为理工学院二十万元，男女寄宿舍二万元，图书馆十五万元，体育馆七万元，食堂二万元，共国币六十一万元。

1935年12月20日会议

日期：十二月二十日

地点：本校会议厅

主席：何校长

出席人：秦光弘　何　昌　杨维浚　包崇仁　聂赓余　邓巨源　邓屏洲　姚际唐　方介福　傅铭彝　范晋丞

记录：沈檠

讨论事项

一、本校教职员禁吸鸦片，经具结而有疑问者，应如何办理案。

议决：（1）素未吸食者，各教职员之原结存校，另由校长结具呈报；（2）曾经吸食现戒断者，照案呈请调验；（3）学生由训委会负责查究；（4）素未吸食，校长认为有疑问者，与二项并案办理。

二、本校学生出席本省运动会之服装应否准备案。

议决：背心短裤等项由校购置，球鞋由校补助半费。

三、追悼倪老师及学生端木利钰案。

议决：定本月二十三日午前九时举行，是日放假一日。并由秘书课拟具挽联，通知各教职员莅校参加。

四、一年级学生国文补习未交卷者，应如何惩罚案。

议决：照规程办理。

五、一年级学生国文补习成绩优良者，应如何奖励案。

议决：杨道勤、陈嘉蘅、段绍武三名由校分别给奖三十元、二十元、十元之购书券，以资鼓励，购书券由图书馆准备呈核。

1936年1月8日会议

日期：一月八日上午十一时

地点：本校会议室

主席：何校长

出席人：傅铭彝　方介福　杨子深　聂庚余　邓屏洲　邓巨源　沈献廷　包仰亭　梁芷卿　何光周　范晋丞　姚际唐　刘伯庸

记录：彭恺丞

讨论事项

一、核发三四年级正式生十二月份补助费案。

议决：文法学院李若兰、李蕙卿、何尔钊、何寿椿、余祥麟、武嘉荣、周均、陈世典、高瑞云、涂向仁、张昆秀、符和玉、覃瑞华、杨卫邦、刘培元、王文柏、王继鲁、田树勋、朱焜然、何朝举、李尊五、吴致虞、周锡科、章青昔、杨尚清、杨伯涛、杨秀沣、端木利钰、戴铨苍、萧光庭。理工学院丁育武、任克一、沐镇寰、金雪渔、李维垣、马锡荃、杨春达、杨兴邦、赵汝贞、邹玉堂、苏志刚、丁长治、王攸立、何宏远。医学专修科沈翊慈、段琴仙、龚及昌、朱道安、唐继周、张子宽、杨尔昌、陈天锡、范少泉、周倬、周以敏、邹荫芳。以上各生与标准相符，应给十二月份补助费。

二、医专学生段琴仙、邹荫芳呈请因公缺席，可否发给十一月份补助费案。

议决：姑准补领，扣留至二月发给，并布告各生以后无论何事外出均须请假。

三、医专开学较迟，课程未能授毕，应否延长两星期散放寒假案。

议决：本定一月十八日散放寒假，现延长两星期至二月一日散放。

四、春假应否提前并入寒假散放，以便学生往返，不致不及注册案。

议决：四月一日至七日应放春假一星期，提前于二月三日至九日散放，二月十、十一、十二日为注册日期，十三日上课，届期必须亲自注册报到。

五、温铭时时私行出外并殴击卫兵，应如何办理案。

议决：记大过二次。

六、刘绍谊不守校规，缺席太多，应如何办理案。

议决：开除。

七、学生高瑞云等五十六人呈请延长寒假，应如何办理案。

议决：转呈教育厅核示。

八、第十班法律学系杨秀沣等十八人呈请组织法学研究会，应否照准案。

议决：既经院长主任复核尚无不合，准予组织成立，并推邓巨源先生为指导员。

1936年2月3日会议

日期：二月三日上午十一时

地点：本校会议厅

主席：何校长

出席人：傅铭彝　方介福　何光周　邓屏洲　包仰亭　聂赓余　邓巨源　杨子深　梁芷卿　徐受益　沈燊

记录：刘伯庸

讨论事项

一、学生高瑞云等呈请延长寒假期限案。

议决：照录教育厅指令，布告学生知悉。

二、本校除向中英庚款委员会直接请款外；应再如何分途进行案。

议决：由校函请翁文灏先生代转呈行政院蒋院长，暨检取请款书呈请省府备案，并分函杨耿光、朱益之、李伯英三先生代为进行。

三、本校前请陈礼江先生转达教育部文件，迄今日久未见复示，究应如何办理案。

议决：先致函陈礼江先生问明情形。

四、本校欲实现此次扩充计划，应如何分别进行案。

议决：关于中英庚款请款手续业经备文直向该会办理，关于中法庚款请款手续，俟估计后再为照案办理。关于建盖理工学院校舍须能速呈请省府核示办法，以便遵循。

五、学生呈请组织救国分会案。

议决：照录厅令布告学生。

六、本校添办高中案

议决：查此案既经教厅核准试办，应即着手招生，报名日期应改为自二月十日起至二十日止。

七、函聘本届招收新生委员会案。

议决：体格检查请何光周、秦穉藩、傅民一、徐受益、姚际唐担任。检查女生时指派医专学生段琴仙、周以信助理，党义聘邓屏洲，英文聘李静华，数学聘夏为苏，中外地理聘李子廉，中外历史聘聂雨南，理化聘聂赓余，高等代数聘毕仲垣，解析几何及制图聘杨季岩，国文法及名著解释聘白小松，法学聘邓巨源，经济学聘李季立，政治学聘范晋丞，军事学聘傅铭彝担任，国文学概论请袁树五出题，由秘书课分别函聘。

1936年2月7日会议

日期：二月七日上午十一时

地点：本校会议厅

主席：何校长

出席人：傅铭彝　聂赓余　邓巨源　包仰亭　梁芷卿　范晋丞　邓屏洲　刘伯庸　方介福　秦光弘　沈献廷　姚际唐　杨子深

记录：李子廉

甲、报告事项

主席报告本年寒假期间土木工程系学生到石龙坝及宜良测量情形。

乙、讨论事项

一、核发三四级正式生一月份补助案。

议决：查文法学院学生李若兰、李蕙卿、何尔钊、何寿椿、余祥麟、武嘉荣、周均、陈世典、高瑞云、涂向仁、张昆秀、符和玉、覃瑞华、杨卫邦、刘培元、王文柏、王继鲁、田树勋、朱焜然、何朝举、李尊五、吴致虞、周锡科、章青昔、杨尚清、杨伯涛、杨秀沣、戴铨苍、萧光庭，理工学院学生丁育武、任克一、沐震寰、金雪渔、朱维垣、马锡荃、杨春达、杨兴邦、赵汝贞、邹玉堂、苏志刚、丁长治、王攸立，及医学专修科学生沈翊慈、段琴仙、龚及昌、朱道安、唐继周、张子宽、杨尔昌、陈天锡、范少泉、周倬、周以敏、邹荫芳等五十四名，核与标准相符，照案发给一月补助金，以资鼓励。

二、寒假期间土木工程学生派赴宜良测量河道，应否酌给补助费，以资鼓励案。

议决：每人发给新币八元，由三四年补助费流存项下支用。

三、审核上学期学生成绩案。

议决：由注册课催齐，照学则规定分别列表，提出教务会议商决。

四、规定本学期教务会议日期案。

议决：定于二月十日星期一下午三时举行。

五、学生宿舍如何分配案。

议决：大学生与中学生分开住宿，由训委酌量办理。

六、医专实习医院应如何设置案。

议决：租用附近适当地点，由校设置。

七、拟具军事训管呈报教部查核案。

议决：由傅主任、刘副主任、徐教官会拟。

八、奉教部江电，征询非常时期教育问题意见一案，应如何遵办案。

议决：分函各位教师发表书面意见，交由十日教务会议公决后，再为呈部采择。

1936年2月10日会议

日期：二月十日下午四时

地点：本校图书馆

主席：何校长

出席人：徐小泉　马葛太　李季立　陈芳照　何光周　张季村　徐述先　周粟然　邓屏洲　夏为荪　方介福　徐受益　姚际唐　聂赓余　饶继华　邓巨源　陶子固　魏述徵　许端庆　沈献廷　杨子深　孙义安　包仰亭　傅民一　秦光弘　刘伯庸　梁芷卿　周伯雄　彭恺丞　杨哲夫

记录：李子廉

甲、报告事项

主席报告：

请徐述先任附中兼教育系主任，徐子明担任文学，魏述徵任教医学教员。

乙、讨论事项

一、教部江电征询国难期间关于教育一般问题或特殊问题意见，应如何具复案。

议决：请各教师开列意见，尽两日内交校汇办。

二、审查上学期学生成绩案。

议决：按照学则，四科不及格者开除学籍，三科以上不及格者于开学后两星期内补考，补习国文课外作文次数不足者，限两星期内补作齐全。

三、规定上课日期案。

议决：定于二月十七日下星一上课。

1936 年 2 月 22 日会议

日期：二月二十二日上午十一时

地点：本校会议厅

主席：何校长

出席人：何光周　邓屏洲　徐述先　包仰亭　邓巨源　姚际唐　沈献廷　梁芷卿　徐受益

记录：李子廉

甲、报告事项

主席报告：

一、本学期请何光周、秦穉藩二位会同担任校医，苏达先担任附中校医。

二、医专科实习医院本学期由校独立设置，现已进行。

三、附中新生定于下星期一举行入学试验。

乙、讨论事项

一、学生有因特殊事故注册稍迟者，应否予以变通案。

议决：由注册课分别汇列，提出下次会议决定。

二、十四班法律系学生李立业上学期成绩有四科不及格，照章应开除学籍，兹据该生呈请插入新班，应否照准案。

议决：该生在校操行尚优，姑准降入新班法律系作为试读生。

三、本学期现已开课，学生生活规律应严厉执行案。

议决：自下星期一起实行上课点名及外出请假，由训委会依照规定办理，至门禁应饬卫兵认真执行。

四、筹设学生俱乐部案。

议决：就西部现有马房改建，推杨子深、包仰亭、姚际唐、安汝智设计，由杨子深召集。内部添置收音机，并附设消费合作社由学生办理。

1936 年 3 月 1 日会议

日期：三月一日上午十一时

地点：本校会议厅

主席：何校长

出席人：聂赓余　邓屏洲　刘伯庸　杨子深　方介福　秦光弘　何光周　包仰亭　邓巨源　傅铭彝　梁芷卿　姚际唐

记录：李子廉

讨论事项

一、审核本校学生宿舍设计图案。

议决：即照图案设计建盖，应收用之围墙巷，昆中以北，天君殿巷至荃麻巷一带之民房，由校备图呈请教育厅转饬市政府收买，并先由庶务课实勘应收买之地段，分别列表编号备用。

二、限制学生课外假次数案。

议决：每月仍以两次为限。

三、严密防范火警案。

议决：由庶务课训委会、值日值宿职员暂饬工役认真防范，遇有紧要公文到校，可由值宿人员开封。

四、核发三四年级正式生二月份补助费案。

议决：与标准相符各生提前拨给，记有文法学院学生三继鲁、田树勋、朱焜然、何朝举、李尊五、李学荃、武振岗、吴致虞、周锡科、章青昔、杨伯涛、杨秀沣、戴铨苍、萧光庭、杨尚清、王沂、李若兰、何尔钊、余祥麟、武嘉荣、高瑞云、周均、马绳五、陈世典、涂向仁、张昆秀、覃瑞华、杨卫邦、刘培元、朱慧芳、宋素先、李树久、李锡桂、林仁訚、张崇先、熊廷和、赵瀛洲、邓振宇、刘文明、怀文灿，理工学院学生丁育武、任克一、沐镇寰、金雪渔、马锡荃、苏志刚、丁长治、王攸立、何宏远、吴绍典、陈德培、杨济苍，暨医学院专修科学生朱兆麟、朱道安、周倬、周樨雷、周以敏、周以恒、周以信、周以熹、范少泉、陈文藻、陈天锡、唐继周、曹锺璞、张子宽、邹荫芳、赵国栋、刘建章、龚吉昌、王永丰等七十一名，核与标准相符，应发给二月份奖学金，以资鼓励。至逾期注册及补考各生，应另案核办等语记录在卷。

1936 年 3 月 26 日会议

日期：三月二十六日上午十点半

地点：本校会议厅

主席：何校长

出席人：梁芷卿　聂赓余　秦稺藩　邓屏洲　刘伯庸　何光周　邓巨源　傅铭彝　杨子深　包仰亭　沈献廷　方介福　姚际唐

记录：李子廉

讨论事项

一、教部视察指示各点，应如何遵照改进案。

议决：设备及图书由科学、图书二馆计划充实，党义查案加授，地质、地理二科酌加边疆问题，先由研究入手，俟经费有着，即实行调查，地质设备应充实，并准方介福、陶子固、李季立拟定下学期预算，由方介福召集。

二、教部密函庚款事宜，并讨论如何进行案。

议决：遵照部示各点，力谋充实改进。至庚款补助，除中英庚款已照手续经请补助外，中法庚款请求补助医科设备，中美庚款请求补助图书，及地质设备先电请高等教育司，将中法、中美请款规则及手续先行示知，以便遵办。推秦穉藩、何光周、后静修、包仰亭为中法庚款请款计划委员会，并先电日本东京凡善株式社会索寄图书目录以作参考。

三、校舍修建应如何决定案。

议决：照设计图案提请工程处商定。

四、为培养本校师资，拟呈省府及教厅，照国省立大学例资送教职员及学生赴国外、省外考察及学习，应如何进行案。

议决：就原拟办法推邓屏洲、聂赓余、秦穉藩先行审查，于下星期一交校。

五、学生闻应贤为首殴打车夫，并抢夺卫兵枪支，应如何处置案。

议决：将为首之闻应贤开除，李天揆记大过两次，杨波南记大过一次，其他当时在场附和各生，由训委会查明分别予以申诫。

六、被革或辍学学生应否追缴学费案。

议决：照学则四十八、四十九、五十五等三条规定办理，每学期每学生应赔若干，由会计股平均核算公布。

七、二十四年度上学期应领奖助学金，应如何决定案。

议决：查照奖助学金给与规则，按照各班实有人数分别决定请领转发。

1936年4月14日会议

日期：四月十四日上午十一时

地点：本校会议厅

主席：何校长

出席人：方介福　傅铭彝　何光周　邓屏洲　梁芷卿　邓巨源　包仰亭　杨子深　沈献廷　徐述先　姚际唐　聂赓余

记录：彭恺丞

讨论事项

一、上年毕业生段静斋、黄湛、吴玉崑、俞赫、赵宗熙等五名毕业资格教部未予照准，应如何办理案。

议决：部令不合资格各生，前次曾于第七班毕业时申明，特殊情形奉令照准在案。现再将立案以前所招不合资格各生，当时实因本省情形特殊，且得省厅核准在案等情呈复教部。

二、医专学生马锡虆注册逾期七星期，应否照准案。

议决：逾期太久，不准注册。

三、第六十七次会议未决之逾期注册及补考各生二月份补助费，应如何补发案。

议决：逾期注册者，除张汉杰、高廷光二名系因公逾期，免予置议外，其余逾期注册各生本学期之西书补助费概不发给，奖助学金扣发五分之一，补助费扣发一个月，补考各生如补考及格后扣发其第一个月，其余各月照发，但分数在五十分以下者，虽补考及格仍不给发。

四、试读生郑松寿、马如鹍、马昭铭、马秀卿等成绩操行俱列乙等，应否收为各该系正式生案。

议决：郑松寿等四名准予升为正式生。

五、旁听生杨振新成绩甲等，操行乙等，应否升格案。

议决：升为试读生。

六、张鹤舟因亲丧迟到一月，应否准予注册案。

议决：准予注册。

七、高志超途遇封用汽车，以致迟到，应否准予注册案。

议决：查系实情，准予注册。

八、核发三四年级正式生三月份补助费案。

议决：理工学院丁育武、任克一、沐镇寰、金雪渔、李维垣、马锡荃、杨春达、杨兴邦、邹玉堂、赵汝贞、郑松寿、苏志刚、丁长治、王攸立、何宏远、米长清、吕筑生、余正三、吴绍兴、周振国、陈德培、张汉杰、杨绍、杨世藻、杨济苍、陈以惠、谭国柱等，文法学院李若兰、李蕙卿、何尔钊、余祥麟、武嘉荣、高瑞云、周均、马绳武、陈世典、涂向仁、符和玉、覃瑞华、杨卫邦、刘培元、田静、朱蕙芳、宋素先、李树久、李锡柱、林仁訇、和克强、孙体棠、张崇先、张鹤舟、熊廷和、赵瀛洲、邓振宇、刘文明、怀文灿，医专科朱兆麟、朱道安、沈翊慈、周倬、周泽雷、周以敏、周以恒、周以信、周以熹、范少泉、段琴仙、陈文藻、陈天锡、唐继周、曹锺璞、张子宽、杨尔昌、赵国栋、刘建华、王永丰等七十六名，核与标准相符，照章发给，以资鼓励。

九、扩充建筑之图样计划特聘专家预为设计，以备采择，是否可行案。

议决：照办。

1936年4月28日会议

日期：四月二十八日上午十点半

地点：本校会议厅

主席：何校长　邓院长

出席人：计阳曦　聂雨南　李静华　周栗齐　邓巨源　徐小权　杨哲夫　李君范　张季材　徐述先　陶子固　李季立　何校长　杨子深　刘伯庸　傅铭彝

记录：彭恺丞

讨论事项

六月一日至七月三十一日一年级男生须入营受军事训练，所缺功课应如何补授案？

议决：自四月三十日（星期四）起至五月底止，每日上午七时至八时，下午六时至九时，及日间空课时间分别编排补授课程，俾于五月底以前将本学期应授课程一律授毕，并附带议决三点：（1）补课期间排有课程，各班学生每星期三、六课外例假一律停止。（2）男女生同级之女生课程亦提前于补课期间授课。（3）合级教授之非一年级生课程亦提前于补课期间授课。

1936年5月6日会议

日期：五月六日上午十一时

地点：本校会议厅

主席：何校长

出席人：秦稚蕃　沈献廷　姚际唐　李子廉　范晋丞　徐述先　包仰亭　邓巨源　邓屏洲　何光周　杨子深　傅铭彝　聂赓余　方介福　刘伯庸

记录：彭恺丞

甲、报告事项

一、训导委员会报告上月情形。

二、注册课四月份报告。

三、庶务课四月份报告。

乙、讨论事项

一、核发三四年级正式生四月份补助费案。

议决：理工学院丁育武、任克一、沐镇寰、金雪渔、李维垣、马锡荃、杨春达、杨兴邦、赵汝贞、郑松寿、丁长治、王攸立、何宏远、米长清、余正三、吴绍兴、周振国、陈德培、张汉杰、杨绍、杨世藻、杨济苍、谭国柱，文法学院李若兰、李蕙卿、何尔钊、余祥麟、武嘉荣、高瑞云、周均、陈世典、涂向仁、符和玉、符和玉、覃瑞华、杨卫邦、田静、朱蕙芳、宋素先、李树久、李锡柱、林仁訇、和克强、张崇先、熊廷和、赵瀛洲、邓振宇、刘文明、怀文灿、王文柏、王继鲁、田树勋、朱焜然、何朝举、李尊五、李学铨、武振岗、周锡科、章青昔、杨尚清、杨伯涛、杨秀沣、樊兴源、戴铨苍、萧光庭、王沂、黄光陆、杨荫昌、杨乐天、苏珉，医专科朱兆麟、朱道安、沈翊慈、周倬、周泽雷、周以敏、周以恒、周以信、周以熹、范少泉、段琴仙、陈文藻、陈天锡、唐继周、曹锺璞、张子宽、杨尔昌、赵国栋、刘建华、王永丰、邹荫芳、戴其煜、龚及昌等九十二名，核与标准相符，照章发给，以资鼓励。

二、学生管慕儒、李南生缺席太多，应如何惩戒案。

议决：各记大过一次，下月如再缺席，即行开革。

三、医专学生马锡鬗再三函请复学，应如何办理案。

议决：姑准随班旁听，以观后效。

四、痧眼治疗颇为切要，应如何办理案。

议决：由庶务课及医专主任会同商办，克期成立医疗专室，规定设置费旧币二千元为限。

五、伍兴仁、董绍璋为首殴击校工致伤，施子瑜、赵宗璞、张汉骞在场附和，应如何惩戒案。

议决：伍兴仁、董绍璋各记大过一次，施子瑜、赵宗璞、张汉骞由院长严加告诫。

六、何寿椿殴打卫兵应如何惩戒案。

议决：记大过一次。

七、孙体棠私行外出，毁坏公产，应如何惩戒案。

议决：记大过一次。

1936年5月30日会议

日期：五月三十日上午十一时

地点：本校会议厅

主席：何校长

出席人：秦穉藩　何光周　杨子深　傅铭彝　李子廉　沈献廷　梁芷卿　邓巨源　徐述先　邓屏洲　方介福　徐受益　包仰亭

记录：彭恺丞

甲、报告事项

一、医治学生砂眼所需药品、器械及医师津贴拟由三四年级学生补助费积存项下开支，已呈厅备案。

二、本年度受军训学生补课办法已呈厅备案。

三、训导委员会五月份报告。

四、注册课五月份报告。

五、庶务课五月份报告。

六、会计课五月份报告。

乙、讨论事项

一、核发三四年级正式生五月份补助费案。

议决：理工学院丁育武、任克一、沐镇寰、金雪渔、李维垣、马锡荃、杨春达、杨兴邦、邹玉堂、赵汝贞、郑松寿、苏志刚、丁长治、王攸立、何宏远、米长清、吕筑生、余正三、吴绍兴、周振国、陈德培、张汉杰、杨绍、杨世藻、杨济苍，文法学院李若兰、李蕙卿、何尔钊、余祥麟、武嘉荣、周均、马绍武、陈世典、涂向仁、张昆秀、符和玉、覃瑞华、杨卫邦、刘培元、田静、朱蕙芳、宋素先、李树久、李锡柱、林仁訇、和克强、张崇先、张鹤舟、熊廷和、赵瀛洲、邓振宇、刘文明、怀文灿、王文柏、王继鲁、田树勋、朱焜然、何朝举、李尊五、李学荃、武振岗、周锡科、章青昔、杨尚清、樊兴源、戴铨苍、萧光庭、王沂、黄光陆、杨荫昌、杨乐天、苏珉，医专科朱兆麟、朱道安、周倬、赵国栋、刘建华、戴其煜、龚及昌、王永丰等八十三名，核与标准相符，照章发给，以资鼓励。

二、一年级女生应受看护、救护训练，宜如何办理案。

议决：预算教授两个月，内外科及战地看护学所需教师津贴、学生书本、伙食等项，约需新币五百元，呈厅请示再行办理。

三、前奉部令举办暑期学校，现由教育系主任拟订办法大纲，提请公决案。

议决：将所拟办法大纲及预算，呈厅请示，俟经费确定后，即行着手办理。

四、教育学会建议本校设置教育研究室，应否照办案。

议决：由教育系主任负责筹备，所有应用书报酌量陆续购置，先由图书馆领取应用书籍，在附中克期成立。

五、下学期招收新生应如何决定案。

议决：招教育系一班，土木工程系一班，附中一班，呈厅请示，拟收回忠烈祠房屋。

六、新寄宿舍应否拟具图案，呈请省府核定，即日动工兴建案。

议决：照办。

七、教厅令本校代北平师范大学招生三名应如何办理案。

议决：照办。

八（本校一览应否规定期限，责成编辑委员会准时出版案。

议决：六月中付印。

九（教部令办特种教育实施步骤应如何筹备办理案。

议决：推傅铭彝、徐述先整理实行计划，下次提会讨论。

十、青年会请本校会同选派学生赴厦门大学开夏令训练会，其经费及名额应如何规定案。

议决：三四年级各选派学生一名，由校三四年级学生补助费项下补助旅费，每名国币七十元，并呈报教厅备案。

十一、吴致虞呈久病初愈，已逾规定入学期限，惟经济拮据，求学情殷，可否通融准予入学等情，应如何办理案。

议决：降为试读生随班受课。

十二、赵思恭呈称亲病危迫，家中无人，拟请退学，应否照准案。

议决：准其退学。

十三、医专科上学期缺课两星期未曾补足，应否本学期延长两星期补授缺课案。

议决：照办，由秘书课即出布告，并通知全体教职员。

1936年6月15日会议

日期：六月十五日上午十一时

地点：本校会议厅

主席：何校长

出席人：邓屏洲　邓巨源　梁芷卿　徐受益　聂赓余　徐述先　杨子深　沈献廷　秦光弘　傅铭彝　范晋丞　方介福

记录：包仰亭

甲、报告事项

一、中法教育基金委员会中国代表团函覆请款手续及开会日期。

二、国立中央研究院评议会函请协助促进国内外科学合作，并附寄初步办法。

三、国立中央研究院评议会为科学研究应特别注重国家及社会实际急需问题，函请开具原则。

乙、讨论事项

一、图书馆主任张启贤因事至京，函请辞职，已另聘彭恺丞君继任，请推定专员监盘交代案。

议决：推沈献廷担任。

二、医专专任教授拟就筹设实习医院计划及预算，提请公决案。

议决：通过，并转呈教厅。

三、编委会所编大学便览稿件业已汇齐，应如何付印，请公决案。
议决：请邓院长校阅后付印。
四、教部令办《特种教育实施纲要》，现由徐、傅两主任拟具计划，提请公决案。
议决：
（一）修正通过，并由秘书课备文呈报教部。
（二）特教训委会主席请邓院长担任。
五、省政府令造报二十四年度公产公物登销表，提请公决按照实行案。
议决：由秘书课通知有关各处。
（一）不动产校长由庶务课会计课合办。
（二）图书由图书馆办理。
（三）仪器由科学馆办理。
（四）卷宗由秘书课办理。
六、本校讲师何非考查归来，签请密呈教部允将北洋或唐山矿冶系全部教职员学生及设备尽数移并本校办理，应如何决定案。
议决：下次会议讨论。
七、体育馆建筑设计图案业已制就，应如何进行案。
议决：照原案呈请省府核示。
八、本校拟设印刷所，应如何筹划进行案。
议决：计划完整后请庚款补助。
九、现已将届暑假，应否规定日期举行休业式，并布告学生放假案。
议决：照办，日期定六月二十二日。

1936年7月3日会议

日期：七月三日上午十一时
地点：本校会议厅
主席：何校长
出席人：邓屏洲　梁芷卿　聂赓余　徐受益　邓世英　徐述先　秦穉藩　邓巨源　彭恺丞　杨子深　刘伯庸　沈献廷
记录：包仰亭
甲、报告事项
一、庶务课六月份工作报告。
二、会计课六月份工作报告及二十四年九月至十二月经费报销经过情形。
三、注册课六月份工作报告。
四、训委会报告。
五、图书馆报告。
以上报告均另有书面存案。
乙、讨论事项
一、教育部令由二十五年度起，除由本校奖助学金额外，仍应增加学生公费学额案。

议决：本校已设有奖助学金名额，对于学生待遇已超出教部所定标准，公费学额已无增加必要，应据实呈复教部。

二、a. 本校各种委员会通则应限期拟定案。

议决：请包仰亭、邓巨源、刘伯庸会同拟定，提下次会议讨论，并由包仰亭召集。

b. 拟定各课馆办事细则，请审查公布案。

议决：仍请邓院长、饶季华、李子廉复审，并请邓院长召集。

c. 各系课程标准及内容纲要已拟定，应请审查案。

议决：请徐述先、邓巨源、范晋丞、徐子明、聂赓余、王玮、何殿生会同审查，由何校长召集。

三、本校教职员之聘任，关于左列各项应如何办理案。

a. 教职员资格之审查。

b. 等级之决定。

c. 专任、兼任之规定。

d. 任期及规约。

e. 专任教职员薪俸之进级。

f. 兼任教职员薪俸之决定。

g. 专任教职员职责之规定。

议决：关于上列各项组织评议会办理之，评议会以校长、院长、各系主任、秘书、主任及教授代表三人组织之，由秘书课拟函通知各教授选举代表。

四、集训学生应否定期召开师生同乐会案。

议决：照办，并请杨子深、梁芷卿负责办理。

1936年7月29日会议

日期：七月二十九日上午十一时

地点：本校会议厅

主席：何校长

出席人：沈献廷　邓屏洲　秦穉藩　刘伯庸　范晋丞　邓巨源　聂赓余　梁芷卿　徐述先　包仰亭　彭恺丞　方介福　何光周

记录：李子廉

甲、报告事项

一、会计课报告下学期新预算编拟经过。

二、校长报告本校历年流存经费情形。

三、校长报告奉令与卫生实验处等四机关设诊疗所。

四、校长报告收用本校西部民房及建筑理工学院寄宿舍情形。

乙、讨论事项

一、奉令规定本校学生免费及公费学额，应如何办理案。

议决：大学部仍照上次决议案呈复教厅，中学部遵照设置。

二、添置新生教室桌凳及油刷教室案。

议决：桌凳添置一百套，油刷照办。

三、本校请求庚款补助。中英方面核准补助国币八万元，分两年发给，中美方面兹奉教部电知，须先派员到校视察，中法方面原系请求补助医学院设备，兹准熊迪之来函，请改请补助理工学院设备为宜，究应如何分别办理，请核议案。

议决：庚款补助费仍照案择定第一、第二两年度采购理工设备，中法仍暂拟医学院设备，中美范围可扩大加入教员游学名额、图书馆建筑费及图书充实费。

四、充实各科系图书案。

议决：由各系科主任及专科教授组织图书委员会分别开列书名、著作人、定价、出版处所交图书馆汇办，先行由校函聘各委员，并由图书馆通告各教职员开列应购书目。

委员名单：

邓屏洲、徐述先、何光周、秦稺藩、范晋丞、邓巨源、聂赓余、李子廉、计阳曦、陶子固、李季立、王正恒、彭禄炳、陈芳照、徐子明、袁霭耕、袁树五、白小松、方国瑜

五、审查上学期学生成绩案。

议决：法律系学生一科或二科不及格者准予补考，至曹元焘有三科不及格，本应照案留级，惟各科分数相差不多，姑准补考。中国文学系学生一科或二科不及格者准予补考。李瑞芬、甄少英、杨兆鹿、杨焕南、赵思恭照学则三科不及格者留级，无级可留者，降入新班相当学级。

1936年9月2日会议

日期：九月二日上午十一时

地点：本校会议厅

主席：何校长

出席人：梁芷卿　秦稺藩　邓屏洲　何光周　傅铭彝　邓巨源　聂赓余　包仰亭　彭恺丞　沈献廷　杨子深　姚继唐　徐述先

甲、报告事项

一、庶务课报告八月份工作概况暨本大学财产目录清册。

二、会计课报告本大学新编预算。

三、注册课报告本届招收新生情形。

乙、讨论事项

一、审定各课、馆暨委员会规章案。

议决：照邓屏洲、饶季华、李子廉三委员审查，统整意见分发各课、馆、会主管职员分别阅览，遇有原案未经列入重要事项，速签注候核。

二、决定本学期上课日期案。

议决：订于九月三日开教务会议，七日上课。

三、本学期应如何促进学生学业成绩案。

议决：

（一）严格实行平时及学期考试。

（二）限制教职员请假缺课。
（三）课程进度应依照规定，每次减少考试时间，注重教本选择。
（四）特种教育实施方案应注意实行。
四、规定各系科课程进度标准案。
议决：由各院长、系主任分别商同各教授规定实行。
五、平时考试如何规定案。
议决：每学期至少举行三次，每月由注册课通知一次。
六、如何限制教员请假缺课案。
议决：将大学延聘教员规约附印于大学便览送请查照办理，登记教员请假，仍由训委会逐日填送，注册课登记，并由注册课按时布告学生知照。
七、特种教育方案如何拟定案。
议决：推苗天宝、聂赓余、秦穉藩、傅铭彝、何去非五委员会商拟具，由傅铭彝召集。

1936年9月3日会议

日期：九月三日午后五时
地点：本校图书馆
主席：何校长
出席人：计阳曦　杨哲夫　熊光玠　徐小权　环建一　李丕章　魏述徵　后静修　许端庆　秦穉藩　陶子固　邓屏洲　李君范　陈芳照　杨文辉　何有贵　徐述先　饶季华　邓巨源　梁芷卿　李子廉　朱宇平　聂赓余　姚际唐　孙义安　刘伯庸　何去非　张季材　周粟斋　李季立　徐受益　傅铭彝　马嘎泰　何光周　彭元士　萧予新　姚寻源　杨体仁　徐彪南
记录：包仰亭
报告事项
一、校长报告本校现有院系、学生、经费、设备、建筑、图书、庚款等项情形。
二、请各教授介绍各科应购图书。
三、规定教职员借书办法。
四、遵令教育人员齐着短装。
五、实行平时考试，按期汇交成绩。
六、特种教育方案中规定事项，请各教职员分则负责办理。
七、注意课程进度编订课程纲要。
八、指定授课时间。

1936年9月12日会议

日期：九月十二日星期六午前十一时
地点：本校会议室

主席：何校长

出席人：邓屏洲　徐述先　王正恒　梁芷卿　刘巨源　傅铭彝　沈献廷　杨子深　秦穉藩　聂赓余　姚际唐　方介福　彭恺丞

记录：包仰亭

甲、报告事项

一、庶务课报告修理及设备概况。

二、会计课报告最近经费情形。

三、校长报告中法教育基金委员会中国代表团来函，接到本校请款书及报告，当于下次开会提出讨论。

乙、讨论事项

一、关于校务应如何推进案

议决：

（一）推包仰亭拟定行政组织大纲。

（二）推邓院长拟定文法学院编制纲要。

（三）推何校长拟定理工学院编制纲要。

（四）推秦穉蕃拟定医学院编制纲要。

（五）以上大纲纲要拟就后，由包仰亭汇齐。

（六）成立编制预算委员会，推方介福、李子廉、陶子固为委员，指定方介福召集，并由秘书课备函通知。

二、本季新生业已取定，惟因本省交通不便，尚有少数外县学生未能按期报考，呈请补考前来，应如何决定案。

议决：准予补考，考取定于九月十六、七、八日，其成绩优异者，准予取录为试读生。

三、前军医学校医学专修科学生蒋光璧业在军医校修学二年，呈请准予插入本校医专四年级七学期肄业，应如何决定案。

议决：与校章抵触，未便准许，由秘书课批示知照。

四、本季来校投考而未得录取新生王蕙芳呈请通融录取，应如何决定案。

议决：批示不准。

五、实习产妇科学生周泽雷、周以敏、陈天锡、范少泉、张子宽、陈文藻、唐继周、马锡鼕、段琴仙等九人迁住市立医院案。

议决：通知训导委员会及注册课备案。

六、曾患痧眼学生本学期应如何复查及处置案。

议决：由医专主任定期通知检查，如仍有未治愈者，应勒令继续医治。

七、组织学校卫生委员会案。

议决：推定秦穉藩、杨子深、傅铭彝、刘伯庸、梁芷卿、方介福、徐受益、邓世英为委员，并由委员会依据教部令发《专科以上学校卫生设施暂行标准》拟定办法办理。

八、筹建教职员俱乐部案。

议决：推王正恒拟定计划建筑图案，于下次教厅建筑工程会开会时提出。

九、特种教育课目已由傅、苗、聂、秦、何五委员拟具，提请决定案。

议决：通过并由各院院长通知有关系教师。

十、本校土木工程系学生陆子明呈请继续通学案。

议决：批示照准。

1936年9月25日会议

日期：九月二十五日上午十一时

地点：本校会议厅

主席：何校长

出席人：邓屏洲　傅铭彝　王正恒　杨子深　聂赓余　梁芷卿　邓巨源　徐述先　徐受益　刘伯庸　方介福　沈献廷　彭恺丞

记录：包仰亭

讨论事项

一、核发三四年级正式生六月份补助费案。

议决：理工学院丁育武、任克一、沐镇寰、金雪渔、李维垣、马锡荃、杨春达、杨兴邦、邹玉堂、赵汝贞、郑松寿、苏志刚、丁长治、王攸立、何宏远、米长清、吕筑生、余正三、吴绍兴、周振国、陈德培、张汉杰、杨绍、杨世藻、杨济苍，文法学院李若兰、李蕙卿、何尔钊、余祥麟、武嘉荣、周均、马绍武、陈世典、涂向仁、张昆秀、符和玉、秦瑞华、杨卫邦、刘培元、田静、朱蕙芳、宋素先、李树久、李锡柱、林仁訇、和克强、张崇先、张鹤舟、熊廷和、赵瀛洲、邓振宇、刘文明、怀文灿、王文柏、王继鲁、田树勋、朱焜然、何朝举、李尊五、李学荃、武振岗、周锡科、章青昔、杨尚清、杨伯涛、樊兴源、戴铨苍、萧光庭、王沂、黄光陆、杨荫昌、杨乐天、苏珉，医专科朱兆麟、朱道安、周倬、唐继周、杨尔昌、赵国栋、刘建华、戴其煜、龚及昌、王永丰等八十三名，核与标准相符，照章发给，以资鼓励。

二、拟具呈复省政府，本校新校舍布置意见图案案。

议决：照包仰亭、王正恒拟具意见及图案呈复。

三、拟具建筑俱乐部。

议决：照王正恒拟具图案修正通过。

四、规定本学期学生劳动服务案。

议决：本学期学生劳动服务指定整理运动场，其日期先请王正恒老师测算土方后，提下次校务会议决定（第七十九次校务会议日期定十月二日星期五举行）。

五、添筑网球场案。

议决：俟运动场整理后再决定。

六、呈报毕业班次学生资格案。

议决：布告并纪念周报告、学生限期呈缴正式高中毕业证书及教育部派员监考办法。

七、三年级五学期各系学生有入学资格不符者应如何办理案。

议决：由注册课查明高中学生检定办法后，通知各生前往参加，如检定及格，又再呈报。

八、与中央研究院合作研究学术案。

议决：录案通知各教员并说明，如有意见而本校力量不能解答者，由校代转与该院商酌。

九、教职员向图书馆借书应如何限制案。

议决：彭主任拟定规则，由方国瑜、聂赓余、刘伯庸审查后提下次会议决定，审查会由刘伯庸召集。

1936年10月2日会议

日期：十月二日上午十一时

地点：本校会议厅

主席：何校长

出席人：沈献廷 王正恒 邓屏洲 杨子深 聂赓余 邓巨源 方介福 秦穉藩 傅民一 徐述先 彭恺丞 刘伯庸 姚际唐

记录：包仰亭

甲、报告事项

一、会计课报告呈报二十五年度预算经过。

二、训导委员会报告本年度开学后训管情形及十月份改革意见（有书面报告）。

三、体育课报告本学期添聘体育指导员及遵照教育部颁发体育规程实施情形。

四、庶务课报告本学期开学后添置设备情形。

五、王正恒老师报告测算劳动服务土方情形（有书面报告）。

乙、讨论事项

一、决定劳动服务办法及日期案。

议决：组织劳动服务团拟订详密计划，由十月一二日起始动工，并转傅铭彝、徐述先、杨子深、姚继唐、王正恒五位为团员，由傅铭彝召集。

二、审查上学期三年级试读生成绩，并核定升为正式生案。

议决：政治经济系三年级学生王力健，医专三年级学生杨振新，以上二生成绩尚优，操行亦在乙等以上，应照章升为正式生。

三、核发三四年级正式生九月份补助费案。

议决：

（一）文法学院：

李若兰、李蕙卿、何尔钊、何寿椿、余祥麟、武嘉荣、高瑞云、周均、马绳武、陈世典、涂向仁、张昆秀、符和玉、杨卫邦、覃瑞华、刘培元、田静、朱蕙芳、宋素先、李树久、李锡柱、林仁訇、和克强、陈晶森、张崇先、张鹤舟、熊廷和、赵瀛洲、邓振宇、刘文明、怀文灿、王沂、王力健、李天骙、韦冠章、黄光陆、温铭、杨波南、杨乐天、杨荫昌、苏珉、王鸿绩、王文柏、王继鲁、田树勋、何朝举、李尊五、李学荃、武振岗、周锡科、吴致虞、章青昔、杨尚清、杨伯涛、杨秀沣、樊兴源、戴铨苍、萧光庭、李俊才、李万镒、林毓枝、陈鹤、胡光泽、张灏、张祖光、张汝铨、田雨农、高志超、许绍文、杨树勋、万德麟、聂闻铎、黄广钧。

（二）理工学院：

任克一、沐镇寰、金雪渔、李维垣、杨兴邦、赵汝贞、邹玉堂、苏志刚、丁长治、王攸立、马宏远、宋长清、李正蕃、吴绍兴、周振国、陈元延、陈鸿仁、陈德培、高廷光、张汉杰、杨绍、杨济苍、谭国柱。

（三）医学专修科：

周兆麟、朱道安、李岱岫、周泽雷、周以敏、周以恒、周以信、周以熹、范少泉、陈文藻、陈天锡、唐继周、曹锺璞、张子宽、邹荫芳、杨尔昌、杨振新、刘建华、龚及昌、王永丰。

四、分案保留，提下次会议。

五、规定教职员佩戴证章案。

议决：本校教职员均须佩戴证章，式样照已拟定者制备。

六、建盖训委会及体育课办公及值宿房屋案。

议决：组织建筑委员会负责建盖，费用由本校积存项下开支，以杨子深、王正恒、陶子固为委员会，并指定杨子深召集。

七、决定下次会议日期案。

议决：定十月九日午前十一时。

1936 年 10 月 9 日会议

日期：十月九日上午十一时

地点：本校会议厅

主席：何校长

出席人：梁芷卿　邓巨源　白青萍　秦稺藩　聂赓余　包仰亭　徐受益　刘伯庸　徐述先　杨子深　沈献廷　姚际唐

记录：李子廉

甲、报告事项

主席报告：

一、职员规定服装应由庶务处催促制妥，以便穿着，证章亦应照制备用。

二、医专秦主任报告本校合同卫生实验处合编《卫生周刊》，即由编委会通知征书稿。

三、建盖训委会体育课办公值室房屋设计委员会报告作价经过。

乙、讨论事项

一、审查本大学《劳动服务团实施办法》案。

议决：办法交由各委员会照讨论各点修正，实行工具除借用者外，由校采购，自下星期实行，每星期日及星期六各一次，每次三小时。

二、决定建盖训委会及体育课办公值室房屋案。

议决：照估计价再核减，以一万三千元为限。

三、核定上学期应领奖助学金学生案。

议决：各系试读生上学期各科成绩均及格，而平均分数在七十分以上者升为正式生，与其他正式生同享奖学金待遇，由注册课按照规定，并依据审查名额分别造具请领奖助学金名册，交会计课填具领款单据，由秘书课备文呈请核发，至上学期之学业成绩有列乙等科目及沙眼未痊愈者，迟发一月。

四、核发本学期学生购买西书补助费案。

议决：照案办理。

五、“双十节”本校应如何庆祝案。

议决：上午七时举行庆祝仪式。

六、复议教职员借书规则案。

议决：修正通知。

1936年10月26日会议

日期：十月二十六日午前十一时

地点：本校会议室

主席：何校长

出席人：李师国　梁芷卿　聂赓余　邓巨源　傅民一　范晋丞　刘伯庸　徐述先　徐受益　方介福　杨子深　姚际唐　秦稺藩　白青萍　王正恒　彭恺丞

记录：包仰亭

甲、报告事项

一、校长报告本校献机捐款办法。

二、校长报告本校扩充计划情形。

三、编委会报告印送便览办法。

四、庶务课报告接洽缝制教职员制服经过。

五、会计课报告。

乙、讨论事项

一、前学期呈报未经核准备案之新生十四名中尚有未缴服务证书，应如何办理案。

议决：现因本省扩充中等学校及办理建筑事业，需要人才甚多，而过去高等普通科毕业生为数颇少，故变通招收高中师范科无服务证书毕业生，应请教部准予备案。

二、每学期终了时，教职员应办手续多未能如期了结，于行政诸多滞碍，应如何设法补救案。

议决：（1）学期考试日期及阅卷日期由注册课排定，先行通知，按时亲身到校出题、监场、阅卷。（2）快足送递方法由庶务课酌量改善。（3）关于借用书籍如已到归还日期仍未归还，着由图书馆按照下列手续办理：a. 通知送还；b. 派人索取；c. 照价通知会计课扣薪。

三、已受集训学生服装尚有多数未缝，应如何办理案。

议决：定本星期四校长召集三四年级学生训话，本星期五午前七时检查服装，未经制者先行警告，限期逢制，如再有不依限缝制者，提下次会议又再讨论惩戒办法。

四、关于实施劳动服务学生有不良之表现应何补救，以强校风案。

议决：组织学生劳动服务团，委员会另行分配，土方委员名单由训委会指定。

五、整理本大学北门外运动场案。

议决：组织整理云南大学北门运动场委员会，设计提下次会议讨论，并公推姚际唐、杨子深、李师同为委员，会议由姚际唐召集。

六、蒋委座寿辰提灯会，应如何筹备案。

议决：由训委会、庶务课斟酌办理。

七、蒋委座三十一日寿辰庆祝，应如何参加案。

议决：推梁芷卿前往省党部接洽后，照党部所召会议议决办理。

八、训委会体育课办公室之建筑，前经议决由本校结存项下开支，现因结存款项无多，究应如何筹备，请公决案。

议决：请王正恒修正图案，送请中等以上学校建筑工程处，于本星期三会议提出，负责办理。

1936年11月13日会议

日期：十一月十三日上午十一时

地点：本校会议厅

主席：何校长

出席人：聂赓余　杨子深　傅民一　邓巨源　包仰亭　王正恒　沈献藩　徐受益　姚际唐

记录：李子廉

甲、报告事项

一、方主任告本校月领经费情形。

二、校长报告本校拟建训委会房屋，现经建委会联席会议通过情形。

三、包主任报告训委会建筑图案。

乙、讨论事项

一、核发三四年级正式生十月份补助费案。

议决：教三孙体棠因犯规，已扣九月份补助费，十月照发。

法律系三年级黄广钧因病身亡，由校发给十月至一月共四个月补助费，以资葬理。

其他各系学生一律照审委会议所拟标准发给十月份补助费，以资激励（名单详布告）。

二、中英庚款于二十五、二十六两年度补助国币八万元，应如何拟定分年计划案。

议决：请聂主任根据预定标准，从速拟定本年度，以请求补助动力厂测量仪器及木工、金工必要部分。

三、遵令新建理工学院，收买民房应从速办理案。

议决：由庶务课照案从速办理。

四、整理本校北门外体育场，以资应用案。

议决：由姚主任照上次议决案速办。

注：第八十二次议决案已照案逐一通知。

1936年12月11日会议

日期：十二月十一日上午十一时

地点：本校会议厅

出席人：邓屏洲　王正恒　白青萍　邓巨源　傅民一　杨子深　徐述先　方介福　刘伯庸　沈献廷　梁芷卿　包仰亭　徐受益　秦稺藩　范晋丞　彭恺丞　姚际唐

记录：李子廉

甲、报告事项

方副主任报告本校经费情况，现因月领经费，被省府加以限制，各部以后添置月品务请择必要者。

乙、讨论事项

一、审核三四年级正式生十一月份补助费案。

议决：照标准通过。

二、编印校刊案。

议决：推邓屏洲、范晋丞、徐述先、邓巨源、奏稺藩、王正恒、包仰亭七位为编辑委员，由范晋丞召集。

三、寒假期间因修理内部，下学期不能按期开课，应如何定决案。

议决：寒假延长三星期，春假不放，暑假缩短二星期。

四、规定下学期学生制服案。

议决：仍用集训制服，并并同第三案布告各学生。

五、规定本学期考试办法及日期案。

议决：(1)（毕业班次）组织考试委员会分呈教育部，教育部派员参加，并规定二十六年一月四日到六日为温习日期，七日至九日为考试日期，考试委员会以应考各科教授为当然委员，校长为委员长。(2)（未毕业班次）定期于一月十三日至十九日举行学期考试，由秘书课正式通告各教员。

六、现已将届学期终了之时，各班劳动服务、土工作业及爬山运动应否暂时停止，俾使学生准备考试课程案。

议决：暂时停止。

七、关于学生请假应如何限制案。

议决：由训委会及值宿人员会同商定标准，由傅主任召集。

1937年1月7日会议

日期：一月七日午前十一时

地点：本校会议室

主席：何校长

出席人：邓屏洲　王正恒　杨子深　邓巨源　徐述先　聂赓余　方介福　秦稺藩　沈献廷　傅铭彝　姚际唐　彭恺丞　白青萍

记录：包仰亭

甲、报告事项

一、校长报告本届毕业班次现已按期举行考试及教厅已派员参加监试。

二、校长报告中央开办防毒研究社，现本校拟派化学教授聂赓余参加。

乙、讨论事项

一、各系学生对于规定应修学科学分有未能全数考试及格者，应如何办理案。

议决：在学分折算方法未经教育部核准以前，凡本校规定应修学科均须考试及格方能升级，否则仍按照三科不及格者留级，四科不及格者斥令退学之规定办理，由秘书课布告学生知照。

二、郑长庆、陆开文、汪振华、张秀昆、李振华、王永广、孙桂苓等八名上学期应修学分多未按照规定办理，应如何决定案。

议决：提下次会议讨论。

三、关于校容应如何整理案。

议决：由庶务课择要办理。

四、核发三四年级学生十二月份补助费案。

议决：照标准通过，名单详布告。

五、核发毕业班次一月份补助费案。

议决：一律照发，惟须俟各项手续办妥及毕业论文缴来后方能发给。

六、关于毕业生成绩及毕业宴案。

议决：由关系教师组织毕业生成绩评议会，并定于一月十六日午后四时开会，五时举行宴会。

七、决定下学期开学日期案。

议决：二月二十二、二十三日注册，二十四日开始上课，由秘书课布告各学生知照。

1937年1月26日会议

日期：一月二十六日上午十一时

地点：本校会议厅

主席：何校长

出席人：傅铭彝　秦稺藩　方介福　沈献廷　邓屏洲　王正恒　徐受益　杨子深　邓巨源　白青萍　包仰亭　范晋丞　徐述先　姚际唐　刘伯庸　梁芷卿

甲、报告事项

主席报告本校办公室包价旧币贰万肆千伍佰元，限两个月完工。

乙、讨论事项

一、审核本校新编一览，限期付印案。

议决：各院系课程之部交由各院长及系主任分别加以审订，各项章则交秘书课审核，由编委会汇齐付印，经费约需国币一千元，由学生补助费结存项下开支，并报教厅备案。

二、本校特刊及丛书已寄沪付印，印费约合国币七八百元，此项费用应否专案请领支付案。

议决：并同一概所需印刷费由历年学生补助费结存项下支付，报请教厅备案。

三、下学期预算尚未奉核示，二月份经费应如何请领案。

议决：暂照旧案请领，于文中申叙，奉主座谕业经拟具扩置计划呈请核示在案，尾数俟核示后再为补领。

四、审查新生在学成绩案。

议决：照本校学则规定办理，三科以上不及格者留级，无级可留暂予停学，三科以上不及格者开除，二科以下不及格，在五十分以上补考（英文在五十分以下者应饬补修后再予补考）。土木系张建候、杨兆鹿二名三科不及格，留级下学期，无级可留应饬停学，由注册课分别通知。

五、审核旧生上学期成绩案。

议决：三科以上不及格者留级，法律系一年二学期曾元林、李贵清三科不及格，土木系三年级六学期谭国柱、李正蕃、朱长清三名四科不及格，高庭光、吕筑生、孟德训、余正之四名三科不及格，均应留级或饬停学，其余照章办理，统由注册课通知。

六、本届毕业生论文尚有未交者，应如何办理案。

议决：照毕业成绩评议会决议案及布告办理，并由系主任及训委会严催，逾期不予呈报。

七、二十四年度下学期成绩不及格学生应否将成绩汇报案。

议决：法律系一年级二学期汪振华，文法学院一年级二学期李振华军训未毕业，操行列丁等，应予开除，文法学院二年级三学期张秀崑学业成绩相差10，操行列丁等，应予开除，法律系二年三学期郑长庆、土木系二年级三学期孙桂岑学分不足，应予留级，概不予汇报，由注册课通知。

1937年2月19日会议

日期：二月十九日上午十一时

地点：本校会议厅

主席：何校长

出席人：王正恒　范晋丞　邓屏洲　杨子深　梁芷卿　邓巨源　包仰亭　傅民一　方介福　沈献廷　秦稈藩　刘伯庸　彭恺丞

记录：李子廉

甲、报告事项

一、本年寒假中校务委托邓院长代理，现已假满到校，假中各项进行事项请邓院长报告。

二、邓院长报告寒假中关于二月份经费预算、工程进行、校刊印行等项，均照校长所定办法分别办理，尚有本年义务工役一项应速办理。

三、二十四年度中央庚款采购理化仪器药品已运收到校。

四、校舍整洁修缮应由庶务课从速分部办理。

五、本校四年扩置计划业奉核准，但所加经费仍不敷甚巨，应由会计、庶务两课另编预算。

六、教部医学教育委员会函嘱本校派医院院长参加医院管理考察团一案，拟派秦主任前往。

乙、讨论事项

一、二十五年度义务工役应如何办理案。

议决：遵照厅订办法，由杨子深、徐受益负责办理。

二、决定本学期举行教务会议日期案。

议决：订于二月二十日（星期六）下午三时开教务会议。

三、本学期招收新生案。

议决：依原定计划招收，并照组招考委员会办理。

四、核发三四年级正式生一月份补助费案。

议决：照二十五年十二月份标准核发（毕业班次已发）。

五、学生伙食应否改为每日三餐案。

议决：自本学期起每日改为三餐，餐费加收为新币四十五元，早七点半，午十二点，晚六点。

六、本校在未呈请教育部颁案以前，招收学生中有未呈缴中学毕业证书者，迭经部令驳斥，究应如何办理案。

议决：由注册课通告各该生知照。

七、教育系三年级学生熊廷和毁坏公物，不服制止，应如何惩处案。

议决：记大过一次，布告周知。

八、推举本校图书委员会常务委员案。

议决：推范晋丞、王正恒、徐述先三人为常务委员。

1937年2月20日会议

日期：二月二十日下午三时

地点：本校图书馆

主席：何校长

出席人：李季立　马嘎太　姚寻源　李良训　傅铭彝　何光周　薛子廉　饶季华　高直清　周栗斋　徐述先　朱宇平　邓巨源　陈芳照　玛琛　杨文辉　方国瑜　彭恺丞　沈献廷　范晋丞　王正恒　刘伯庸　徐受益　孙义庵　白青萍　聂雨南　张季材　李静华　姚际唐　李师同

甲、报告事项

主席报告：

一、各科课程时间请从宽圈订。

二、本校四年计划概要：

（一）完成院系

（二）充实内容

（三）提高待遇

（四）慎选师资

三、附中主任改聘聂雨南担任。

四、新聘教员，理工学院杨季岩、杨增义，文法学院宋漱石、汪耀三、徐嘉瑞、刘铁安。

五、上学期学生升降。

六、请各教授依照本校学则注意平时考试，既评定之成绩请勿再予更改（另函通知）。

七、自本学期起每日改为三餐。

1937 年 3 月 18 日会议

日期：三月十八日午前十时

地点：本校会议室

主席：何校长

出席人：王正恒　傅铭彝　刘伯庸　杨子深　陈振之　邓巨源　徐述先　姚际唐　彭恺丞　方介福　沈献廷　聂雨南　范晋丞　邓屏洲

记录：包仰亭

甲、报告事项

一、校长报告本学期本校组织略有更动，添设教务处及秘书处，并聘请徐述先为教务长，陈振之为秘书长。

二、校长报告前填报免费及公费学额办理情形，现教部指令准予备案。

三、校长报告前请中法庚款补助医学院之充实设备，现该会已复函不能拨款补助。

四、注册课报告本届依照本校四年扩置计划招考新生，现已取定正取生二十二名，试读生二十三名，计采矿冶金系二十一名及政治经济系二十四名。

五、校长报告前拟志成院建筑计划，现已奉省府令指示不合宜各点，并已交建筑委员会核议。

乙、讨论事项

一、核发二月份三四年级学生补助费案。

议决：除逾限注册及托人代注各生不得领受外，余照案发给。

二、本校拟出定期刊物，应如何办理案。

议决：出版校刊一种，季刊一种，校刊以一周出版一次，每期印刷一千份为原则。

（二）省立云南大学临时校务会会议记录

1937 年 4 月 6 日会议

日期：四月六日上午八时

地点：本校会议厅

主席：邓屏洲

出席人：聂雨南　彭恺丞　方介福　魏述徵　徐述先　邓屏洲　陈振之　白青萍　包仰亭　邓巨源　聂赓余　徐受益　李子廉

甲、报告事项

主席报告此次本校风潮校长引咎离职，现奉教厅特奉省令，校务暂由校务会议负责，业经同人商决，为不荒废学业计，今日遵令到校，暂维校务，照常上课，俟负责有人，当即解除职责。

乙、讨论事项

一、如何使学生明了校务会议之来历案。

议决：除布告外，召集全部学生训告。

二、校务如何继续进行案。

议决：各部职务，由各部职员照旧负责办理，有困难情形由主管人酌办。

1937年4月10日会议

日期：四月十日上午九时

地点：本校会议厅

主席：徐述先

出席人：范晋丞　邓巨源　包仰亭　邓屏洲　方介福　彭恺丞　徐受益　杨子深　姚际唐　李子廉　沈献廷　聂雨南

甲、报告事项

主席报告：

一、医科学生请求补助出省参加军训旅费及医药实习费。

二、工科学生建议：

（一）不能说国语之教授请设法补救。

（二）改良门禁。

（三）学生犯规请勿再用经济惩处。

三、校教职员军训应定期照办。

乙、讨论事项

一、医科学生请求补助出省参加军训往返旅费及实习费，请核议案。

议决：转请教厅核发。

二、外籍教授不能用国语教学者应如何补救案。

议决：暂照原定补救办法办理。

三、本校门禁办法应否加以变更案。

议决：现值厉行军训期间，事关全国通案，不便遽予改变。

四、学生请求勿再用经济处罚案。

议决：本会系奉令暂行负责，所请与原章不符，本会不便变更。

五、本校教职员军训自何日实行参加案。

议决：除外籍教授外，通知自下星期一起出席参加。

六、学生领章、胸章应否由校制发案。

议决：由校制发，不再收费。

七、雇员、校工之军训制服费应否由校办酌予津贴案。

议决：由校各津贴半数。

八、本校教职员义务工役折工经费应如何折缴案。

议决：先缴二十五年度每人五天。

九、本校此次寄沪印刷费尾数应否照汇案。

议决：照汇。

1937年4月17日会议

日期：四月十七日上午十时

地点：本校会议厅

主席：徐述先

出席人：陈振之　徐述先　邓巨源　聂赓余　王正恒　白青萍　徐受益　杨子深　包仰亭　方介福　沈献廷　邓屏洲　姚际唐　李子廉　彭恺丞

甲、报告事项

会计课报告：

一、此次本校印刷刊物经费，业经呈奉核准，由补助费流存项下开支，现已如数汇沪。

二、下学期至本学期二十四年度学生逾期注册罚金，业经依照校务会议决议案作奖给按期注册学生之用，清单、底单现存会计课。

乙、讨论事项

一、上学期各系科试读生学业成绩在七十分以上、操行列乙等者，应否照案提升为正式生，请核议案。

议决：照案分别提升，由教务处汇列名单布告知照。

二、本学期逾期注册学生之奖助学金应否照数核发案。

议决：暂行保留。

三、核发上学期学生奖助学金案。

议决：暂行保留。

四、核发三四年级正式生三月份补助费案。

议决：照案汇单核发。医专科学生如赴京受训，并准提前发给四月份补助费。

五、本学期逾期注册罚金如何支用案。

议决：仍照前例酌购书卷奖给依限注册各生。

六、校长呈请辞职，在未蒙核准期间请领及报销经费应如何办理案。

议决：仍请校长负责盖章请领。

七、学生服装、宿舍及礼节应加整饬案。

议决：由军训人员负责严加整饬。

八、新生集中军训应否提前补课案。

议决：俟询明后与上届例办理。

1937 年 4 月 27 日会议

日期：四月二十七日正午十二时三十分

地点：本校会议厅

主席：徐述先

出席人：聂赓余　邓巨源　范晋丞　杨子深　包仰亭　王正恒　白青萍　沈献廷　徐受益　方介福　聂雨南　李子廉　魏述徵　彭恺丞　陈振之　姚际唐

甲、报告事项

主席报告：兹因京滇周览团不日到滇参观，特拟订引导参观本校办法，请各位详加讨论。

乙、讨论事项

一、通知各教职员于周览团到校参观之日，一律身着短装按时莅校授课案。

议决：照办。

二、布告学生于是日整齐服装，清洁内务，一律按时上课案。

议决：照办。

三、校舍清洁整理案。

议决：由庶务课、训委会分别负责办理。

四、参观路线应如何规定案。

议决：照原拟路线先西部后东部，在阅报室休息。

五、推定引导参观人员案。

议决：除原有各职员照常在办公室负责外，推邓屏洲、徐述先、陈振之、范晋丞、王正恒、邓巨源、聂雨南、李静华、李季立、李子廉、包仰亭、方国瑜、李良训、魏述徵、杨季岩等十五人，每三人为一组，共分五组负引导说明之责，并推邓屏洲报名校务。

六、分送刊物案。

议决：由包仰亭负责办理。

七、招待用品案。

议决：备茶点。

八、参观日应举行课外运动案。

议决：由姚际唐负责指导。

九、土木系四年生呈请，业将上学期不及格学科补考及格，请求发给应得补助费案。

议决：候各科成绩交到再行核办。

十、本校雇员会呈请求发给新制徽章案。

议决：此次本校新制徽章系遵部案所制，非为军训而设，且为数不多，该员等所请不便照发。

十一、在校务暂由校务会议负责期间，呈文应由何人负责盖章案。

议决：请教厅核示。

1937年5月12日会议

日期：五月十二日上午十时

主席：徐述先

出席人：包仰亭　邓巨源　杨子深　聂赓余　三正恒　陈振之　邓屏洲　沈献廷　徐受益　姚际唐　彭恺丞

甲、报告事项

一、教厅指令，请款事宜由秘书长陈振之、会计主任方介福会同盖章请领。

二、训练总监派视查员李立人来省视察社会军训与集中军训。

乙、讨论事项

一、本校自学潮发生后，校务遵令由校务会议暂时维持，惟现已多日，负责为难，拟呈请政府早日决定办法，以利学校前途案。

议决：将现在困难情形详呈教厅，请予办理示遵。

二、旅行日期应如何决定案。

议决：定本星期六由军事教官徐受益、白青萍、体育主任姚际唐带队前往黑龙潭旅行，事务方面由庶务处派员随同照料。大中学生津贴同样办理，免示区别，另由学校津贴三百元以作参加旅行教职员伙食之用。

三、按十二班数理系学生杨发权陈请保送兵工专门学校，并请发给证明文件，应如何决定案。

议决：转呈教厅保送。

四、教部令饬办理暑期讲习班，应如何办理案。

议决：向教厅请示陈明在校会议负责期间办理困难情形，主任如何指定，经费如何筹措，学生来源，教授如何聘定。

五、建厅来函谓香港建南中学有一部分毕业学生有志研究边疆问题，拟入本校深造，应如何办理案。

议决：查案具复（沪币二百五十元）。

六、本省青年会来函征询，谓本年华南区大学生第二次夏令会，将于七月四日至十二日在广东罗浮山开会，本校能否依照去年成例遣派学生参加，应如何决定案。

议决：本年依照派送。

七、本校第十班法律系全体学生呈为印制同学录，经费不敷应用，请援例给予津贴，以资补助，并请提前发给补助费，应如何决定案。

议决：

（一）津贴旧币五百元。

（二）四、五两月补助费准予提前发给。

八、学生四月份补助费是否照三月份标准办理案。

议决：照办。

九、工科学生请求出外参加建筑工程实习，应如何办理案。

议决：由校备函接洽，至详细办法由秘书处查案提出，下次会议决定。

十、李秘书子廉奉派赴桂，请求给假三月，援案补助并请预支五、六、七三月薪俸，应如何办理案。

议决：请假照准，照案补助国币二百元，并呈请教厅核准，薪俸照给。

1937年5月26日会议

日期：五月二十六日午后二时

地点：本校会议厅

主席：徐述先

出席人：徐述先　陈振之　沈献廷　范晋丞　邓巨源　聂赓余　包仰亭　彭恺丞　徐受益　方介福　白青萍

甲、报告事项

一、教厅通令将暑假日期缩减两星期，以延长寒假两星期案。

二、本校前经向教厅呈明困难，兹奉教厅指令“校事解决已有端倪，仰本初衷，继续维护为要”案。

三、财务报告。

乙、讨论事项

一、五月份补助费应如何决定案。

议决：照三、四月办法发给。

二、学生奖助学金及西书补助费应如何决定案。

议决：

（一）奖学金照规程所定学生比例请领，至逾限注册学生从宽免议，仍照请领。各系应得奖金学生，由沈主任开出交徐教务长、陈秘书长、邓院长核办。

（二）助学金一项依照前例，就所请求人学业操行决定之。

（三）西书补助费按照发给办法办理。

三、十一班土木工程系学生呈请发给实习旅费案。

议决：照转教厅请示。

四、学生赵家信病故，其兄赵家宝呈请以优给恤，以资办理善后案。

议决：该生家境贫寒，着由校内发给装殓费旧币二百元。

五、第十班法律系学生呈请转呈省府准予保送法官训练所案。

议决：查法官训练所招生以大学毕业生为限，该生等现既尚未毕业，容后再议，并由邓主任巨源转达该班学生。

六、本学期暑假日期及考试事宜应如何决定案。

议决：平时试验仍由各科教授照章举行。受训学生，定六月十七日前结束，其余各班遵照教厅训令，定七月六日结束。

七、教育厅准北平师范大学函请代为招生，令饬本校代为办理一案。

议决：照旧由教务处负责办理。

八、本年考取新生孙慧兰、洪麟书，因考试后教育系未能成立，而其他政治经济系又与个性不符，拟请保留，俟下学期教育系招考，又随班上课案。

议决：下学期本校教育系开班时，准予入校，但只以一学期为限。

九、土木工程系学生米长清等九名，因补考及格，呈请准予恢复应享一切权利案。
议决：该生等既经补习期满，考试及格，准自五月起照章恢复一切应得权利。
十、本校法律系四年级及医专科学生将于本学期毕业，一切考试事宜应如何办理案。
议决：一切照旧案办理。
十一、新生相片、证书审查应如何决定案。
议决：推范晋丞、王正恒、徐述先、沈献廷会同审查。

1937年6月7日会议

日期：六月七日午前十时
地点：本校会议厅
主席：徐述先
出席人：徐述先　秦穉藩　方介福　王正恒　陈振之　徐受益　白青萍　包仰亭　杨子深　聂雨南
甲、报告事项
一、文法学院教育系十一班学生请转呈发给出外实习旅费一案，现已奉令未便照准，业已由校布告该生等知照。
二、教育部训令转饬学生一律采用国历实足年龄一案，已布告本校及附中全体学生知照。
三、秦主任穉藩报告赴京出席医学教育委员会经过。
乙、讨论事项
一、本校校务会议前向教厅沥呈困难，请迅予解决，以免校务停顿一案，经奉令饬仍本初衷维持。惟查校务方面，有急应解决而不能解决之事甚多，若再因循，陨越堪虞，拟再陈述困难，请于本学期尾从速解决案。
议决：通过。
二、医专学生在京受训，两次来函，请求提前发给应得奖助学金及西书补助费，并请补助回省旅费，应如何办理案。
议决：奖助学金及西书补助费，俟领获后由秦主任代领转发。至请求补助旅费一项，本校因款项缺乏，碍难办理。惟该生等现既需款甚亟，准将五、六两月份补助费照旧发给，并由秦主任代领转发。以后该生等回校补课，此项补助费即不再发。
三、医专助理宋播仁考取中央医院实习医员，请求津贴案。
议决：向无此例，碍难办理。
四、医科所购置器物，应否呈厅派人验收案。
议决：照办。
五、前向中英庚委会领来国币一万元，以作购置理化器物之用。现此项器物早经到校，应否呈厅派人验收，并转函庚委会备案，以昭慎重案。
议决：照办。
六、端阳节将届，应否照例津贴学生伙食案。
议决：由会计课查案办理。
七、本届旅行膳食委员会委员田树勋等呈请查办附中同学张汝硕、刘平忠不服处罚，寻衅吵闹等情，应如何办理案。

议决：交聂主任雨南酌办。

1937年6月22日会议

日期：六月二十二日午前十时

地点：本校会议厅

主席：邓屏洲

出席人：邓屏洲　秦穊藩　陈振之　包仰亭　徐受益　彭恺丞　白青萍　王正恒　沈献廷　邓巨源　聂赓余　方介福　姚际唐　聂雨南

甲、报告事项

一、本校呈请提前解除校务会议职责一案，经奉教厅指令，当于最短期间设法解决，在未解决以前仍由该会暂行照旧负责维持。

二、本校徐教务长奉派往庐山受训，除教务长职务亲托陈秘书长代理外，关于校务会议召集职务，现奉教厅指令指定秘书长陈玉科为校务会议副召集人。

三、据土木工程系学生谭国柱等请转呈发给出外实习津贴一案，经教厅指令内开，查土木工程似无必往铁路实习之必要，如本省开蒙一带及省垣建筑各项工程均可派遣实习，希由校详核，妥拟具体切实计划再呈核夺。

四、奉教厅训令，本校教授王玮指导土木工程系学生测绘设计昆华中学新校舍地盘图，详实周妥，着传令嘉奖，并由工程专款项下发给新币一百元，藉作补助杂费、慰劳师生之用。本校除将原令照抄揭布外，并通知会计课照数请领转发。

乙、讨论事项

一、本校呈请补助秘书主任李永清随同周览团出省考察费国币二百元一案，昨奉教厅指令，所请事属校正范围，仰自行酌办，应如何办理案。

议决：仍照原案补助国币二百元，由月领节存项下开支，不另请款，呈请教厅备案。

二、本校徐教务长函呈，此次奉派往庐山受训，俟期满后拟往国内各地参观考察，如有委托事件应请嘱示，并请援例补助各情形，应如何办理案。

议决：照第一案合并办理。

三、暑期讲习班函为遵照部令，自七月一日开始至八月十五日止，期甚促迫，拟请本校尽七月一日以前结束，俾便办理等情前来，应如何决定案。

议决：本学期拟定本月底结束，并具情呈报教育厅备案。

四、在假期中本校事务应如何继续维持案。

议决：事务照旧维持。校务会议于必要时由秘书长通知召开。至图书室除照旧办公外，并另辟置阅览室，开放阅览，由庶务处及图书室会同布置。借书办法应如何办理，由彭主任斟酌决定。

五、学生伍兴仁等十五人呈请发给旅费以便暑期服务农村案，应如何决定案。

议决：该生等能利用暑假，前往农村服务，志殊可嘉，应予转呈教厅核示。惟服务办法应予酌定，范围如左：

（一）前往服务区域，以沿昆湖各县为限。

（二）人数定为二十人。

（三）经费每人定为新币三十元，呈厅发给。

（四）日期以四礼拜为限。

（五）学生回校以后，每人须作报告一份。

（六）推举范晋丞、邓巨源两教授负责指导一切。

六、讲师陈芳照函称不日离校回籍，一切手续应如何办理案。

议决：应发六、七两月薪俸，俟经费领到时，准予提前发给。

七、土木工程系学生实习案经教厅指定详拟计划再呈核夺，应如何办理案。

议决：由王主任正恒会同该班学生详拟计划后，再行呈教厅核定。

八、六月份学生补助费是否照五月份原则办理案。

议决：照五月份办理。

九、医专学生呈请由教厅或卫生署保送入学生卫生训练班，应如何办理案。

议决：现以时期迫促，备文交由秦主任亲交教育厅核办后，再行电告该生等。

十、本学期结束在即，教务会议应否照例定期举行案。

议决：定于本月三十日（星期三）午后四时，召集开会。

十一、查本校参加远征队比赛用费，前经议决，尽三百元开销，现仍不敷二百五十元，提请追加案。

议决：照加，并由姚主任汇单呈请核销。

十二、查本学期结束在即，本校在新校长未决定前，种种应办事项（如招生）应否从权举办案。

议决：由校备文呈教厅请示，并推邓院长、陈秘书长代表陈明。

1937年7月6日会议

日期：七月六日上午十时

地点：本大学会议厅

主席：邓屏洲

出席人：陈振之　秦稗藩　邓巨源　沈献廷　白青萍　徐受益　包仰亭　王正恒　李子廉　彭恺丞　聂赓余　范晋丞　聂雨南　方介福　邓屏洲　姚际唐

记录：李子廉

甲、报告事项

陈秘书长报告：

一、招生事已经教厅批准，招收医科、教育、法律、土木工程各一班。

二、工科实习费批准五千元。

三、服务团旅费亦经批准。

四、教授李良训、讲师陈芳照、杨文辉三人，现已领取旅费启程回籍。

乙、讨论事项

一、查国民军训会函派本校军训教官赴庐山受训一案，经呈准教厅，令饬就所指派人员中酌一人前往，应如何决定案。

议决：白教官现拟请假回籍省亲，即派徐教官前往受训。

二、派赴庐山受训军训教官应否照例由本校节存项下补助旅费案。

议决：援例比照教厅补助数，由校节存项下补助国币一百五十元，呈厅备案。

三、本校教授李良训，讲师陈芳照、杨文辉三人现已领取旅费，约满回籍，应否呈厅备案案。

议决：呈厅备案，此时尚有约满教授玛琛由王主任先行转知。

四、奉教部令补助本校理工学院国币二万元、医专科国币一万元以作充实设备及添设专门师资之用，并饬令拟具计划于七月十五日以前呈报，应如何从速准备案。

议决：除教席一项应候新任校长到校方便酌定外，医科设备由秦主任负责计划，理工设备由聂主任、王主任会同计划，务须本星期五以前拟订，以便依限呈报。

五、本校十三、十四班数理系学生宋馔珍等呈为学科微积分、方程式、物理三科，因教师言语隔阂，学理无从领获，请另聘请用中国语之教授，俾资补救而重学业，应如何办理案。

议决：暂存。

六、本校十一班土木工程系学生余正三等呈报称所习陈芳照老师石工学及铁道建筑学，因言语隔阂，勉强继续上课，本学期课程结束，并未举行期试，将未经考试之估定分数送校汇办，特具文申明等情，应如何办理案。

议决：经多数表决，始准予平时成绩作学期成绩。

七、工科实习费教厅核减为五千元，应如何支配案。

议决：除指导员照核定数领取外，学生津贴应照呈报人数比例核发，留存数作为预备费。

八、教育部令饬遵照前令，切实办理二十六年度免费及公费学额案，应如何办理案。

议决：本学期暂照原案办理，俟章则修正后再为呈报。

九、本校军事教官白浪请假两月回籍省亲，应如何决定案。

议决：准假一月。

十、法律系三年级学生张汝铨检呈普通检定及格证书，恳请转呈教厅查核，对于在校资格予以解释或追认案。

议决：姑予转请核示。

十一、本校暑期农村服务团呈请核加经费案。

议决：饬就教厅核发数内节约开支，由秦主任就校内现存药品酌量发给，以供该团农村服务时应用。

十二、医科全体学生函呈请由校发给补助费案。

议决：所请无案可稽，准将最近各月补助费提前汇发。

十三、本校创办人唐公铜像开幕典礼，本校员生应否前往参加案。

议决：通知本校教职员届时到校会同前往，并酌学生代表参加。

十四、本学期附中新生应否招添案。

议决：由附中聂主任酌定新生校舍，再为决定。

1938 年 7 月 27 日会议

日期：七月二十七日上午十时

地点：本校会议厅

主席：邓屏洲

出席人：陈振之　邓屏洲　姚际唐　聂赓余　沈献廷　范晋丞　邓巨源　彭恺丞　包仰亭　方介福　白青萍　李子廉　秦穉藩

甲、报告事项

主席报告：

（一）本校自发生风潮后奉命校务暂由校务会议负责，现奉省令延聘熊迪之先生继任校长，本校应结束事项由本日会议商同办理。

（二）顷接新校长来函，定于八月一日上午十时到校接事。

方主任报告本校自何校长到任以来支付经临各项经费及放存情形并息金数目。

包主任报告本校暑假旅行费用及历年杂费收支各情。

秦主任报告采购医学专修科仪器用品情形。

乙、讨论事项

一、本校历年各部零星收入共合五千八百零五元七角，除杂用开支五千三百八十一元五角一仙外，尚余四百二十四元一角九仙，应如何处理案。

议决：将余存之数作为发给雇员校工奖金。

二、教育学系学生熊廷和呈请更姓，应否许予核转案。

议决：照转。

三、国文学系学生张昆秀上年因成绩不及格，业经饬令退学，并复缮具悔过书呈请收学案。

议决：将准降入文学系第十五班肄业，以观后效。

四、学生蒋极详、李光中呈请核发在学证明书案。

议决：照案核发。

五、上届毕业生呈请补发同学录印费案。

议决：毕业已久，不便补发。

六、庶务课提"金教官住宅失盗损失各费应否由校赔偿"，请核议案。

议决：扣看守校工月薪三月作赔偿费。

七、上学期因学潮关系，未考各科成绩应如何办理案。

议决：留俟开学后再行办理。

九、各部移交手续应如何分别造册案。

议决：（1）关防卷宗；（2）经费；（3）房屋；（4）器械药品；（5）图书；（6）器物；（7）教职员；（8）学生；（9）雇员警卫校工；（10）花木。以上十项分别由各部造册。

十、袁教授树五在校外石印讲义费用应否由校支付案。

议决：由校照付。

十一、原日农校移交大学校具，历任均未列入移交册，应如何处理案。

议决：仍援前例办理。

十二、新校长到校接事日，各职员应否按时到校案。

议决：通知校务会议各职员按时到校。

四　熊庆来时期

（一）国立云南大学筹备委员会会议记录

1938年6月20日会议

日期：六月二十日

时间：午后三时

地点：云南大学接待室

主席：蒋梦麟

出席人：蒋梦麟　张邦瀚　梅贻琦　龚自知　李书华（严代）　缪嘉铭（熊庆来代）　熊庆来

记录：郑崇贤

报告事项

熊迪之主任报告云大改国立经过及此次奉令组织筹备委员会情形由。

讨论事项

一、筹备处应如何组织案。

议决：组织国立云南大学筹备处。

地点：在省立云南大学。

职员：由省立云南大学指定职员兼任。

经费：经费在两百元范围内，实支实报，由省立云南大学暂垫。

二、成立日期及关防应如何办理案。

议决：定六月二十日为成立日期，呈报教部并请刊发关防，同时函省府及各机关查照。

三、下次开会日期应如何决定案。

议决：照部令规定两周开会一次，定于星期四午后四时三十分开第二次会议。

1938 年 7 月 11 日会议

日期：七月十一日午前十时

地点：接待室

主席：蒋梦麟

出席人：蒋梦麟　张西林　缪云台　李润章（严济慈代）何奎垣　熊迪之　梅月涵　张伯苓（黄子坚代）　陆子安　龚仲钧

甲、报告事项

一、宣读上次会议议决案。

二、教育部高等教育司吴司长今日来电询及云大改国立，仍盼滇省担负二十五万元，已电省政府，情形如何请电复由。

三、二十七年度招生，关于国立大学教育部已定有统筹办法。

乙、提议事项

二十七年度招生，关于国立云南大学教育部已定有统筹办法，云大在筹备期间是否通用国立大学办法，抑自行办理，请公决案。

议决：由筹备委员会电部请复。

1938 年 7 月 30 日会议

日期：七月三十日午前八时

地点：云大接待室

主席：蒋梦麟

出席人：梅月涵　张伯苓（黄子坚代）　熊迪之　何奎垣　龚仲钧（请假）　张西林（何代）　缪云台（熊代）　李书华　蒋梦麟

报告事项

一、教育部复电，本届招生应照国立各院校统一招生办法办理。

二、云大前聘专任教职各员，至七月底业经届满，经由校方通知暂将聘约延长至教育部正式接收日为止。

1938 年 8 月 4 日会议

日期：八月四日午前九时

地点：云南大学接待室

主席：梅月涵

出席人：梅月涵　龚仲钧　陆子安　缪云台　张西林（赵雁来代）　熊迪之　何奎垣　张伯苓（黄子坚代）

甲、报告事项

一、宣读上次会议报告事项。

二、龚委员报告中央与省方商洽经费结果，本校全年经费已确定为五十万元，中央与省方各担二十五万元。但本省二十五万元内有十万元系临时经费，仍希中央加款抵补。

乙、讨论事项

一、本校经费预算应否暂假定一种标准，拟具草案，以便确定组织由。

议决：暂以五十万元为标准。

二、本校组织计划应如何拟具案。

议决：组织委员会草拟组织计划，指定蒋梦麟、梅月涵、熊迪之为委员。

三、本校在未筹备完竣前应否请部派员接收并将经费及组织方案迅予示知案。

议决：电部请电示接收人员及来滇日期，并将经费及组织方案示告，以便筹备。

1938年9月19日会议

日期：九月十九日上午八时

地点：云大接待室

主席：李润章

出席人：李润章　陆子安　熊庆来　何鲁（杨克嵘代）　梅贻琦（熊代）　张邦瀚（陆代）缪嘉铭（杨代）　龚自知（请假）

提议事项

一、熊委员报告审查组织大纲草案修正各条，当否，请公决案。

议决：照修正通过，呈报教育部。

二、熊委员报告审查二十七年七月至十二月半年经费概算草案，当否，请公决案。

议决：照修正通过，呈报教育部。

三、筹委会接收云大各部负责人员，请公决案。

议决：由筹备主任决定。

（二）国立云南大学校务会会议记录

1938年12月10日会议

日期：十二月十日

地点：接待室

时间：下午四时半

出席人：熊庆来　张正平　杨克嵘　萧蘧　李炽昌　蒋导江　伍纯武　闻宥　徐梦麟　林同济　程璟　李季伟　赵雁来　徐绳祖　张永宽　罗仲甫　王士魁

甲、报告事项

一、本校经费由行政院通过五十万，中央及省府各拨半数，中央拨发之数以十五万元为经常费，十万元为充实费，省府拨发之二十五万元全作经常费，本年七月至十二月为一段落。荷教部允拨三十万元，以二十万元为经常费，十万元为充实费（但最近省府令二十七年度合支之十万元暂从缓，现已去文力争，至各种分配情形照概算）。

二、女生宿舍建筑费尚不敷一万五千元，正筹措中，男生宿舍预定五万元已有款，实习工厂建筑费，虽尚不敷，亦可另筹办法。至已建筑成功者有临时宿舍（现改教室）、科学馆延展部分等。此外，因教室不敷分配，已计划在城外及李家花园建筑临时教室数间以备应用。

三、防空设备已在城墙下掘有少数防空洞。会泽院旁筑有一防空壕，上盖沙包、铜板可备教职员暂用，暑假中又由矿冶系住校同学在城外掘有防空洞数十个。此外，现正设计在会泽院西侧筑大规模防空洞，可容八百人，约需费六千元，三千元可由中基会补助矿冶系之经费项下支用。除避空袭外可作该系地下测量之用。

四、免费学额、公费学额、贷金等之情况。

乙、讨论事项

一、“免费学额”、“公费学额”、“贷金”等委员会应如何组织案。

议决：

（一）组织“免费学额暨公费学额委员会”及“学生贷金委会”。

（二）“免费学额暨公费学额委员会”委员定为七人，“贷金委员会”委员定为五人。

（三）以教务长、训导主任为当然委员，其余由校长指聘之。

二、修正《贷金办法施行细则》及《免费学额暨公费学额规程》案。

议决：由两委员会修正后，提校务会议追认。

三、促进防空事宜案。

议决：

（一）组织类似“防空委员会”之委员会。

（二）分两组（工程及避难指导），委员共为七人，由校长指聘之。

四、导师制之实施案。

议决：将各种细则印就发各导师先行参看，再召集全体导师会讨论决定之。

五、校历之规定案。

议决：照教务处提出之规定通过。

六、三科以上不及格之学生处置案。

议决：应令留级。

1938年12月27日会议

日期：十二月二十七日

地点：校长住室楼下

时间：下午四时半

出席人：王士魁　李季伟　张永宽　罗仲甫　伍纯武　熊庆来　蒋导江　张正平

徐绳祖　萧蘧　严楚江（崔之兰代）　崔之兰　闻宥　林同济　程璟

甲、报告事项

一、校长报告：本校经费，省府拨发之二十五万元中，成问题之十万元已分别进行力争。行政费一项，教部核减为三万元，虽由筹委会呈请增为四万元，但最近教部总务司长章友三先生来信谓：碍难照准。现又增设会计室，本半年度行政费又增加二千余元。虽截至现时尚未接教部正式来文，恐难争执成功。又土木、理化、生物各系所购仪器费尚亏欠九万余元，拟一部分由本年度经常费项下节省所得弥补，一部分由各系预算内节省弥补。此外，本年全校修缮及临时建筑，亦拟由节撙之经常费支付。

二、校长报告：收买北门外坟地为校址，收买费二千余元已会同市府发交坟主。应迁之坟，亦已陆续迁移，将来可以尽量应用。

三、校长报告：各项建筑仍在继续进行中。女生宿舍正积极兴工，下年度即可完工。男生宿舍已请工程师绘图，不久即可动工。

四、教务长报告：免费公费学额及贷金委员会已议决最近布告学生，公开请求优待，以十日为限。又免费学额拟请校务会议讨论酌为增加。

五、伍纯武先生报告：导师会议通过实行导师制后之训导纲要及分组办法。至施行细则，须二次会议再为讨论决定。

六、教务长报告：三科以上不及格学生，请求准予补考，虽经开导，仍继续请求。

七、杨院长报告：防护团筹备情形，已分五组进行。

乙、讨论事项

一、“免费学额暨公费学额委员会”提请增加免费名额为百分之八案。

议决：通过。

二、三科以上不及格学生留级处分办法复议案。

议决：凡学生有三种课目不及格，且每种分数在五十分以上，准予补考一次，其升级留级以补考后之成绩照学则办理，但此项办法以本年度为限。

三、旁听一二门科目之学生缴费办法案。

议决：由各系斟酌办理。

临时动议：

一、借读生及补习班应否定期截止招收案。

议决：

（一）借读生限本年底截止招收。

（二）补习班生由校务处酌办。

二、新生应否定期截止报到案。

议决：限本年底截止报到。

1938年12月30日会议

日期：十二月三十日

地点：校长住室楼下

时间：下午四时

出席人：崔之兰　涂文　蒋导江（朱熙人代）　张正平　徐绳祖　徐梦麟　萧蘧　熊庆来　李炽昌　王士魁　罗仲甫　伍纯武　张永宽

甲、报告事项

一、校长报告：会计室组织规则及办事细则已由会计室主任拟定。

二、校长报告：上次议决案中三科不及格学生之处分办法施行情形。

乙、讨论事项

一、会计室组织规则及办事细则之通过案。

议决：照所拟通过。

二、新生截止报到日期复议案。

议决：昆明区所录学生以本年底为截止来校报到日期。其他各区取录学生得延长至二十八年一月十五日报到。

三、本届补考事宜应如何处理案。

议决：本届补考事宜由本会请校长全权处理之。

四、本校改为国立，学则应如何修正案。

议决：组织修正学则委员会，委员定为五人，以教务长及训导主任为当然委员，以教务长为当然主席，其余三人由校长聘任之，由教务长负责召集。

1939年1月21日会议

日期：一月二十一日

时间：下午四时半

地点：校长住室楼下

主席：熊校长

出席人：李季伟　闻宥　张正平　赵雁来　徐梦麟　伍纯武　熊庆来　杨克嵘　李炽昌（杨克嵘代）　路祖焘

甲、报告事项

一、校长报告本月二十五日补行宣誓就职典礼。

二、校长报告在就职典礼举行后，举行女生宿舍奠基礼。

三、校长报告男生宿舍及其他建筑情形。

四、校长报告防空设备进行情形。

五、校长报告导师制进行情形。

六、校长报告教部训令改变本校二十七年度概算中所列行政费项目情形，并希各部课、院、系节撙办公费。

七、校长报告教育部训令第三次全国教育会议规程及令本校提案情形。

八、校长报告本校建筑专款情形。

九、校长报告教部训令本校开设采矿专修科及大学先修班情形。

十、校长报告免费、公费及贷金学生申请情形。

乙、讨论事项

一、各项建筑应如何进行案。

议决：教室、男生宿舍、志成院及实验室继续进行。

二、教部训令改编二十七年度概算，应如何办理案。

议决：由校长斟酌后再为决定。

三、教部训令第三次全国教育会议提案应如何办理案。

议决：请各教授、副教授先具意见，交校长汇集整理后再为提交。

四、筹办先修班应如何进行案。

议决：俟负责筹备人（程仰秋、伍纯武、沙玉彦）将筹备办法交来后，下次会议再为讨论。

五、筹办采矿专修科应如何进行案。

议决：由杨季岩、张正平二先生负责将原拟办法审查决定后，即进行筹办。

六、添设“日文”及“法文”课程应于何时起始案。

议决：“日文”决定开班，但本学期因上课过多，不给学分。

1939年2月16日会议

日期：二月十六日

时间：下午四时

地点：校长住室楼下

主席：熊校长

出席人：李季伟　罗仲甫　张和笙（饶季华代）　李炽昌　路祖焘　赵雁来（李季伟代）　闻宥　林同济　熊庆来　徐绳祖　萧蘧　蒋导江　崔之兰（蒋代）　张正平

甲、报告事项

一、校长报告举行补考情形。

二、校长报告本校先修班成立情形。

三、校长报告本校采矿专修科筹备情形。

四、校长报告公免费及贷金申请学生已审查完竣即日公布。

五、校长报告黔籍学生补助情形。

乙、讨论事项

一、补考后三种科目仍不及格之学生留级处分案。

议决：决令留级，至留级学生所应学习之功课由各院系自行决定，但此办法限于本学期实用，下学期照学则办理。

二、一年级C组英文，学生程度太低，应如何补救案。

议决：照文史系主任提议办法办理。

1939年4月6日会议

日期：四月六日

时间：下午四点

地点：校长住室楼下

主席：熊庆来

出席人：王士魁　闻宥　罗仲甫　路祖焘　赵雁来　徐绳祖　李炽昌　李季伟　林同济（李代）　萧蘧　熊庆来　张正平　蒋导江　伍纯武

甲、报告事项

一、校长报告本校组织大纲业经教部核定。

二、校长报告二十七年度设备费核定情形。

三、校长报告农院经费暨筹备情形。

四、校长报告农民银行拟补助本校接洽经过。

五、校长报告赴重庆向各方接洽情形。

六、校长报告汪敬熙先生来校视察观感。

七、校长报告教部重视导师制情形。

八、伍主任导师报告赴重庆受训情形。

乙、讨论事项

一、政经系毕业生赵宗朴等十人毕业成绩及格，请准予通过毕业案（毕业考委会提出）。

议决：以毕业考试委员会报告准予毕业（附毕业生名单：赵宗朴、杨名生……）。

二、如何推进导师制之实施案（校长提出）。

议决：为便于推进起见，除全体导师会议不计外，得由校长或训导处召集导师代表会议，本校各院系及有关各部得推选代表一人或二人。

三、如何促进军训案（校长提出）。

议决：暂缓讨论。

四、增加职员薪俸（校长提出）。

议决：照出纳课、会计室所拟呈部请求。

五、教职员服务规程应如何拟定案（校长提出）。

议决：组织本校规章委员会，委员五人，由校长聘请，教职员服务规程由秘书处先行起草，送规章委员会审查。

1939年5月31日会议

日期：五月三十一日

时间：下午四时

地点：工学院办公室

主席：熊庆来

出席人：闻宥　伍纯武　李炽昌　范秉哲（戴芸沂代）　张永宽　萧蘧　李季伟　王士魁　熊庆来　徐嘉瑞　路祖焘　张正平　蒋导江（正平代）　赵雁来　罗仲甫　杨克嵘

甲、报告事项

一、校长报告金城银行拟借用本校新市场地皮建筑行屋事。

二、教务长报告教部训令改变大学行政组织事。

乙、讨论事项

一、学则草案应如何修正案。

议决：本日先修正内容，文字方面另推三人组织委员会，限内容修正完毕后两星期内修改之，并提校务会议通过。内容修正如草案所列（未完）。

二、金城银行拟借用本校新市场地皮建筑行屋，应如何决定案。

议决：照借，并由校呈报教部。

1939年6月2日会议

日期：六月二日下午四时

地点：校长室楼下

主席：李季伟

出席人：李季伟　闻宥　张正平　徐梦麟　萧蘧　崔之兰　严楚江（崔之兰代）徐茂先　赵雁来　范秉哲　罗仲甫　张和笙　李炽昌

甲、讨论事项

一、继续上次修正学则草案内容案。

议决：继续修正内容草案所列（完）。

二、推举修正文字委员会。

议决：推李季伟、罗仲甫、徐梦麟三人为委员，俟一星期内修正完毕。

三、应如何修正借读规则案。

议决：照教务处所拟修正通过。文字交修正文字委员会修正后提下次会议通过。

1939年6月19日会议

日期：六月十九日

地点：校长室楼下

出席人：李季伟　闻宥　严楚江　赵雁来　崔之兰（严代）　徐绳祖　熊庆来　张正平　伍纯武　萧蘧　汤惠荪　路祖焘　范秉哲（杜棻代）罗仲甫　张和笙　徐梦麟　赵雁来

列席人：杨一波　林同济　李炽昌

甲、报告事项

附中教导主任杨一波报告附中最近概况。

乙、讨论事项

一、学期试验及毕业试验日期应如何决定案。

议决：学期试验照校历定于七月十三日起举行，毕业试验提前于七月六日起举行。

二、学期试验之监试及编号等事项应如何决定案。

议决：分别举行试验，由任课教员亲临监试，并由校长、教务长、训导长随时视察。

三、如何产生毕业成绩审查委员会案。

议决：委员会由五人组织之，人选由校长指定。

四、毕业考试委员会应如何组织案。
议决：照章程规定组织之。
五、毕业典礼应否举行，日期应如何决定案。
议决：照旧举行，日期定于七月二十日。
六、毕业论文应否定期交齐案。
议决：限七月六日前交齐。
七、下年度招生人数应如何决定案。
议决：由各系所需人数总计，以二百六十五名为限。
八、暑假起止日期应如何决定案。
议决：保留于下次会议讨论决定。
九、学则草案应如何通过案。
议决：由各出席人先加研究，留下次会议讨论通过。
十、学生请求开办暑期英文补习班，应如何决定案。
议决：交文史系酌办。
十一、附中招生事宜应如何决定案。
议决：由校长全权决定。

1939年6月21日会议

日期：六月二十一日下午四时
地点：校长室楼下
主席：熊校长
出席人：赵雁来　萧蘧　李季伟　杨克嵘　伍纯武（李代）　李炽昌　徐梦麟　罗仲甫　张永宽　闻宥　熊庆来　范秉哲　汤惠荪　张正平　严楚江　崔之兰（严代）　徐绳祖
讨论事项
通过学则案。
议决：逐条通过，至第十条文字修改为通过学则本所列。

1939年6月22日会议

日期：六月二十二日下午四时
地点：校长室楼下
主席：熊校长　李季伟
出席人：李季伟　萧蘧　伍纯武　张正平　蒋导江（张代）　徐梦麟　赵雁来　熊庆来　徐茂先　严楚江（萧蘧代）　罗仲甫　范秉哲　闻宥
甲、报告事项
一、校长报告土木系学生周卓揑词毁坏校誉，已着令开除学籍事。
二、校长报告法律系学生对费青先生道歉事，学生已表示悔过，从宽处罚情形。

乙、讨论事项
继续讨论学则案。
议决：逐条通过至第十六条修正为通过本所列。
丙、临时提议
学则内应否加入“学生须经国、英文考试及格后准得毕业”一案。
议决：保留于下次会议讨论决定。

1939年6月23日会议

日期：六月二十三日下午四时
地点：校长室楼下
主席：熊校长
出席人：熊庆来　李季伟　张正平　徐梦麟　萧蘧　罗仲甫　蒋导江（张代）　张和笙　闻宥（萧蘧代）　赵雁来（李代）　徐绳祖　伍纯武（徐梦麟代）　范秉哲　李颂鲁
讨论事项
一、继续通过学则草案。
议决：照修正本通过。
二、施行学则日期应如何决定案。
三、议决：第十四条自二十八年度新生起施行。

1939年6月30日会议

日期：六月三十日
地点：校长室楼下
主席：熊校长
出席人：李季伟　萧蘧　张永宽　伍纯武　严楚江　崔之兰（严代）　闻宥　林同济　路祖焘　张正平　汤惠荪　徐绳祖　熊庆来　蒋导江　赵雁来　罗仲甫　李炽昌　杨克嵘（李代）
甲、报告事项
校长报告奉教育部代电，令本校疏散情形。
乙、讨论事项
一、迁校问题应如何决定案。
议决：
（一）以全校迁出为原则，如遇特殊困难时可酌留一部。
（二）先派人彻底视察地址，然后决定全部或分部迁移。
二、通过本校二十八年度预算案。
议决：由校长与各院长组织委员会审查。

1939年7月14日会议

日期：七月十四日午后四时

地点：校长室楼下

主席：熊校长

出席人：严楚江　崔之兰　闻宥　徐梦麟　罗仲甫　林同济　熊庆来　萧蘧（林代）　徐绳祖　李季伟（徐绳祖代）　路祖焘　李炽昌　伍纯武　赵雁来　杜棻　张和笙（罗仲甫代）　张正平　蒋导江

讨论事项

一、二十八年下学期开始日期如何决定案。

议决：暂定在十月一日。

二、二十八年度预算草案请公决案。

议决：由主席根据预算草案参照提出意见酌加修订。

三、（赵雁来先生提议）是否应收实习费案。

议决：以科目为标准酌收实习费，由各系酌定。

1939年9月5日会议

日期：九月五日

地点：校长住室楼下

主席：熊校长

出席人：李季伟　徐绳祖　张福延　路祖焘　汤惠荪　陶天南　严楚江　林同济　熊庆来　杨克嵘　李炽昌　伍纯武　姚碧澄

记录：马鹤苓

议决事项

一、校务会议教授代表改选事宜于每学年开学后两周内举行之。

二、各院系收录转学生最高名额：（1）政经系五十名；（2）法律系二十名；（3）文史系二十名；（4）数学系十名；（5）理化系十名；（6）生物系十五名；（7）土木系十五名（二年级五名，三年级十名）；（8）矿冶系二年级十名；（9）医学院二年级十名。

三、本校按照教室容量，酌收借读生，惟因宿舍有限，一律不供住宿。借读以一学期为限。借读生需呈缴原校证件，经教务处严格审查合格，方得收容。

四、转学生考试科目：（1）检查身体；（2）口试；（3）国文，英文；（4）所转院系之主要科目三门或四门。

1939年9月21日会议

日期：九月二十一日下午三时

地点：校长室楼下

主席：熊庆来

出席人：汤惠荪　张福延　陶天南　李季伟　严楚江（汤代）　路祖焘　熊庆来　伍纯武　徐茂先（陶振誉代）　马鹤苓（列席：代徐梦麟）　李炽昌　赵雁来　林同济（朱代）

讨论事项

一、受停止借读处分学生应如何变通案。

议决：因新学则新颁，学生多不注意，且现下各校转学考试已过，为顾及该生等求学起见，除操行在丁等者外，姑准报考转学试验。准报考转学试验学生计有童玉祥、崔华林。

二、受退学处分学生应如何变通案。

议决：二十七年度下学期受退学处分学生经教务长、训导长及本系主任会商，认为情形特殊者得改为留级处分。

三、录取转学生标准应如何决定案。

议决：凡录取转学生应参照其操行成绩以定取舍，若无原校操行成绩而学科成绩优异者可准其试读。

四、点名职务应如何决定案。

议决：凡在三十人以下之班次由教师自行点名，三十人以上之班次由训导处负责点名。

五、补习班应否继续添办案。

议决：继续添办，改进办法俟后再商。

1939年10月16日会议

日期：十月十六日下午四时

地点：校长住室楼下

主席：熊校长　李教务长

出席人：熊庆来　徐茂先　李季伟　赵雁来　伍纯武　路祖焘　李炽昌（杨代）　徐梦麟　吴文藻　陶天南　张福延　汤惠荪　林同济　杨克嵘　范秉哲　姚碧澄

讨论事项

一、出席校务会议教授代表改选问题案。

议决：

（一）代表人数增为九人。

（二）定下星期四午后四时召开教授会议选举之。

二、如何组织公费免费、贷金委员会案。

议决：将上年度两委员会归并为一委员会，以七人为委员，委员人选除教务长、训导长外，余由校长指定。

三、如何通过“兼办社会教育推行委员会”组织章程及办事细则案。

议决：由本会授权校长审核以后再呈报教部核准。

1939年11月14日会议

日期：十一月十四日下午四时

地址：校长室楼下

主席：熊校长

出席人：崔之兰　严楚江（崔代）　汤惠荪（张福延代）　张福延　楚图南　徐梦麟　伍纯武　赵雁来　路祖焘　吴文藻　沙玉彦　闻宥　陶天南　李季伟　熊庆来　姚碧澄

甲、报告事项

一、校长报告补招新生事。

二、校长报告矿冶系最近情况。

三、校长报告本校与各机关合作情形。

乙、讨论事项

一、训导处提出办事细则请通过案。

议决：组织规章审查委员会先加审查后再交本会通过。委员会委员定为五人至七人，人选由校长指聘。

二、兼办社会教育经费预算约三千五百元，应如何通过案。

议决：本年内暂择易办者数项先行办理，二十九年度预算内再加列此项费用。

三、医学院提出二年级免修体育应如何决定案。

议决：专案呈部请示。

四、上课时间如何改变案。

议决：暂不改变，由教务、总务、训导三处会商后再为决定。

五、公免费委员会提请增加名额，应如何决定案。

议决：公免费名额照章程增加，贷金数若超过预算，其不足之数向教部请求补助，世界救济金名额亦由校函该会增加。

六、选修第二外国语应足若干名始能开班案。

议决：足十人后始能开班。

六、公开课程可准校外学生前来旁听应如何决定案。

议决：准予前来旁听，惟须得教务处及教授之允许并缴学费五元，其有实验者并须缴实验费，数目由各系决定。

1939年12月18日会议

日期：十二月十八日下午四时

地点：校长室楼下

主席：熊校长

出席人：张福延　胡小石　楚图南　朱驭欧　汤惠荪　李炽昌　徐绳祖　范秉哲　沙玉彦　路祖焘　徐嘉瑞　吴文藻（赵晚屏代）　赵诏熊　李季伟　熊庆来　姚碧澄　伍纯武

讨论事项

一、补招新生课程是否照常开授案。

议决：因开学过迟，以先修习一部分基本科目为原则，科目由各院系商定并由校呈报教部。

二、第一、二次招考新生尚未报到者，应如何办理案。

议决：因特殊情形得请求照第三次补招新生入学办法准予入学。

三、修正本校组织大纲案。

议决：先交规章审查委员会审查后再提本会通过。

四、修正学则案。

议决：由教务处修正，交规章审查委员会审查后再提本会通过。

五、医学院学则通过案。

议决：交规章审查委员会审查后再提本会通过。

六、规章审查委员会提请通过《训导处办事细则》案。

议决：照审查原文通过。

1940年2月6日会议

日期：二月六日

主席：熊校长、李教务长

出席人：熊庆来　徐绳祖　徐梦麟　杨克嵘　张海秋（陈植代）　李季伟　楚图南　王士魁（庄圻泰代）　汤惠荪　涂文　沙玉彦　李炽昌　严楚江　崔之兰　赵诏熊　吴文藻（费孝通代）　陶天南　林同济（陶天南代）　赵雁来　朱驭欧　伍纯武

讨论事项

一、教务处提议寒假期间是否举行转学考试，请公决案。

议决：借读生于开学一月后均应参加转学考试，若成绩及格者准改为正式生，若不及格者准通融继续借读一学期，但以此一次为限。

二、规章审查委员会提请通过本校组织大纲修改条文案。

议决：照修改原文通过。

三、规章审查委员会提请通过修正学则案。

议决：照修正原文通过。

四、体育卫生组提议体育课程应按照部令规定为大学各级学生之必修课程，请公决案。

议决：由校长会同体育卫生组主任及未设体育为各级必修课程之院系主管人商讨决定之。

五、陶天南先生提议请追认提前举行学期试验案。

议决：通过。

六、陈养材先生提议下学期恢复上课时间案。

议决：恢复本学期最新规定之上课时间，若遇空袭则顺延至夜间上课，具体办法由教务处规定通知。

1940年3月27日会议

日期：三月二十七日下午三时

地点：校长室楼下

主席：熊校长

出席人：熊庆来　李季伟　伍纯武　赵雁来　路祖焘　沙玉彦　赵诏熊　崔之兰　楚图南　张福延　徐绳祖　杨克嵘　姚碧澄　涂文

讨论事项　（缺）

1940年4月8日会议

日期：四月八日下午三时

地点：校长室楼下

主席：熊校长

出席人：熊庆来　李季伟　徐绳祖　崔之兰　汤惠荪　姚碧澄　沙玉彦　杨克嵘　徐梦麟　吴文藻　徐绳祖（涂文代）　涂文　张福延　路祖焘　李炽昌　伍纯武　赵雁来（李代）

记录：王汝训

甲、报告事项

一、校长报告本校成立十八周年纪念预拟办理情形。

二、校长报告据矿冶系学生请求迁移回校处置办法。

乙、提议事项

一、张海秋先生提议：本校经费较其他国立大学原数已经过少，二十九年度经常费既未增加而院系增级者计有农学院、医学院、社会系、生物系、理化系，并须按照部章增加科目者计有土木系、政经系、文史系，加以昆明物价高涨，一切费用激增，由部核定之增级费二万八千八百元，实不敷分配，又工学院实习工厂（如水力实验、金工实验、锻工实验，材料实验室）之设置与充实等费尤不敷用，应呈请教部增加预算案。

议决：照提议通过，由校长赴渝之便向教育部申请。

二、主席提议：现在拟定二十九年度预算草案作为基本预算，另编增加预算，向教部申请增加经费案。

议决：通过。

1940年5月22日会议

日期：五月二十二日下午三时

地点：校长室楼下

主席：熊校长

出席人：熊庆来　李季伟　路祖焘　陶天南（路祖焘代）　林同济　吴文藻　张福延　沙玉彦　涂文　王士魁　楚图南　李炽昌　伍纯武　崔之兰（严代）　严楚江　姚碧澄　汤惠荪　徐绳祖　赵雁来　杨克嵘

记录：刘惟聪

甲、报告事项

一、主席报告：

（一）二十九年度预算呈请教部增加经费情形。

（二）二十九年一至四月份经费超溢情形。

（三）本校各处院系所用信封纸张，若在可能范围内应请稍事俭省，以节开支。

（四）拟编订三十年度经费预算情形。

二、徐总务长报告：

（一）拟编三十年度经费预算，若欲安定职员，增加工作效率，其职员薪金应请酌予增加，以利推进。

（二）校警工友不敷分配，应请增加经费，以资增设。

（三）办公费因物价高涨，不敷甚巨，应请增加为十四万，以利办理。

乙、讨论事项

一、本校三十年度经费预算如何拟订原则，分别编拟案。

议决：先订两种原则：一种以事务扩充为根据，一种以物价高涨为根据，分别增加，再另编整个预算。

二、各教职员待遇可否以年功加俸为理由，酌量增加，并入预算，呈请增加案。

议决：建立年功加俸制度，专任教员及同等职员订为每两年加二十元，其详细办法另订之。

三、教职员薪金在二百元以上者，因物价高涨，自下年度（学年度）起，每月增加二十元，二百元以下者，连津贴年功加俸，合计每月增加四十元，所需经费应即加入预算，向教部请求增加案。

议决：通过。

四、关于职员薪金、校警工役工饷及办公费等，如何增加编造案。

议决：办公费增加为十四万，职员薪金工饷等得酌量增加，其增加办法，应由总务处拟订计划，再为决定。

五、各院系图书费及仪器实验费等如何增加编列案。

议决：另列详单。

散会。

1940年5月30日会议

日期：五月三十日下午三时

主席：熊校长

出席人：熊庆来　崔之兰　姚碧澄（戴芳沂代）　林同济　楚图南　赵雁来　王士魁　沙玉彦　赵诏熊　涂文　徐绳祖　路祖焘　陶天南　李炽昌　张福延　李季伟　杨克嵘　严楚江　朱驭欧

甲、报告事项

校长报告：

（一）上次会议关于决定三十年度经费概算案，因数目过多，难于呈报，其总数业经缩减为一百一十六万元。

（二）汤院长因事耽延，于前日始乘机由昆明飞往重庆。

乙、提议事项

一、熊校长提议：

（一）本校现奉教部电，令饬办理本年度统一招生，应如何办理案。

议决：决定招收一年级新生三百一十五名，插班生一百名。除矿冶系不收女生外，其余各系一并招收女生，名额分配如下：一年级新生：文史系三十名，法律系三十五名，政经系四十名，社会系十五名，数学系十五名，理化系二十名，生物系二十名，土木系三十五名，矿冶系三十名，农艺系三十名，森林系二十名，医学院二十五名。各级插班生：文史系二年级五名，三年级五名；法律系二年级八名，三年级十二名；社会系二年级五名，数学系二年级五名，三年级五名，理化系二年级十名，三年级十名，医学院二年级十名；农艺系十名；森林系十名。

（二）本校现准疏散委员会公函，以空袭紧急，请从速疏散一案，本校图书仪器，关系财产甚大，应如何设法疏散，以免遭受损失案。

议决：问题重大，应请各教职员建议妥善办法，再为决定办理。

二、严楚江先生提议：

凡统一招生录取新生欲转入同院之其他学系肄业，须得原系主任及所入系主任及教务长之允许，方得转入。又转院者，除须得有关两系主任之许可外，并须得教务长及有关两院长之允许，方可照办，是否可行，请公决案。

议决：通过。

散会。

1940年6月21日会议

日期：六月二十一日下午四时

主席：熊庆来

出席人：熊庆来　崔之兰　汤惠荪（陈植代）　楚图南　王士魁　沙玉彦　朱驭欧　张福延　李炽昌　伍纯武　李季伟　赵雁来　涂文　吴文藻（朱驭欧代）　杨季岩　路祖焘　徐绳祖　严楚江

记录：刘惟聪

甲、报告事项

一、校长报告：

（一）时局严重，本校为避免敌机轰炸，遭受损失，不能不略事准备，将学校迁移。

（二）本校经费近日时感困难，上月教职员薪资系由银行借垫，嗣后对于各院系教职员预支以自行设法为原则，中低级职员必不得已，始允准预支。

（三）关于教职员多加一成薪水，尚未奉准，以前所发系由学校暂行垫发。

（四）三十年度经费增加预算，教部仅准七十九万，现尚在力争中。

（五）关于本学期最近举行毕业考试情形。

（六）关于拟办毕业典礼情形。

二、李教务长报告土木系学生周人龙被警局拘捕情形。

三、徐总务长报告：

（一）关于本校办理教职员向公米储销处领购公米情形。

（二）关于教部令饬办理教职员生活补助费及特别救济金经过情形。

乙、讨论事项

一、本校二十九年度学校历是否照教部规定修改案。

议决：就事实将日期酌为修改，其开学日期定为九月十六日。

二、本届学生毕业典礼如何举办案。

议决：从简举行，但仍以严肃精神办理。

丙、临时提议

严楚江先生提议：下学期学生注册日期可否规定为最长不得过一二天，以免学生延期不到案。

议决：照案通过。

散会。

1940年6月28日会议

日期：六月二十八日下午三时

主席：熊庆来

出席人：熊庆来　李季伟　李炽昌　张福延　伍纯武　路祖焘　徐绳祖　王士魁（庄圻泰代）　陶天南（王伯琦代）　崔之兰　严楚江（崔代）　赵雁来（李代）

杨季岩　吴文藻　汤惠荪（张代）　赵诏熊

记录：刘惟聪

甲、报告事项

一、校长报告：

（一）关于本校停顿海防仪器药品计四十八箱，已请王士魁、戴芳沂、宋瑞贤三君前往疏通启运，恐不成问题。

（二）关于本校工学院土木系过去所购仪器外汇，其多付之款尚未退还。

二、徐总务长报告：

（一）关于最近办理本校教职员购买公米情形。

（二）关于葡萄干、闹钟调查办理情形。

乙、讨论事项

一、本届毕业生业经举行毕业考试，学业及操行成绩均已及格者计二十二名：法律系：马学殖、黄星衍、唐凤书；数学系：蔡瑗芬、宋凤娇；土木系：王时中、赵巽安、赵德富、赵建阳、杨知义、束相诚、杨兆昌、赵之玳、郑世昌、苏慰祖、张琳、李源、姚庸、赵丰，上列各生，可否准予毕业案。

议决：准予毕业。

二、土木系学生李泰盈毕业考试成绩不及格，应如何办理案。

议决：该生毕业考试不及格，学分在二分之一以上，照章应令其退学，但因特别情形，故准留校，补修所缺学分，但以一年为限，嗣后他生不得援以为例。

三、土木系学生罗树藩，学业操行成绩太差，应如何办理案。

议决：该生学业操行成绩太劣，未便准予毕业，停止借读。但所及格学分得发给证明单。

散会。

1940年8月22日会议

日期：八月二十二日上午九时

出席人：熊庆来　吴文藻　张福延（王赣愚代）林同济　沙玉彦　杨春洲　涂文　李季伟　李继先　袁昌　丘勤宝　胡小石　陈植　陶天南

甲、报告事项

校长报告：略谓本日召集各院系处负责人会议，系讨论学校疏散问题，及奉教部令饬呈报行政计划及工作进度报告表，请有关各院系就会议上查阅修正，以便呈报。关于本校教部令发限期办理文件，每多不能如期呈报，固因教部限期过于迫促，但各方面办理应请稍事敏捷，对文书组予以协助便利，以利推进。疏散问题，教部因越南情势严重，令饬向滇东迁移疏散，运输方法饬用骡马或由水道，疏散地点或宾川或昭通，均甚适宜，应请予以考虑；嵩明方面已请胡小石、袁昌、杨春洲诸先生前往查看，地点太小，且不清洁，仅可存置少数物品。至呈贡方面，该地石子河仅一日水路，交通水陆均便，房屋亦可够用，该处颇为适当。

乙、提议事项

校长提议：

一、本校奉令迁移疏散，应如何办理案。

议决：组织委员会负责办理。

二、本校疏散委员会应如何组织案。

议决：近日组织之五人会议，暂定为物质疏散委员会，系由校长敦请，指定由张总务长召集；至整个学校之疏散委员会应由校务会议讨论产生。

1940年8月26日会议

日期：八月二十六日午后三时

出席人：熊庆来　张福延　胡小石　沙玉彦　徐梦麟　杨克嵘　李季伟　姚碧澄（杜棻代）　赵雁来　路祖焘　丘勤宝　王士魁　李继先　涂文　杨春洲　王赣愚　林同济　袁昌　陶天南（胡小石代）　朱驭欧

甲、报告事项

校长报告：

（一）本校迭奉教部函电，令饬疏散迁移情形。

（二）本校电复将物资疏散西山及呈贡石子河情形。

（三）本校又奉部电，续汇国币三万元，饬速迁移具报情形。

（四）本校调查昭通、会泽两县经过情形。

（五）各校奉令饬办理迁移情形。

（六）时局近日情势。

乙、提议事项

校长提议：

（一）本校迁移事件，问题重大，困难甚多，应暂先决定作局部之疏散，遇必要时再全部迁移，至其计划，由疏散委员会讨论决定，是否可行，请公决案。

议决：通过。

（二）本校疏散委员会是否即由本会议推举委员七人组织产生，请公决案。

议决：通过。推举李季伟、胡小石、丘勤宝、袁昌、蒋导江、杨春洲、朱驭欧等先生为委员，并指定李季伟先生为该会召集人。

1940年9月6日会议

日期：九月六日上午九时

主席：熊校长

出席人：熊庆来　张福延　李季伟　伍纯武　姚碧澄　何衍璿　蒋导江　沙玉彦　涂文　汤惠荪　王士魁　丘勤宝　路祖焘　陶天南　李继先　胡小石　赵雁来　杨春洲　林同济

记录：刘惟聪

甲、报告事项

一、校长报告：

（一）上学期经费超出七万余元，拟以上学期外汇长余款三万元，以资弥补。

（二）下年度经费预算内，教部核定七十九万元，已转行政院核示，惟尚须疏通，提请最高国防会议通过，方可照支。

（三）滇越铁路公司已惠允一次补助国币四万元，拟作工学院购置车床等项用费，又每年补助越币九千元，本年七月应得半数四千五百元。

（四）《朝报》总经理王公弢为纪念其太夫人起见，特捐助国币一万元，专作女生奖金之用。

（五）本校先后奉部令饬疏散情形。

（六）各校办理疏散迁移情形。

二、李教务长报告：

（一）前学期学生成绩太差，若照部章规定，则应除名者共一百七十余名，就中总平均分数在五十五分以上者，计五十七名，拟请从宽再准补考一次，应请会议讨论追认。

（二）各系开班科目及今年选修课目表，应请至迟于学年开始前两个月确定，填交注册组。

（三）专任教员授课时间，应由注册组全权排定，请早日赐知，以便办理。

（四）各课成绩应请于考试后三日至七日内评定，送交注册组办理。

乙、讨论事项

一、上学期学生成绩平均分在五十五分以上者，拟于可能补考之课目中，准予补考一次，予以向上机会案。

议决：通过。

二、教部令催报二十八年度行政计划实施进展情形及二十九年度行政计划，应请各系尽两天内办理完毕，以便呈报案。

议决：通过。

三、本校现奉部令，各校因疏散及补充防空设备，得将开学上课时间延迟一案，如何办理案。

议决：决定十月一日开学上课，并报部。

四、本校疏散迁移事件，应如何继续办理案。

议决：暂将物资积极装箱疏散，嗣后再分别迁移。

散会。

1940年11月11日会议

日期：十一月十一日午后四时

主席：熊庆来

出席人：熊庆来　伍纯武　崔之兰　楚图南　汤惠荪　杨克嵘　沙玉彦　张福延　李季伟（张友铭代）　丘勤宝　胡小石　陶天南（胡代）　袁昌

甲、报告事项

校长报告：

一、本校理工学院学生步行团抵会泽情形。

二、本校理工学院改变迁移地点情形。

三、统考分发及本校补招之新生到校报到情形。

四、农民银行补助本校办理农村经济调查工作办理情形。

五、本校现奉教令饬免缴战区来校学生费用，本校早已办理。

乙、讨论事项

一、教务所编二十九年度学校历，是否照拟通过案。

议决：修正通过，并交文书组呈部备案。

二、学生各项成绩分数经教员送至注册组后，可否规定无论如何情形均不能更改，以昭郑重案。

议决：照案通过。

三、注册组每次所送各教授之学生成绩单，每多逾期不交，无法审办，应否规定办法，以资限制案。

议决：由教务处分别函催，并通知各系主任负责督促办理。

四、本校本学期一年级新生，应决定在何处上课案。

议决：理、工、农一年级新生随理学院迁移嵩明顺龙桥，其他留本校上课。

1940年12月28日会议

日期：十二月二十八日

主席：熊校长

出席人：李季伟　徐嘉瑞　朱驭欧　路祖焘　熊庆来　胡小石　陶天南（胡代）　袁昌　张福延　姚碧澄（熊代）　楚图南（王世中代）　汤惠荪（张代）　赵雁来（李代）　林同济（朱代）　陶云逵

甲、报告事项

熊校长报告：

一、本校二十九年度经费亏欠十二万元，弥补情形。

二、教部现发给本年度临时费九万元，但限制用途，并提及下年度经费恐不能增加。

三、本校三十年度预算至少须八十万元方可维持，教部前准七十九万元，现经最高国防委员会议决，准照二十九年度增加一成，约可增加四万二千元，本省补助经费，现又增加六万元，尚继续请求增加六万元，以符增加五成之数，本人现拟往重庆向教部陈述困难请求增加。

四、教职员米贴，已奉部令准自十一月份起实行，以资弥补。

五、本校此次被炸损失，各方汇款救济，计孔院长私人汇寄一万元，联合救济处四千元，金陵女子大学二百元，附中三百四十元。

六、关于教职员、学生、校工等被炸损失救济，曾组织委员会讨论办理，因慎重从事，故稍迟缓。

乙、讨论事项

一、关于损失救济金之分配处理，已组织委员会办理，经拟就分配原则三项：（1）生活必需品；（2）教学必需品；（3）其他用品。应请追认案。

议决：追认通过。

二、新年假期应如何决定案。

议决：因本学期开学太迟，功课缺旷甚多，仅放假一天，以资补授。

三、本校办公时间，现因天气严寒，午前时间已自本日二十六日起改为八时至十二时，应请追认案。

议决：追认通过。

四、本校各院系（文法学院）上课时间已改为四十分钟，应请追认案。

议决：追认通过。

五、本校现因维持学校治安，关于学生会客，已饬军事管理组拟就《学生会客规则》一份，应请讨论通过实行案。

议决：修正通过。

六、本校校刊可否予以恢复，以便各院系有所联络案。

议决：照案恢复，出为旬刊，先用油印试办。

散会。

1941年1月23日会议

日期：一月二十二日午后四时

主席：李季伟

出席人：李季伟　张福延　汤惠荪　路祖焘　赵诏熊（王世中代）　楚图南　袁昌　胡小石（袁代）　朱驭欧　林同济　伍纯武　徐梦麟

记录：刘惟聪

讨论事项

一、本年度学校历前已议决通过，嗣因理、工学院疏散外县，开学稍迟，经理、工两学院院务会议议决稍行补充，应请追认通过案。

二、本月二十七八日为夏历新年，应否放假，以补足国历新年三日假期之教案。

议决：停课二日。

散会。

1941年3月28日会议

日期：三月二十八日午前九时

主席：熊校长

出席人：熊庆来　丘勤宝（杨克嵘代）　朱驭欧　汤惠荪　楚图南（袁代）　林同济（朱代）　袁昌　王士魁（何衍璿代）　张福延　何衍璿　路祖焘　陶云逵（汤代）　石充（熊代）　杨克嵘　王赣愚

甲、报告事项

一、校长报告：

（一）关于本校三十年度经费情形。

（二）关于教育部最近经费情形，现行政院已予批准，以八十万美金分配各校购置图书、仪器。又教部向行政院请求发给英镑六十二万磅、美金二百万元作救济被炸各校之用，能否邀准，尚不可知。

（三）现教部发给修理费六万一千元、救济费六千元。

（四）本校国人对于本校事实真像相如有不明了者，可向负责人建议或询问，自当竭诚接受，以图改进，请勿为无根据之批评。

（五）教部近派视查员来校视查，并到各校视查，对社学系与农学院印象甚好，工学院因教授名额尚少，各教授工作甚重，学生颇能安静用功，理学院印象亦甚良好，惟对校本部稍觉散漫，应请各同仁注意改进。

二、张总务长报告：

关于教部补发二十九年教职员家属人口及校工警特别救济金经过情形。

乙、讨论事项

一、本年招收新生问题应如何决定办理案。

议决：单独办理，在昆明一地举行，嗣后视情形为限，委员由校长聘请。

二、本年二十九年度上学期二三年级借读生有不参加转学考试者，有参加转学考试而成绩不及格者，该生等应否继续准予借读案。

议决：如上学期成绩，其平均及格及不及格科目之学分少于所修学分百分之四十者，特准予二十九年度下学期继续借读一学期。

三、本届毕业生成绩应如何审查案。

议决：

（一）截至三月二十八日止，如未交毕业论文者，本学期不准予毕业。

（二）如所属学系之必修科目，尚未修足，且未经系主任核准得以相当科目替代者，不准予毕业。

（三）各年级其因必修科目尚未修足者，应呈部核定，本议决案应提交教授会议通过。

四、本校学则尚有未妥善之点，应否予以修改案。①

1941年4月17日会议

日期：四月十七日午后三时

主席：熊校长

出席人：熊庆来　崔之兰　何衍璿　陶天南　姚碧澄　王士魁（庄圻泰代）　赵雁来　袁昌　张福延　路祖焘

甲、报告事项

一、熊校长报告：现闻教部本年分配本校美金二万元，作补充图书、仪器设备之用，

① 原文缺少议决。

正式公文尚未奉到，但为进行迅速起见，本人业已预行拟就分配单，兹即提请会议讨论通过。

二、姚院长报告：本校医学院因缺乏实习医院，学生毕业后将无充分实际经验，现宜积极筹增设，但经费无着，应请就此次教部拨发美金二万元内，提拨一万元，以作购备实习医院必需仪器之用。

三、路主任报告：本校三十年度经常费预算，业经按照教部核准数，拟订为全年四十九万零八百元，细数评列草案，实际需要全年约需九十九万七千九百五十六元，两抵约不敷五十万元。

乙、讨论事项

一、教部分配本校美金二万元，其分配各院系数目可否照校长提出分配单通过案。

议决：本校因医学院酬设实习医院，需款较为迫切，对该院应多予分配，以资购置仪器。应另分配如下：

图书馆图书费四百元

文史系图书费六百元

政经系图书费七百元

法律系图书费六百元

社会系图书费六百元

数学系图书费七百元

理化系图书费六百元　仪器费六百元

生物系图书费六百元　仪器费八百元

土木系图书费六百元　仪器费八百元

矿冶系图书费一百元　仪器费三百元

医学院图书费一千五百元　仪器费六千元

农学院图书费一千四百元　仪器费三千一百元

二、本校三十年度经常费预算草案可否予以通过案。

议决：交由会计室依照教部核准数目，编造呈报，惟本校实际支出，超溢预算甚巨，应酌将实际经常预算草案九十余万元，由校长审核缩减，并将建设费移挪一部分以资弥补。

三、本年招生简章及办法业经招生委员会草拟就绪，可否予以通过案。

议决：修正通过。

四、本校学生成绩不能更改一案。曾经本年度第一次校务会议议决通过，惟近日各教授缴学期成绩单时，学生平时成绩，每逾期未缴，至学生补缴平时成绩后，教师可否酌予加分，请公决案。

议决：学生成绩经送至注册组后，无论任何情形，不能更改，以昭郑重。

1941年4月30日会议

日期：四月三十日午后四时

主席：熊校长

出席人：陶云逵　熊庆来　柳灿坤　楚图南　赵诏熊　袁昌　何衍璿　王士魁（何代）　张福延　汤惠荪（张代）　路祖焘

甲、报告事项

熊校长报告：

一、上次校务会议讨论本年招生简章情形。

二、本年招生拟较联大提早办理，以便报考学生踊跃参加。

三、教育部核拨本校美金二万元，现已正式奉令，限五月以前造册呈报，应请各系尽两星期内开列清单，以便呈报。

四、本校积存海防仪器，现拟接洽，以河内医科大学名义设法取出转运来滇，或拟暂存该校。

五、本校矿冶系所存一平浪仪器，现已由该系运省，拟酌量陆续运往会泽。

六、本校矿冶系现与滇北矿务公司合作选矿情形。

七、本校南屏街地产，现租借人金城银行请求收买情形。

八、本校因各分校交通运输需费浩大，各项用费应力求节省，以资应付。

九、本校现奉部令提倡教师献机饬遵办情形。

乙、讨论事项

一、本校南屏街地产现金城银行请求收买，应如何决定案。

议决：仍接洽续租，不能出售。

二、本校奉令提倡教师献机一案，如何办理案。

议决：由校分函各教师自由量力捐献。

三、何教务长所提修正本校学则草案是否照案通过案。

议决：除第三条及第十三条修正通过外，余保留下次会议继续讨论，并将旧学则注明应修正符号，连同修正草案分送各校务会议委员征求意见。

1941年5月14日会议

日期：五月十四日下午四时

主席：熊庆来

出席人：熊庆来　柳灿坤　何衍璿　楚图南　陶云逵　汤惠荪　赵诏熊　张福延　路祖焘　赵雁来　徐嘉瑞　袁昌　朱驭欧

甲、报告事项

一、校长报告：

（一）本月十二日复遭敌机二次轰炸情形及办理善后情形。

（二）前派汽车运送物件及员生往会泽上课中途被阻情形。

（三）据学生报告，校本部近日较为涣散，其原因为年来教职员管教不严，应请各同人注意改进。

（四）现医学院决定筹设实习医院情形。

二、汤院长报告此次赴渝经过情形：

（一）本校经费经向部请求，三十年度预算可增至八十万元。

（二）教育部呈请行政院增加房膳津贴经过情形。

（三）重庆生活高涨、粮食困难情形。

乙、讨论事项

一、文法学院胡院长前提议，文法学院另成立史学系，又因鉴于本省英文师资缺乏，本校学生英文科成绩较差，应否专设一系，以资造就案。

议决：史学系缓设，为补救英文师资之缺乏与提高学生英文程度起见，拟专设外国语文系，呈部核准，并陈明以不增加预算为原则。

二、本年秋季招生，外地已有来函请求在外地招收，应如何办理案？

议决：另在重庆招收，托请吴文藻先生负责办理。

三、本校教务处所提议之修改学则案应如何办理案。

议决：其中应修正各条，应大意修正如下，至于文字措辞，应提交规章审查委员会会同教务处详细修拟。

（一）第一条之注册应归入第二条。

（二）第三条应加入新生注册之手续与注册期之限制。

（三）第四条三项各项科目下应加："除系主任特许外"等字。

（四）第七条学分之规定应为"上课一小时，自习二十小时为一学分，实验功课至少二小时为一学分"。

（五）第八条四行得酌量增加毕业学分，应修正为"得酌令增修毕业学分"，但须增加之学分，应修正为："但须增修之学分"。

（六）第八条八行，应由"转学生入二年级者"起删至十行："补助学分除外"。

散会。

1941年7月5日会议

日期：七月五日上午七时

地点：校长室楼下

主席：熊庆来

出席人：熊庆来　汤惠荪　张福延　楚图南　柳灿坤　姚碧澄　戴练江　林同济　范秉哲（熊代）　袁昌　徐季吾（汤代）　何衍璿（柳代）　朱驭欧

记录：柳灿坤

讨论事项

一、关于本校暑假起止日期及假期间办公值日案问题应如何决定案。

议决：本校暑假自七月十五日起至九月十日止，九月十五日开学上课。关于假期间全体职员办公时间，除新生及转学生考试日期应照特别规定外，其余日期定为每日下午三时至六时，其每日上午八至十一时，各部分应轮派人员值日。

二、关于本校奉令严格实行总考案，如何办理案。

议决：遵照部令严格办理，由训导长召集应参加总考学生切实训勉，倘故意不参加考试，不准毕业，阻挠他人参加考试，即予开除学籍，若校外学生阻挠本校学生参加考试，即呈部惩办。

三、修正本校学则案。

议决：照审查委员会修正意见通过后交何教务长负责整理。

1941年7月23日会议

日期：七月二十三日上午八时

地点：接待室

主席：熊庆来

出席人：熊庆来　石充（因公来省列席）　杨春洲　柳灿坤　何衍璿　朱驭欧　路祖焘　王伯琦　范秉哲（熊代）　张福延（何代）　林同济

列席人：杨春洲

记录：刘惟聪

甲、报告事项

一、校长报告：

（一）赴渝参加三青团会议及向各处接洽情形。

（二）本年经费教部已准增十四万七千元，另外，医农学院及其他特别需要准增八万元。

（三）本人现拟签呈教部请求发给实习医院设备费十万元，经常费五万元。

（四）本校被炸修理费承吴文藻先生在部内为力，故拨发较多。

（五）本校此次招考新生，考生共五百余人，因近日无空袭，尚能顺利考试完毕。在渝招生事件，承中央大学代办，现正积极进行。

（六）本校因校多系少，对教学及请求经费诸感困难，现拟将文史系分为文学、史学两系，政治系分为政治、经济两系。

（七）本校附中教职员颇能努力，毕业学生成绩甚好，现拟扩充班次，并增收女生。经费方面应予以增加，各方亦愿予帮助。

二、路主任报告编拟本校三十一年度概算情形。

三、何教务长报告本校奉部令增设铁道管理系情形。

四、林同济先生报告：

（一）政经系现决定分为两系，政治系教授至少须与法律系人数相等，助教亦须增多，经济系范围较大，教授及助教更应加多。

（二）本校奉令增设之铁道管理系，以实际情形而论应并入经济系内或在系内单设一组方为合理。

（三）各系研究调查费，年来因经费太少，殊难进行，三十一年度应请多予分配，以资推进教学以外之研究工作。

五、杨主任春洲报告附中年来办理情形。现拟扩充班次，兼收女生，三十一年度经费请多增加，以资应付。

乙、讨论事项

一、本校三十一年度岁出概算，是否即照现拟数一百八十六万元通过案。

议决：除学术研究费内应加列研究出版费五万元及附中经费增列为每月一万二千元

外，余照案通过，呈部核转。

二、教务处拟定三十年度校历，可否照案通过案。

议决：通过，呈部备案。

丙、临时提议

林同济先生提议：

（一）本校奉令增设铁道管理系，以实际情形论，应隶属于文法学院经济系内，应否呈部陈述理由，变更组织案。

议决：通过呈部请求变更。

（二）附中三十一年度经费，因增加学生四班，办理颇感困难，每月经费应增列为一万二千元，列入概算呈报，并另文呈明附中困难，务期邀准，是否可行请公决案。①

1941年8月7日会议

日期：八月七日午后四时

地点：校长室楼下

主席：熊校长

出席人：熊庆来　何衍璿　柳灿坤　朱驭欧　王士魁（庄代）　路祖焘　丘勤宝　杨克嵘　张福延　汤惠荪（张福延代）　徐嘉瑞（柳代）　赵雁来　林同济（朱代）　范秉哲（熊代）　杨春洲　石充

记录：刘惟聪

甲、报告事项

一、校长报告：略谓本人近日卧病，未能处理校务，本校二十九年度为最困难之一年，现已维持过去，但因院系分散，行政颇感困难，尤以文书组方面对于教部饬办事件，因不能按期得各院系之报告，故无法依限呈报，如教授资格审查一事，他校业已呈报到部，本校则尚未汇齐，今后关于此类事件，请转达各同人体谅本校行政人员，早日办理，以便依限呈报。

二、何教务长报告：略谓本校此次招考新生，报名学生共五百余人，应考者四百余人，投考文法学院学生较多，其取录标准，以考试成绩达三十分以上为限，共取录学生一百七十五名，较原定招考人数尚差，现拟另行招考一次，以资补充。

三、柳总务长报告：略谓本校三十一年概算，前已编拟，提经上次会议通过，呈报教部。顷晤陆财厅长，据称本校经费，此后因本省方面仅有国款，无省款，财府恐不能再行补助，希望本校三十一年度概算应较为扩大，可予以襄助，并希望此后人才方面，请本校代为培植，以应需要。

四、张训导长报告：略谓劝募战时公债，本校分配一万元，熊校长被聘为第六十分队长，自应积极办理。惟向校外劝募，较为困难，联大办法是组织游艺会，以资筹募，本校恐不能仿照办理，此事原定八月一日结束，现在日期已过，特请召集校务会议，请各同仁商讨劝募办法，以便办理。

① 原文缺少议决。

五、赵代院长雁来报告：

（一）顺龙桥分校关于训导方面事件，前经请求设法办理，或设训导分处，以专责成，因军事管理、点名等事件，均无人督促管理，应请会议讨论解决办法，免致下学期仍无法办理。

（二）分校事务人员，仅有二人，每月到省办理报销，往往因手续不合，稽延时日，影响分校事务，此后应请会计室通融指导办理，以免耽延时日。

六、杨院长报告：

（一）会泽分校办事人员，会计、出纳、文书、庶务共设五人，初时尚感困难，现已就绪，惟体育、训导事务亦无人办理。

（二）行政方面，因交通关系，校本部函件往往逾期寄到，致无法依限办理，对学生不得不略予变通，嗣后应请设法将函件早日寄发，以便办理，又文具用品常感缺乏。

七、杨主任报告：略谓此次附中招生，因空袭关系，原决定在大理、石屏、路南、昆明等处举办，投考学生，昆明男生计七百一十三名，路南、石屏约一百名，高中取录一百名，初中取录四十名。女生投考高中者九十六名，初中六十名，高中取录六十名，初中取录九名，取录标准四十分以上，零分不取。

八、朱驭欧先生报告办理合作社经过情形。略谓，合作社系校长提议，公推本人办理，前因股本太少，理发部器具无法制备，曾借学校款项一千五百元，从事购置，中间被炸一次，损失甚多，现已存洋三千余元，除还校款一千五百元及股本六百元外，余一千余元。食品部开办费用去一千二百元，现长余二百余元。

乙、讨论事项

本校接准战时公债云南劝募总队函请劝募公债国币一万元，应如何办理案。

议决：现因时局仓卒，分别劝募，已赶办不及，应于教部尚未发下本校教职员三十年一至五月份之房膳津贴中坐扣，照二十九年度薪俸数目，月薪二百元以内者扣三十元，二百以上四百元以下者扣六十元，四百元以上者扣九十元，可获一万余元，由校先行垫款解，俟教部款发下扣还归垫，其有愿多购者听便。

1941年8月26日会议

日期：八月二十六日下午四时

地点：校长室楼下

主席：熊庆来

出席人：熊庆来　柳灿坤　何衍璿　虞唐　王士魁　彭元士（沈晓春代）　沈晓春　张森　涂文　张友铭　袁昌　林同济（王赣愚代）　朱驭欧　张福延　丘勤宝　赵雁来　崔之兰　王伯琦

甲、报告事项

校长报告：略谓本日召集扩大校务会议，因本校暑假业将届满，下学期开学各项重要事件，急待商讨进行，又因近来各部分联系似欠密切，致事务推动感受困难，故借各分校同人来省开会机会，特召集会议，希望集思广益，缺点得以补救，错误得以纠正，使本校困难减少，校务蒸蒸日上。关于本校经费，三十年度已感受困难，不敷约三十万元，教部最近呈请行政院核准追加经费十四万七千元，特别费八万元，本校现又向省府请求追加经常费十万元，特别费八万元，若经常费得核准，则再以其他学费及各项杂款拨充弥补，已可勉强敷用，但因修理校舍，垫款不少。至下年度预算，闻教部可照一百四十万元编报，呈请行政院核定，可否照准，尚不得知。又本校下年度增设铁道管理系，已呈请教部核准，发给开办费一万五千元，经常费则未准增加，但川滇铁路公司方面，可以设法请其补助，惟关于该系隶属问题，尚未决定，照曾养甫先生意见，前三年课程应偏重于机械工程，嗣后再着重管理课程，本日应请详加讨论，以便办理。再本校近日经费异常拮据，教部所欠教职员房膳津贴，迄今未发，校内已垫发数万余元，至米贴一项办法恐将变更，闻每人呈报家属至多不能超过五人，且米价须由教部核定后，方可发款。关于生活补助费及房膳津贴，近闻教部已变更为月支薪二百元以上者，共补助八十元，二百元以下者共补助六十元。最后关于教部饬办之教员资格审查事件，现催报甚急，应请各同人急速办理，以便呈报。

乙、提议事项

一、王贡予先生提议：本校开学在即，若在开学上课后常遇空袭影响学生课业，应否准备疏散案。

议决：由总务处设法就本市附近乡村内物色相当房屋，以备空袭时前往上课或办公。

二、柳总务长提议：近来各处院系教职员常有持执未盖主管人员图章之便条到总务处请求办理各项事件，事后质询该主管人员多不知悉，应否予以规定，以免发生纠纷案。

议决：各处院系通知便条仍应由各主管人员盖章，方可有效。

三、校长提议：各教员除上课外，应另确定在校时间，俾资连系案。

议决：照案通过。

1941年9月11日会议

日期：九月十一日下午三时

主席：熊校长

出席人：熊庆来　杨克嵘　朱驭欧　张福延　林同济　王伯琦　赵雁来　王士魁　庄圻泰（王代）　路祖焘　柳灿坤　何衍璿　袁昌

甲、报告事项

校长报告开会理由。

乙、讨论事项

一、本校三十年度上学期开学日期应否变更案。

议决：除二三四年级生应照校历规定于九月十五日开学外，其一年级新生因重庆新生不能依期到校，展至十月一日开学。

二、铁道管理系隶属问题应如何解决案。

议决：遵照部令隶属于工学院。

三、蚕桑专修科本次招生，报考人数过少，应否续招，以资补充案。

议决：应再招考一次。

四、本年度一年级新生上课地点应否变更案。

议决：除文法学院新生在昆上课外，其医学院新生改在顺龙桥上课，工学院新生改在会泽上课。

丙、提议事项

一、王伯琦提议：各院系修满一学年学生择系问题，应予以充分之指导及合理之限制，是否可行，请公决案。

议决：照案通过，其详细实施办法，另组委员会评加，拟议提付下次会议讨论，致本届修满一学年学生暂由各院系自行酌办。

二、何教务长提议：

（一）本年度应否收容借读生案。

议决：不增收借读生，原有借读生亦应由教务长从严取缔。

（二）前学期成绩不及格学生，应否照学则规定分别予以留级或退学之处分，请公决案。

议决：李康、和之鹤二名应予退学处分，方培林、缪霄和二名由教务长参照学则酌量办理，至范承钧一名，如何办理请教务处核明填入。

1941年10月9日会议

日期：十月九日下午四时

主席：熊校长

出席人：熊庆来　丘勤宝　张福延　赵雁来（何代）　柳灿坤　路祖焘　王伯琦　常宗会（陆星垣代）　王赣愚　汤惠荪　何衍璿　朱驭欧　杨克嵘（丘代）　徐季吾（汤代）

记录：柳惟聪

甲：报告事项

一、校长报告：

（一）本次会议应为三十年度第一次，因教授代表尚未选出，故仍为二十九年度会议。

（二）本学期到校注册新旧学生共七百四十一人。

（三）本校本学期招收新生情形。

（四）本校近日经费情形。

（五）实习医院捐款，已募获多数，现董君澄农捐款修复澄农馆，并允捐三十万作建筑疏散地址之用。

（六）实习医院办理情形尚好，收入若达一万余元，即可维持，但因仁民医院成立，不收费用，赴诊者甚多，致本校稍受影响。

（七）呈贡农学院建筑校舍，业已动工，计合八万余元，其费用前经汤院长向部请求，已蒙核准五万元，不敷之数，拟由下年经费弥补。

二、何教务长报告：重庆新生因车辆关系纷纷请假，经教务处复照，应于限期内到校，现已逾期，仍未到校，而旧生中亦有未到者，如何办理，应请各同人讨论决定。

乙、讨论事项

一、本校现奉部令再招新生一次，应如何办理案。

议决：决在昆明举行，以理、农、医各学院及铁道管理系为限。

二、本校招考蚕桑专修科新生，已登报披露，是否仍单独举行案。

议决：与第二次招生合并办理。

丙、提议事项

一、朱驭欧先生提议：凡新旧学生，遇有特别事故，不能如期到校注册，经证明属实者，得由教务长、训导长斟酌情形办理，是否可行，请公决案。

议决：照案通过。

二、校长提议：

（一）蚕桑专修科人才需要迫切，而每次报考学生太少，拟请本省蚕业机关保送学生，加以复试，以资补充案。

议决：由农学院根据原则，拟具办法，呈部核办。

（二）本次招考新生，报名时应令考生填写志愿，报考理学院计分三项志愿：（1）本科；（2）铁道管理系；（3）如本科不及格愿否入先修班。农学院：（1）本科；（2）蚕桑专修科；（3）如本科不及格愿否入先修班。是否可行，请公决案。

议决：照案通过。

（三）本校招考新生，其考试日期应如何决定案。

议决：由教务处就本月底以前选择规定。

（四）本校各院系处组职员考勤规则，现经总务处参照联大办法拟定，应如何审查决定实行案。

议决：王伯琦、汤院长、张训导长、柳总务长、路主任审查修正后再提令通过，由王伯琦先生召集。

1941年11月11日会议

日期：十一月十一日午后四时

主席：熊校长

出席人：熊庆来　赵诏熊　张福延　柳灿坤　徐嘉瑞　何衍璿　王伯琦　伍纯武　王赣愚　路祖焘　沈来秋　汤惠荪

记录：刘惟聪

甲、报告事项

一、校长报告：

（一）会计室所报最近本校经费开支情形及本年度超溢预算情形。

（二）农医两学院本年度因建盖房舍，用费较多。

（三）医学院实习医院捐获款项情形。

（四）本校实习工厂车床机械租人办理及保留学生实习机会情形。

（五）本校最后一次招生情形。

（六）先修班学生人数不足及现在决定之办法。

（七）教部现又令催办理“教师号”飞机捐款情形。

（八）催各院系办理二十九年度行政计划报告及三十年度行政计划。

（九）催各院系办理三十年度设备费、图样清单。

二、王伯琦报告审查修正本校职员服务考勤规则情形。

乙、讨论事项

本校职员服务考勤规则业经王伯琦先生等审查修正，可否照修正案通过案。

议决：照审查意见通过。

散会。

1942年2月3日会议

日期：二月三日

主席：熊校长

出席人：熊庆来　陈　植　张福延（陈代）　柳灿坤　汤惠荪　何衍璿　路祖焘　徐嘉瑞　王伯琦（路代）　姚碧澄（何代）　范秉哲（熊代）　楚图南　徐嘉瑞　朱驭欧

记录人：柳灿坤

讨论事项

一、校历应否稍加变更案。

议决：仍然维持校历原案。

二、凡一年级成绩低劣之学生，照章革退学，退学后可否予以补救案。

议决：由教务处酌议拟提会。

1942年3月3日会议

日期：三月三日午后三时

主席：熊校长

出席人：熊庆来　沈来秋　朱驭欧　柳灿坤　何衍璿　路祖焘　张福延　陈植　范秉哲　汤惠荪　饶重庆　陶云逵（费代）　赵诏熊

记录：刘惟聪

提议事项

一、陈养材先生提议：关于“新生活运动促进会”发起之“献金运动”，本校应如何决定办理案。

议决：除学生部分应由训导处负责办理外，其教职员部分以月支薪金三百元以上者献金四十元，不足三百元者献金二十元，由各人月薪内照扣汇交。

二、柳灿坤先生提议：本校教职员及学生食米问题，现已接调节处来函嘱开送名册，以便统筹购发，应如何办理案。

议决：除学生部分由训导处开列名册送交总务处汇办外，其教职员部分，凡签名认购者无论价值高低，不能再退，购运时由学生代表加入办理，所有损耗应由认购人平均负担。

三、校长提议：本校因鉴于一年级学生上学期成绩太差，为体念学生求学起见，已在顺龙桥设补助班，及在路南设先修班以补留级或除名学生之学业，应请予以追认案。

议决：通过追认。

四、本校三十年度经费预算，省府补助部分已蒙核定为六十万元，现已由会计室比照上年预算分别拟就，可否予以通过，请公决案。

议决：省府预算因财所限期延促修正通过，教部预算应另行订期召集会议详细讨论。

1942年3月7日会议

日期：三月七日午前　　时

主席：熊校长

出席人：熊庆来　伍纯武　汤惠荪　范秉哲（熊代）　路祖焘　王伯琦　沈来秋　柳灿坤　姚碧澄　朱驭欧　张福延

甲、报告事项

一、主席报告本校卅一年度经费情形。

二、奉令筹募节约建国储蓄券情形。

乙、讨论事项

卅一年度经费预算省政府部分业已送出，请追认案。

议决：追认。

1942年5月4日会议

日期：五月四日下午五时

地点：校长室楼下

出席：熊庆来　何衍璿　柳灿坤　姜寅清　楚图南　赵诏熊　姚碧澄（何代）　张福衍　陈植

主席：熊校长

记录：李仲良

甲、报告事项

主席报告：

一、本校呈奉教育部及本省政府核准经费预算及各方面拨助经费，均因物价高涨，不敷支用，其中尤以办公费不敷甚巨，当呈请追加，能否核准尚难逆料。又前奉部拨之救济费已就各部分实际需要酌定分配数目。

二、农学院之校舍及设备亟应添建并充实，惟经费支绌，且呈请拨发亦不易邀准，为求适合实际需要，拟将该院管有大小东城城脚菜地约二十余亩变价，以资应用。

三、本校管有南屏街口地基一块，前经商同金城银行订约租给建盖房屋，因故中止，现又准该银行提出照前议租用。

乙、讨论事项

一、近因物价高涨，燃料支出甚大，本校除饮用开水外，取消供给热水，以节物力案。

议决：通过。

二、筹组日用供销合作社案。

议决：先组筹备委员会负责筹备，其委员人选定汤惠荪、姜亮夫、徐梦麟、伍建一、涂奇峦、路祖焘、陈鸿藻七先生，并由汤先生负责召集。

三、整顿及管理图书馆办法案。

议决：

（一）图书馆拟具管理借书办法原则通过。

（二）为便利实施图书馆一切事项，计应组织图书委员会负责办理，委员人选由校遴聘。

1942年5月13日会议

日期：五月十三日下午五时

地点：校长室楼下

主席：熊庆来

出席人：姜亮夫　柳灿坤　熊庆来　伍纯武　虞唐（李代）　徐嘉瑞　路祖焘　朱驭欧　张友铭（张景覆代）　司徒尹衡　沈来秋（司徒代）　吴传颐　何衍璿　蒋固节　张森　陈鸿藻

记录：李仲良

甲、报告事项

主席报告最近时局情形。

乙、讨论事项

一、规定校历案。

议决：照教务处注册组提案通过。

二、上课时间因警报疏散，所缺之课应行补授，以维学业案。

议决：通过。

三、学生应于晚间上自习案。

议决：暂缓实行。

四、规定办公时间案。

议决：上午自八时至十二时；下午自二时至五时，如遇警报应延长至六时。职员如于办公时间内用早膳，应以上午九时半至十时半为限，晚膳应在下午五时以后。自下星期一起实行。

1942年5月26日会议

日期：五月二十六日

地点：校长室楼下

主席：熊校长

出席人：熊庆来　柳灿坤　何衍璿　伍纯武　沈来秋　楚图南　姜寅清　陈植　徐嘉瑞　路祖焘　赵雁来　姚碧澄（何代）　陶云逵

记录：李仲良

甲、报告事项

主席报告：

（一）本校准备疏散情形。

（二）本校经费领支情形及有关经费事项应照手续依期办理，以免滋误。

（三）本校应办建筑各事项仍照常办理。

乙、讨论事项

一、规定三十一年度本校招生办法案。

议决：

（一）委托外区招生地点定重庆、贵阳、粤桂、湖南四处。

（二）各院系收生名额照教育部规定办理。

（三）招收转学生及蚕桑专修科学生由本校自行办理。

（四）关于转学他校之学生应予限制，其办法由教务处拟具，提校务会议议决。

二、规定通知本校各部分文件办法案。

议决：

（一）普通文件之应行通知校本部各部分者，以通知簿传观盖章，其有关事项须由各部分抄存备查，然后将原通知簿退还文书组。

（二）特要文件仍择尤专案分别通知。

（三）各分校文件不论普通、特要，均照旧专案分别通知。

1942年6月22日会议

日期：六月廿二日午后三时

地点：校长室楼下

主席：熊校长

出席人：崔之兰　柳灿坤　熊庆来　朱驭欧　姜寅清　楚图南　何衍璿　陈植　路祖焘　赵雁来　伍纯武　张福延　范秉哲（熊代）　杨克嵘（柳代）　姚碧澄（何代）　汤惠荪

记录：李仲良

（略）

1942年7月8日会议

日期：七月八日

地点：校长室楼下

主席：熊庆来

出席人：熊庆来　丘勤宝　王士魁　汤惠荪　柳灿坤　张福延　何衍璿　王伯琦　路祖焘　崔之兰　姜寅清　范秉哲（赵明德代）　伍纯武　沈来秋　楚图南　徐梦麟

记录：李仲良

讨论事项

一、本校招考插班生，外区增加贵阳一处请公决案。

议决：通过。

二、规定七七献金办法案。

议决：教职员以献一日正薪所得为原则，多献者听便，至工警献一元至二元，其详细数目请何教务长及路主任商订之，并以整数献捐，学生方面由训导处办理。

三、卫生实验处商同本校合作建置隔离医院以利医学院学生实习一案，应如何办理案。

议决：将本校农林场、环城马路以北之地址划一部分作建筑隔离病院之用，而与之合作，将来如本校发展及有必要时，即行收回所有合作一切协议事项，仍应由校务会议审核决定。

1942年9月3日会议

日期：九月三日

地点：校长室楼下

主席：熊校长

出席人：熊庆来　何衍璿　丘勤宝　伍纯武　王伯琦　石充　张福延　柳灿坤　赵雁来（何代）　王士魁（丘代）　饶重庆（王代）　杨克嵘（石充代）　汤惠荪　徐季吾（张代）　姚碧澄（熊代）　路祖焘

记录：李仲良

甲、报告事项

主席报告：

一、本校开支经费不敷情形；

二、本年省府补助款奉部令应商请追减，再由部办理追加及近月省款停止发给情形；

三、发给本校员工米贴及新近订立之生活补助费垫款情形；

四、关于各分校迁移及设备情形；

五、关于本届外区代为招考新生情形。

乙、议论事项

一、本学期因招考新生及宿舍问题致未能按照校历规定开学上课，业经延长日期至九月二十一日，请追认案。

议决：通过。

二、校本部宿舍及家具之分配布置，应如何规定办理案。

议决：修理东寝室先由训导处及总务处派员会同于本月四日分上午八时及下午二时两次前往查明应修寝室内部之墙壁及天花板倒塌处，再尽速修理完好，至多以三日为限。

1942年10月12日会议

日期：十月十二日下午四时

地点：校长室楼下

主席：熊校长

出席人：熊庆来　范锜　何衍璿　饶重庆　司徒尹衡　姜亮夫　徐嘉瑞　楚图南　崔之兰　范秉哲（熊代）　路祖焘　王士魁（庄代）　王伯琦（饶代）

记录：霍家驹

甲、报告事项

主席报告：本人此次赴重庆请求追加三十一年度经费情形，及自七月份起省款因办追减追加手续未能领获，以致最近本校经费感受困难。又下年度经费，教部拟只加三（贝呈），本校将来将感受最大困难，本人在重庆曾一再向部陈述昆明物价高涨情形，请求对于本校经费以二百五十万元为标准予以注意，已蒙陈部长、吴司长允许，将来编拟预算时予以注意。

乙、讨论事项

一、校长提议南屏街地产拟即变卖，以所得款项建筑急需之教室、宿舍案。

议决：通过。

二、校长提议成立合作社，俾同仁生活得以改善，拟向企业局借款二十万元办理，请公决案。

议决：通过。

三、徐梦麟先生提议组织教职员家属消费合作社，交以前组织之合作社筹备委员会拟定办法案。

议决：通过。

四、徐梦麟先生提议筹备委员会应否加推委员案。

议决：由校酌量增加并决定人选。

1942年12月29日会议

日期：十二月二十九日下午五时

地点：校长室楼下

主席：熊庆来

出席人：熊庆来　何衍璿　许靖　楚图南　朱驭欧　姜亮夫　王士魁（庄圻泰代）　路祖焘　柳灿坤　范秉哲（熊代）　赵雁来（何代）　徐梦麟（楚代）　费孝通（朱驭欧代）

记录：王绳尧

甲、报告事项

主席报告计分左列各点：

一、本校本学年经济情形及下学年预算情形。

二、新年同乐会准备情形。

三、对于用品消耗现力求撙节情形。

乙、会议事项

一、主席提议：本学期将要终了，各院系因开学较迟，屡奉部令不放寒假，应如何办理，请公决案。

议决：放假三天，自二月四日起至七日止。

二、本学期开学较迟，院系其课程应如何补授，以资补救，请讨论公决案。

议决：由有关院长及系主任设法补授，以资补救。

三、何教务长提议：关于学生必修科不及格补修一案，可否采取联大办法，应于次年补修，否则不给学分，当否，请公决案。

议决：照办。

四、主席报告：准美国大使馆函请派教授一人赴美国讲学，以宣扬中国文化并作学术研究，决定请费孝通教授前往讲演社会问题，已函复美大使馆。

散会，下午六时二十分。

1943年2月10日会议

日期：二月十日

地点：校长室楼下

主席：熊庆来

出席人：熊庆来　何衍璿　许靖　楚图南　赵雁来　鲁冀参　崔之兰　姜亮夫　张福延　范秉哲（熊代）　汤惠荪　王士魁（何代）　费孝通（鲁代）　徐嘉瑞（姜代）　柳灿坤　王伯琦　朱驭欧

记录：霍家驹

甲、报告事项

主席报告：

一、本校三十一年经费大致计算约尚不敷四万元，原拟对各同仁经济困难者稍予补助一节，仅能就职员中勤劳者多发一月薪金，教员中除一部分多发一月薪金外，并以编辑“云大丛书”编辑费名义略予补助，此区区之数本无济于事，不过使各同仁精神上稍得安慰而已。

二、本校本年（三十二年）之经费，其困难程度恐更甚于去年，闻本年经费教部核定为三百余万元，但尚未正式奉文，现教部所发给者仍以一百八十余万元发给，故本校最近极为困难。

三、教部对于各校教职员人数，前经规定，令饬遵办。近又奉令催促遵行，并自三月份起，凡超出定额之人员，即行停发薪津。本校教职员、工警各部分均超过规定，遵照部令，各部分教职员工警均须酌予裁减。惟本校疏散数地，对于现有教职员工警，事实上实难缩减，但格于部令，惟有斟酌事实，设法裁减。

乙、提议事项

一、张海秋先生提议：教部核定本校学则，及颁发专门以上学校学籍规程后，一年级课程现已增加伦理学一科目，又因特别情形，每学期学分最高限度比前增多，故计算及格学分之百分率，可否照各学院以前每学期之最高限度计算，请公决案。

议决：未通过。

二、朱驭欧先生提议：本学期因特殊情形，课目可否由教员斟酌补行月考一次，但以伦理学、农院化学、地质学、各国政府及政治等四科为限。

议决：未通过。

三、鲁冀参先生提议：每学期每科目均应举行平时考试，请公决案。

议决：通过。

四、鲁冀参先生提议：上学期未举行平时考试之课目，得经校长、教务长及各院系商同任课教授酌定补行平时考试一次，请公决案。

议决：通过，但以后不得援例。

散会。

1943年3月18日会议

日期：三月十八日午后三时

地点：校长室楼下

主席：熊庆来

出席人员：熊庆来　柳灿坤　许靖　范锜　王伯琦　费孝通　王世忠　张福延　饶重庆　姜亮夫　鲁冀参　朱驭欧　崔之兰　何衍璿　赵雁来（何衍璿代）　赵康节

记录：王绳尧

甲、报告事项

一、校长报告赴弥勒调查农林情形。略谓兄弟最近偕农学院教授二人赴弥勒调查农林，偏劳各位同人维持，学生得安定上课，校务顺利推动，实深感激。此次调查计分两点：

（一）为农林调查，弥勒竹园为著名产糖区域，在竹园东南约十余里山中，有一盆地，名拉里特坝，面积约计千余亩，系邻近村人杨姓产业，除一部分低凹地外，余均荒芜多年，惟土质尚佳，水利亦不成问题，本校拟在该地设农场，种植甘蔗木棉等，以作品种改良及病虫害各方面之试验研究，为学校立一生产基础，以期略有收入，对教职员生活得稍加改善。关于森林方面，在大江边地方亦有一处，惟以交通不便，未能作详细调查，姑略。

（二）农产品制造试验，为改良地方生产起见，学校拟与云南省合作金库合作，以农学院名义，由同人集股购制糖机器两部，作小规模之生产，现有一特殊机会，为竹园糖商张乃埼家内，愿将全部制糖用具出租，此事果能实行，推动尚无问题。至关于筹组合作社及米贴变动情形，兹请赵秘书及总务长分别报告。

二、赵秘书报告筹组合作社情形。略谓分两种办法：

（一）为请云南全省合作事业管理处在本校设消费供给站，费款、人员均由该处筹派，学校供给房屋。

（二）为学校自办，由教职员役学生集股办理，可请合作事业管理处及合作金库协助办理。以上两项办法请分别研讨决定。

三、柳总务长报告米贴变动情形。略谓本年二月奉教部五号电报，谓奉委员长手谕，自三月份起国立大学米贴改发实物，继又来电，可与当地粮政机关接洽先拨发一部分济用。本校于来电后，即向粮政局接洽，该局初因未来部令，未予答复，继复往探询，据告，已奉部令，现正统筹办理，允尽三月底以前当有办法，次谓一二月份米贴，联合大学每公石只发八百元，本校仍照垫发八百五十元。

乙、讨论事项

一、本校筹组消费合作社分两种办法：一系请云南省合作事业管理处在本校设消费供给站，一系学校自行筹组经营，请该处及合作金库在人事及资金方面协助，究应照何办理，请讨论公决案。

议决：照第二办法办理，房屋由学校拨给，其他应办事项如左：

（一）社员。本校教职员、学生、工警均有社员资格，采取劝导方式，希望全体加入。

（二）股本及资金。学校拨借五万元，教职员、学生工警筹资五万或十万元，照五十元为一股，每人所持额数最多不得超过十股，资金不足之时，可向云南省合作金库及其他银行透支。

（三）收集。教职员工警股本由各自承认后，由学校代垫，将来由四月份薪金坐扣，学生股本请训导长招收汇缴。

（四）登记。教职员股本在校长室登记，学生请训导处推动登记，工警由庶务组办理。

（五）期限。以一星期办毕。

（六）社员大会。定四月六日（星期一）上午十一时开社员大会，选举理监事及通过章程。

（七）经理。将来由合作社之理事会聘任，视事务之大小决定，其薪津之多寡，业务小则由学校派员兼任，酌给津贴。

二、本校拟于竹园设立农场，种植甘蔗、木棉等，以作品种、病虫害各方面之试验研究，确立学校生产基础，现已拟就呈省府文，即请公阅并发表意见案。

议决：照办。

三、本校拟以农学院名义与云南省合作金库合作，于竹园设立糖厂作农产制造试验，现已拟就合同稿件，请发表意见案。

议决：通过，即照合同办理。

四、校庆转瞬将届，应如何筹备，请公决案。

议决：简单举行，请校长指定人员筹备。

五、崔主任报告上学期平时考试成绩，因本人一时疏忽，于送教务处之成绩报告单上，曾将学生范汝逵之分数误记，兹检同证件，请本会准予更正，可否，请公决案。

议决：准予更正。

散会，午后六时零分。

1943 年 6 月 15 日会议

日期：六月十五日下午三时

地点：校长室楼下

主席：熊校长

出席人：熊庆来　楚图南（方国瑜代）　朱驭欧　张福延　柳灿坤　王士魁（庄圻泰代）　王鹤轩　崔之兰　何衍璿　瞿同祖　鲁冀参　范秉哲（熊校长代）　赵雁来（王树勋代）　王世中（张福延代）　王伯琦

记录：王绳尧

甲、报告事项

主席报告：三十二年度第一学期招生考试现已正式奉到，部令分四项办法：（1）单独招生；（2）联合招生；（3）委托招生；（4）审查成绩。上列各种办法均各自有其优劣。现本校已组织招生考试委员会，聘定委员，其招生方式如何决定，拟交该会详细研讨办理，下次再提会报告，惟关于考试之重要原则，希望本会有所讨论。次述三十二年度经费预算，会计室已编造竣事，各科目预算数，概系依照部定百分比为标准，但经费有限，在此物价动荡之际，实际上支出数目实难与规定符合，如办公费一项，预算规定全年七十七万元，现尚未满半年，而用去已在四十八万元之多，其超溢情形，可以想见。再次略提出南屏街地产及制糖厂情形，均从略。

乙、讨论事项

一、关于招生考试应否决定原则案。

议决：招生方法以考试、审查兼用为宜，交招生委员会研讨决定。

二、会计室拟呈三十二年度经费预算提会审查，请修正通过案。

议决：大体同意，惟数目字关于小处须加以修正。

三、关于本年度学生毕业典礼，应否举行，请公决案。

议决：仍举行简单而隆重之仪式，由总务处准备。

散会，下午五时三十分。

1943 年 7 月 8 日会议

日期：七月八日下午三时

地点：校长室楼下

主席：熊校长

出席人：熊庆来　柳灿坤　何衍璿　范锜　丘勤宝　鲁冀参　徐嘉瑞　王伯琦　王鹤轩　瞿同祖　王士魁（庄圻泰代）　姜亮夫　张福延　崔之兰　赵雁来　朱驭欧

记录：王绳尧

甲、报告事项

一、校长报告：略谓今天讨论事项，约有下列数点：（1）通过本校三十二年度校历及招生简章。（2）本年度经费预算问题。（3）第三项比较重要，龙主席及陆厅长两位关心教授同人生活，拟由本省各银行借给本校与联大共国币三百万元，举办一点生产事业，即以盈余所得作为补助各同人学术研究费用，此事全系徐梦麟先生奔走接洽，经济、精力牺牲不少，兄弟在此特别提出感谢，对于此问题希望讨论时请各位多多发表意见。

二、何教务长报告拟定三十二年度校历情形。

三、校长报告关于学校同人服兵役问题，据市政府公布现任小学教师以上审查合格者可以缓召，本校同人姓名有被公布者应照章申请，希各位同人予以注意，并请分别转告云云。

乙、讨论事项

一、三十二年度校历已根据部令拟定，请通过案。

议决：通过。

二、拟定三十二年度第一学期招生简章（传阅）请通过案。

议决：通过。

三、关于三十二年度经费预算会计室已遵照上次会议办法修正，请通过案。

议决：照会计室预算草案修正通过。

四、本校教职员子弟入本校及附中，请免缴学杂各费案。

议决：通过。

五、省政府龙主席及陆厅长关心本校及联大教授同人生活，拟由本省各银行借给本校及联大共国币三百万元举办生产事业，以盈余所得补助教职员同人作学术研究费用，兹拟就本校合作社办理关于办法，应如何决定，请讨论公决案。

议决：（1）本校与联大应分别办理。（2）目前生活艰苦已达极点，若待合作社办有成效，以盈余所得分配救济，为期尚远，实属缓不急济，请先由盈余项下每月提出五万元作生活艰苦之专任教授、副教授、讲师研究补助费，在未有盈余以前由借款项下暂垫，至应受补助之清苦教授、副教授、讲师等由校长及各系主任开具名单推荐，提经校务会议决定之。（3）组织合作社筹备委员会积极进行，并即席公推徐梦麟、王伯琦、赵康节、赵雁来、鲁冀参五先生为筹备委员，并以徐梦麟先生为召集人。

散会，下午三时半。

1943年7月12日会议

日期：七月十二日下午三时

地点；校长室楼下

主席：熊校长

出席人：熊庆来　何衍璿　朱驭欧　徐嘉瑞　张福延　鲁冀参　姜亮夫　丘勤宝　崔之兰　王士魁（庄圻泰代）　王伯琦（徐嘉瑞代）　赵康节

记录：王绳尧

甲、报告事项

徐嘉瑞教授报告：拟定运用省政府补助借款办法六项之要义。

乙、讨论事项

一、运用省府补助借款，筹备委员会拟定运用省政府补助借款办法六项，请修正通过案。

议决：应修正如左：

（一）由学校运用省府所属机关补助借款办法，向省府所属机关借款若干为教职员生活补助基金。

（二）该项基金设委员会管理之，定名为“国立云南大学生活补助基金管理委员会”。

（三）生活补助基金管理委员会，设委员五人至七人，以一人为主任委员，由校务会议选定，请校长聘任之，并设总干事一人，由委员会决定，请校长聘任之。

（四）基金运用，专以减少教职员生活上之困难为原则，或投资生产，或购销日常必需生活物品。

（五）每月先拨盈利五万元，照第十六次校务会议决定津贴生活困难之专任教授、副教授、讲师。

（六）基金运用所得盈利，除第五条所定之数外，概用作全体教职员生活津贴，详细办法另定之。

二、丘勤宝教授提议关于委员人选，应请即席公选决定，以便负责接洽，积极进行，当否，请公决案。

议决：用记名投票推选，为便利选举参考起见，推荐赵康节、徐嘉瑞、鲁冀参、朱驭欧、丘勤宝、周新民、赵雁来、张福延等八人为候选人，但投票时，并不限定。司选委员推定何衍璿、庄圻泰、崔之兰三先生。定七月十二日下午四时开票，当选各员，除于下次校务会议报告外，即请校长聘任之。

1943 年 9 月 17 日会议

日期：九月十七日下午三时

地点：校长室楼下

主席：熊校长

出席人：丘勤宝　朱驭欧（司徒尹衡代）　饶重庆　熊庆来　何衍璿　崔之兰　赵雁来　范锜　冯景兰　鲁冀参　姜寅清（鲁冀参代）　王士魁（庄圻泰代）　王鹤轩　柳灿坤

记录：王绳尧

甲、报告事项

一、校长报告矿冶系疏散会泽，地处边僻，交通不便，不但教师延聘困难，即学生亦多不愿在该地上课，且经费支出庞大，近来白衣阁又被军队占据，住宿地点大成问题，不得已惟有将该系决定迁回，现已报部请示。

二、校长报告本学期学生宿舍分配及开学迟延情形。

三、校长报告本学期经费困难情形。

四、校长报告农场生产情形。

五、校长报告筹组制糖厂经过及现在概况。

六、校长报告省府担保向各银行借款商洽情形。

七、校长报告委座前次核发之周转金十万元，本校于收款后即以紧急奖助金之名义分发各教授同人，本人并未领用分文，乃同人间有尚未明了者，特附带报告。

八、总务长报告教职员米贴核发实物，奉部令造报眷属在任所与不在任所名册困难情形。请决定处置七月以前余米三十余石。

乙、讨论事项

一、奉令催办关于《中国之命运》一书内各就主管拟具具体方案一案，应如何办理，请公决案。

议决：《中国之命运》包罗万象，且此案前奉部令，教职员须各就此书作批评论文一篇，自应并案办理，兹拟就五次建设分请各位专家贡献意见，并指定一人综合众说撰写成文，以凭核转，至具体方案请章秘书赴西南联大询问该校曾否收到教部所颁之实施要点。

二、奉部令推行节约建国储蓄配定本校五万元，应如何负担，请公决案。

议决：全体教职员每人储蓄十元，若愿多出者听便。

散会，午后六时。

1943年11月15日会议

日期：十一月十五日（星期一）午后四时

地点：校长室楼下

主席：熊校长

出席人：熊庆来　鲁冀参　王伯琦　姜寅清（鲁冀参代）　何衍璿　赵雁来　杨家凤　徐梦麟　范锜　丘勤宝　冯景兰　赵康节（列席）　朱驭欧　范秉哲（熊代）　姚碧澄（何代）

记录：尹嘉复

甲、报告事项

主席报告：

一、本校前因经管售米职员舞弊一案，现已将有关人员送请法院依法办理，又已离职之司事杨景荣一员，因与本案有关，拟由校致函其原籍县政府代为追究归案办理。

二、农学院学生王詠新日前在呈贡被劫受伤。

三、本校昆明经济农场办公室系租借莲花池村五福寺，现村民等呈请本校归还，但本校因无法腾让，刻正设法交涉续租。

四、本省主席龙公，现拟捐款与本校建筑礼堂一座，地点在至公堂旧址。

五、本省农产品，今年因受天时之影响，受灾区域颇广，本校曾派农学院教员金孟肖先生赴弥勒县调查协助当地人民设法补救，但颇得县民同情，惟为时已迟，收效不大，以后若有同类事件发生，本校当竭力设法辅助之。

六、目前因物价猛涨，同人生活异常艰苦，本校以后当扩大合作社之范围，并努力于生产事业，以谋改善本校教职员之生活。

乙、讨论事项

本省省政府贷给本校补助清寒教员之款，国币一百二十万元，不日即可借获，究应如何处理，请公决案。

议决：以一半放交商号生息，期限定为一年，其余一半投资生产事业，办法交由前所拟定之管理委员五人会商拟定办法，再提请校务会议公决。

散会，午后六时。

1943年11月27日会议

日期：十一月二十七日下午三时

地点：校长室楼下

主席：熊校长（何教务长代）

出席人（以签到次序为先后）：朱驭欧　杨家凤　何衍璿　范锜　王士魁　饶重庆　丘勤宝　赵雁来　徐嘉瑞　姚碧澄（赵雁来代）　范秉哲（王士魁代）　冯景兰（丘勤宝代）　王伯琦（朱驭欧代）　楚图南（徐嘉瑞代）　熊庆来（何衍璿代）　张福延

列席：赵康节

记录：王绳尧

甲、报告事项（略）

乙、讨论事项

一、文史学系徐主任嘉瑞提议：关于省银行借款一百二十万元，拟如数投资合作社，俾得再向合作金库办理透支增加资本，以便扩张业务，可否，请讨论公决案。

议决：

（一）一百二十万元如数投资合作社购买食米及柴炭等项，即请赵康节先生从速办理。

（二）上次校务会议议决以六十万元投资生产事业，以六十万元存入商号生息一案，予以撤销。

二、杨总务长提议：粮食供销处核定本校十一月份购买公米为二百五十余公石，照八（贝呈）核发，除已售敷外，尚余约三十公石，拟照实价公平分售与尚未购取公米或未在校就餐人员，每员一公斗六公升，请公决案。

议决：照办，价格照实支数，每公斗国币一百五十四元收回。

三、杨总务长提议：员工眷属异动应限于每年二月及八月各填报一次，以昭公允，而便办理，请公决案。

议决：通过，并通知各教职员查照。

散会，五时五十分。

1943年12月30日会议

日期：十二月三十日下午四时

地点：校长室楼下

主席：熊校长

出席人：熊庆来　丘勤宝　朱驭欧　范锜　杨家凤　徐嘉瑞　姜亮夫　何衍璿　张福延　冯景兰　范秉哲（熊代）　赵雁来（丘代）　瞿同祖（朱代）　鲁冀参（徐代）　王伯琦（姜代）　饶重庆（章辑伍代）

记录：王绳尧

甲、报告事项

一、本校经济据拮，部款多未奉到，本月份薪津暂挪用南屏街地款垫发。

二、上海商业储蓄银行举办优待大学教师个人贷款，每人可借二千元，限六个月赔还，数目虽少，但亦不无小补云。

三、省银行借款曾以六十万元交职员王以忠赴弥勒采购谷子，另以十万元交农学院办畜牧事业，但款尚存合作社，其余五十万元如何分配，留待后面讨论。

四、经济农场本年收入情形。

五、新年聚餐订于元月二日午后六时，参加人员每人收费二十元，农学院赠给猪一口及蔬菜若干。

六、理学院计划附设化学制造工厂情形。

七、奉部令筹组公利互助社情形。

乙、讨论事项

一、三十二年元旦应否补假案。

议决：补假一日，不正式公布。

二、学期考试是否仍照校历举行案。

议决：改自十七号起考试，请各院系主管人员通知教员不能再提前举行，至下学期注册及开学时间由教务处注册组酌予提前，以资补足。

三、平价布有蓝布、白布等若干种，应如何分配，请讨论公决案。

议决：由总务处统筹分配。

四、省银行借给生产基金，前曾以六十万元赴弥采购谷子，十万元作办理畜牧事业，尚余五十万元，应如何支配，请讨论公决案。

议决：仍照前次议决案办理，如数采购食米，并推杨总务长负责，不能再缓。

五、校务会议每月召开一次，会议时间定月之第一周下午三时，可否，请公决案。

议决：通过。

散会，午后五时三十分。

1944年1月8日会议

日期：一月八日下午四时

地点：校长室楼下

主席：熊校长

出席人：熊庆来　范锜　杨家凤　冯景兰　姜亮夫　崔之兰（周家炽代）　何衍璿　王伯琦　范秉哲（校长代）　王士魁（何代）　丘勤宝（冯代）　王鹤轩　瞿同祖（范代）朱驭欧

列席：李怀

记录：王绳尧

甲、报告事项

校长报告奉部令筹组公利互助设情形。

乙、讨论事项

此次领获平价布，按政府规定每人只能分配二十八平方旧尺，在女同事已足够衣料一件，而男同事则制作长袍均感不足，且布料口面种类长短不一，兼以破洞、污点等等关系，分配甚感困难，究应如何办理，请公决案。

议决：

一、分配尺码务以能作一件衣料为准。

二、如遇畸零及不敷……（原件缺）按政府规定应给之尺数照市给价，以资补偿。

三、先期将布料裁减编号，致用抽签法分配。

姜亮夫院长发言：先请总务处将布料量定，按每人一丈四尺分配，不敷布料若干请学校向市面照购足，由领布同人照市给价，俾资分配。

议决：照姜亮夫意见办理。

散会，午后六时零分。

1944年2月18日会议

日期：二月十八日下午四时

地点：校长室楼下

主席：熊庆来

出席人：熊庆来　何衍璿　冯景兰　杨家凤　范锜　张福延　赵雁来　丘勤宝　林成耀（张代）　范秉哲（熊代）　王鹤轩　王士魁（何代）　徐嘉瑞　朱驭欧　鲁冀参　章辑五

记录：王绳尧

甲、报告事项

一、主席报告奉令催办校务行政计划，日期已逾，务请各处院系提前赶办，尽三日内送总务处汇转，事关紧要，请勿延误。

二、报告奉令核定卅三年度预算情形。

三、报告奉令停止核发公粮，自卅三年一月起照市价折发代金。

四、报告理学院添设附属工厂情形。

五、报告奉令招收采矿专修科学生情形。

六、报告奉发公利互助社第二次款项情形。

乙、讨论事项

一、土木系丘主任提议：该系三年级生廖有桂三民主义一科目学分已作读书报告，经赵公云教授改给及格分数，可否准予更正，请公决案。

议决：准由教务处注册组更正。

二、经管系主任鲁冀参提议：近来报载各地从军运动风起云涌，各校均已响应，本校方面亦应响应，以示倡导，当否？请公决案。

议决：此案关系重要，由校推派教员三人商拟后办理。

三、三十三年度预算会计室已编拟完竣，请通过报部案。

议决：此案因时间仓卒，不及详细讨论，即照所拟发交有关人员，商酌办理后，先行报核。

散会。六时零分。

1944年3月10日会议

日期：三月十日下午四时

地点：校长室楼下

主席：熊校长

出席人：熊庆来　何衍璿　范锜　张福延　饶重庆　丘勤宝　杨家凤　鲁冀参　冯景兰　范秉哲（熊代）　姚碧澄（范代）　赵雁来（何代）　徐嘉瑞（杨代）　王士魁

记录：尹嘉复

甲、报告事项

主席报告：

一、本校农学院与云南省合作金库合办之合作实验制糖厂情形（已开工出品，成绩尚佳，以后拟扩大范围，改良出品，以臻完善）。

二、本月二日夜间，本校学生寝室发生偷窃案件，窃贼于翌日身故情形。

三、本校前向省银行借款国币一百二十万元支配，已以半数在弥勒县购米情形。

范训导长报告：本校服役委员会业经召开会议，拟定办法三项：

一、凡本校四年级学生一律均须参加通译工作。

二、普遍鼓励各年级学生参加军事工作。

三、提早本校学生毕业时间，俾投参加兵役工作，谨提出讨论。

乙、讨论事项

服役委员会提议：本校四年级男生，除医学院学生应准备征调外，其余应否参加译员工作，请公决案。

议决：本校四年级男生，除医学院学生应准备应征外，其余全体均应参加通译工作或其他军事工作（除体检不及格者外），在未派送以前，仍照常上课，并加强英文训练，其毕业办法照其他各大学成例规定办理。

散会。午后六时零分。

1944年3月31日会议

日期：三月三十一日下午三时

地点：校长室楼下

主席：何衍璿

出席人：熊庆来（何衍璿代）　杨家凤　何衍璿　徐嘉瑞　崔之兰（周家炽代）

范锜　张福延　朱驭欧　赵雁来（章辑五）　瞿同祖（朱代）　丘勤宝　姜寅清（杨代）　鲁冀参（徐代）　郑万钧（何代）

记录：尹嘉复

讨论事项：

一、本校四年级学生于三月廿六日未往参加译训班检查体格者，是否仍应送请补行检查，请公决案。

议决：由校备函致译训班请准补行检查体格。

二、据学生王志诚、黄其信等二名呈送医师证明书，请转函译训班重行检查体格案。

议决：并同前案将该生等原呈医师证明书函请译训班复行检查。

三、四年级课程应否酌减，请公决案。

议决：兹决定下列原则三项：

（一）某门课程如尚有学生一人上课者仍照常开班。

（二）某门课程如选课学生均已参加译训班，无人上课者可由系主任通知教务处及注册组停开。

（三）某门课程如已停开，可由系主任商同担任该门课程教授将空出时间分任其他课程或研究工作。

四、参加译训班学生应如何加强其英文训练，请公决案。

议决：请吴富恒先生负责训练。

五、参加译训班学生应否加以外国礼仪及风俗习惯等项训练，请公决案。

议决：请章辑五、朱驭欧、吴富恒三位先生会商负责训练指导，并以章先生为召集人。

六、参加译训班学生如借口其他军事机关征调请求改调服务者，究应如何办理案。

议决：应由学生迳向译训班请求办理。

散会，午后五时。

1944 年 4 月 7 日会议

日期：四月七日下午三时

地点：校长室楼下

主席：熊校长

出席人：熊庆来　冯景兰　何衍璿　范秉哲（熊代）　饶重庆　杨家凤　丘勤宝　朱驭欧　赵雁来（何代）　范锜（章辑五代）　王伯琦（饶代）　鲁冀参（朱代）　徐梦麟（杨代）　崔之兰（周家炽代）　张福延

记录：王绳尧

甲、报告事项

一、校长报告赴迤西视察情形。

二、庶务组组员王以忠赴弥售米情形。

三、请领弥勒县荒地计划种植木棉情形。

乙、讨论事项

一、二十二周年校庆应如何举行案。

议决：

（一）参照上年办法组织校庆筹备委员会办理。

（二）发行简单校刊。

（三）组织捐募委员会筹募员生宿舍基金。

（四）举行本校运动大会。

（五）筹备庆祝游艺会。

二、准行政院秘书处函，奉谕发给本校学生救济费十万元，应如何分配案。

议决：以一部分（约半数）加入员生公利互助社作为学生股金，其余部分奖助清贫寒苦学生，详细办法由教务、训导两处会商拟定。

散会。午后五时零分。

1944年5月6日会议

日期：五月六日下午三时

地点：校长室楼下

出席人：张福延　王士魁　陈植　范锜　丘勤宝（姚代）　姜寅清（杨代）　杨家凤　熊庆来　冯景兰　饶重庆　何衍璿　徐嘉瑞（张代）　范秉哲（熊代）　赵雁来（何代）　崔之兰　朱驭欧

甲、报告事项

校长报告：

一、本校经费困难情形，略谓办公费每月超溢约达三十万元，当中以电灯、茶水两项消耗最大，希望各部分同人能设法节省。

二、教职员米贴奉部令自三月份起照去年成案办理，即眷属在任所者，照公粮售价每斗一百八十元核发，不在任所者折发代金，粮食机关尚未能恢复配售公米办法，事实上即无法领到实物，本校奉令后，已与在滇各院校交换意见，由联大主稿会衔呈请教育部核示。

三、四行联合办事总处先借本校一百万元作合作社周转资金，现正接洽中。

四、四年级应征通译学生体格检查系委托美籍医生办理，详情请范训导长报告（略）。

乙、讨论事项

一、土木系四年级应征通译学生，凡体格检查合格者应与其他学系体格检查合格之四年级生一律参加昆明译训班受训，不得改变办法违背规定案。

议决：通过。

二、此次四年级学生应征通译，关乎学校名誉甚大，倘有作弊情事查明后应严于处分案。

议决：通过。

三、奉令裁减人员应如何办理，请公决案。

议决：照裁减员工委员会议决案通知各单位办理。

1944年5月19日会议

日期：五月十九日下午三时

地点：校长室楼下

主席：熊校长

出席人：熊庆来　冯景兰　崔之兰（周家炽代）　丘勤宝　饶重庆　杨家凤　张福延　何衍璿　赵雁来　王树勋　范锜　范秉哲（熊代）　徐嘉瑞　王士魁（丘代）　朱驭欧

记录：王绳尧

甲、报告事项

一、校长报告：一至四月份经费开支超溢达一百五十万元，维持甚感困难，希望各部分同人共体时艰，认真厉行节约，以减少不需开支。

二、报告裁员情形（略）。

乙、讨论事项

奉令组织经费稽核委员会，关于委员人选应如何推定案。

议决：委员人选除校长、总务长为当然委员外，其余委员当场投票选定，何衍璿、张福延、徐嘉瑞、丘勤宝、陈植等五人为委员，朱驭欧、崔之兰为候补委员，总务长杨家凤应为当然委员，主任委员遵照奉发办法第三条由校长兼任之。

散会。五时零分。

1944年6月24日会议

日期：六月二十四日下午三时

地点：校长室楼下

主席：熊校长

出席人：范锜　何衍璿　王树勋　张福延　王伯琦　王鹤轩（琦代）　朱驭欧　鲁冀参　杨家凤　熊庆来　范秉哲（熊代）　赵雁来（王代）　崔之兰（何代）　徐梦麟（朱代）　郑万钧（张代）　姜寅清　冯景兰　丘勤宝　章辑五

记录：杨家凤

讨论事项

一、本校应征译员训练学生未经报到者应如何处分，请公决案。

议决：未经呈准免征有案亦未前往报到各生，参照其他各大学办法一律开除学籍，分别布告通知及呈报备案。

二、应征译员训练学生中因身体不合格落选各生毕业问题，应如何办理案。

议决：毕业加考课目准予参加试验，其他各科应由各该系主任酌令在暑假内补修，俟下学期开始办理，补考时准予参加补考，其缺课未达三分之一者，不得援以为例。

三、附中杨校长签附中毕业生升入本大学，请酌予优待等情，请公决案。

议决：附中学生毕业成绩优异，且在该校本届毕业生总数百分之十五以内者，准予免试入学。

散会。午后六时。

1944年7月10日会议

日期：七月十日上午九时

地点：校长室楼下

主席：熊校长

出席人：熊庆来　陈植　王士魁（庄圻泰代）　崔之兰　杨家凤　何衍璿　鲁冀参　王树勋　姜亮夫　范秉哲（熊代）　姚碧澄（何代）　冯景兰　朱驭欧　丘勤宝（冯代）　瞿同祖（朱代）　范锜　赵雁来

记录：王绳尧

甲、报告事项

一、校长报告本校经费奇拙情形。

二、员役在任所眷属米贴奉令自本年三月份起仍向粮政机关给拨食物，不足之数再折发代金。

三、马坊分校拟迁回昆明以节费用。

四、应征通译学生身体检查合格未往报到者以规避征调论罪。

五、何教务长报告本届招生情形。

乙、讨论事项

一、“七七献金”本校教职员应如何表示案。

议决：教职员薪津在八千元以上者献国币一百元，八千元以下者献五十元，由本月份薪津项下扣缴。

二、学生延引校外人员住宿应予取缔案。

议决：由军训组查明取缔。

三、赵院长雁来提议将校警拨归总务长整顿，以防止偷窃案。

议决：通过。

散会。十二时零分。

1944年8月8日会议

日期：八月八日下午三时

地点：校长室楼下

主席：熊庆来

出席人：熊庆来　杨家凤　朱驭欧　何衍璿　蒋蕙荪　张福延　赵明德　杜棻　姜亮夫　徐梦麟（姜代）　王士魁　章辑五　王树勋　丘勤宝　鲁冀参　柳灿坤

记录：沈鸿范

甲、报告事项

一、主席报告：本校本届报考学生计一千六百余名，分二次考试情形。

二、接奉省府训令，学校地基市政府曾经给予使用权，并以一部分让与南菁学校情形。

乙、讨论事项

一、学生蔡宜天自行接洽参加通译工作并奉委状，是否开除其学籍，请公决案。

议决：应记过处分。

二、魏焕章不守规则，由译训班开除班籍，请公决案。

议决：学校亦应予开除。

三、译训班来函，范承钧等十二名训练期满，或因体格不合格，或因英文较差，不能胜任译员工作，饬其返校或分派其他军事机关服务，如何办理，请公决案。

议决：

（一）准其自行找其他军事工作服务二年，以后由服务机关证明成绩优良准予毕业。

（二）其不能觅得军事机关工作者于三十三年度下学期开学时补读一学期。

四、学生翟程宗成绩不佳，三门课程不及格，其中一门可以及格，因报告太迟，经潘大逵教授给予五十五分以示儆戒，该生在此种情形之下不能补考，依照潘教授来函，可否更改分数为六十分，以便该生得有补考机会，请公决案。

议决：由校长、总务长及院长斟酌决定（不予更改分数）。

五、工学院学生张德昌、解德荣、钱培凤等三名应用力学毕业加考不及格，是否准予补考，请公决案。

议决：（不予补考）准予明年参加毕业考试。

六、医学院学生陈耀辉、周文祥缺修生物学（陈振鹏、陈永祥缺修精神病及神经病学），张振东缺修国文，可否补修，请公决案。

议决：准补修补考，至补修课程准予通融，在征用期间设法函授补修。

七、捐募三十二年同盟胜利公债如何办理，请公决案。

议决：依照“七七献金”办法办理。

八、关于所定三十三年度学校历可否通过，请公决案。

议决：通过。

九、兹因学校亏累过多，可否应收学费，请公决案。

议决：应酌收学费，数量多寡由校酌定之。

散会。六时。

1944年9月8日会议

日期：九月八日下午三时

地点：校长室楼下

主席：熊校长

出席人：熊庆来　朱驭欧　杨家凤　崔之兰　张福延　王树勋　何衍璿　柳灿坤　鲁冀参　杜棻（校长代）　费孝通（朱驭欧代）　王士魁（章辑五代）　徐嘉瑞（杨家凤代）　王伯琦（鲁冀参代）　赵明德（王代）　郑万钧（张福延代）　蒋蕙荪

记录：王绳尧

甲、报告事项

一、校长报告奉令增班及续招新生情形。

二、报告奉令调整训导机构，训导处下改设生活管理、课外活动及卫生三组，军训教官专负军事、学术、教学与训练之责。

三、报告迁移马坊分校器物情形。

四、报告售卖弥勒存谷情形。

五、朱驭欧先生报告合作社接收情形。

乙、讨论事项

一、关于四年级应征通译学生未参加受训者，如尚玮、林文萱等可否准予通融参加第四期受训，请公决案。

议决：由校长、教务长处理。

二、关于转院系学生其缺修学分标准，应如何规定案。

议决：除遵照法令办理外，如缺修必修学分超过十二学分者应予留级（不得以其他学分弥补）。

三、据校医王苏宇签呈将华莱士副总统赠送消炎片存校医室备用，可以一部分换取他药充实校医室设备，可否，请公决案。

议决：照办。

四、蒋总务长提议：各部分人员离职应先签报校长室通知停薪，以杜流弊，当否，请公决案。

议决：通知各部分主管人员照办。

散会。午后六时。

1944年10月20日会议

日期：十月二十日下午三时

地点：校长室楼下

主席：熊校长

出席人：熊庆来　崔之兰　王士魁　（何衍璿代）　蒋蕙荪　孙逢吉（张福延代）　林成耀（蒋蕙荪代）　何衍璿　李达才　柳灿坤　王世中　杨家凤　徐嘉瑞（杨家凤代）　朱驭欧　鲁冀参　姜亮夫　费孝通　王树勋

记录：王绳尧

甲、报告事项

一、校长报告学校经济奇拮，维持困难，拟发起向学生家长募捐，请各教师赞助劝募情形。

二、蒋总务长报告向上海商业储蓄银行商洽续借本部教师个人贷款情形。

乙、讨论事项

一、教务处提议关于采用学年制、应修正学则各点，请讨论公决案。

议决：照教务处所拟办法通过。

二、总务处提议三十三年度行政计划应如何编拟案。

议决：由各院系院长及系主任指定人员负责编拟送总务处汇办。

散会。午后五时四十分。

1944年12月1日会议

日期：十二月一日下午三时

地点：校长室楼下

主席：熊校长

出席人：熊庆来　鲁冀参　孙逢吉　蒋蕙荪　张福延　李进才　姜亮夫　章辑五　朱驭欧　杨家凤　崔之兰（何衍璿代）　何衍璿　杜棻（熊代）　王伯琦（朱代）　王世中（李代）　徐嘉瑞（杨代）　费孝通（姜亮夫代）　王鹤轩　李清泉

记录：刘戟门

甲、报告事项

校长报告本校本年度经费不敷甚巨，预计全年超支将达八百万元，部令只准追加预算百分之三十五，约可追加二百万元，其余不敷之数现尚无法弥补，现定明日下午约集学生家长开一联谊会议，以便捐助，请负责招待诸先生协同办理。

乙、讨论事项

一、何教务长（衍睿先生）提议：本校联谊会向学生家长劝捐，仅作补助本年度经费不敷之用，但如家长中有自愿认捐巨额者，似应以其他方式接受，俾捐款用途有永久纪念之价值，如何办理，请公决案。

议决：通过。

二、校长提议：财部贷款一百五十万元，学校用五十万，合作社用五十万，现存储中央银行五十万专款作何用途，请公决案。

议决：延期讨论。

三、校长提议：上次省政府贷款一百二十万元尚可缓期偿还，现战局日紧，本校随时有迁徙可能，拟将该款在楚雄或大理购谷米存置以备不虞，如何，请公决案。

议决：请校长函托该两地有关系人士询明情形再议。

四、校长提议：加班学生未能招收足额，奉令续招，应如何办理案。

议决：正式招生因时间太迟不便办理，可由先修班学生酌量提升。

五、校长提议：据各教授要求，各班人数在三十名以内者可由教师点名，三十名以上者请由训导处派人点名清查缺席，应如何办理，请公决案。（本案因杨训导长报告，俟训导处人事加以调整后点名不成问题，未讨论）

六、校长报告从军问题，本校报名员生共仅八人，应如何结束呈报，请公决案。

议决：

（一）导师会议前经议决于十二月三日以前召集小组会议劝导学生从军，原案改于下星期一（十二月四日）上午九时至十时执行，同日上午十至十一时由校召集全体大会劝导，并请名人演讲。

（二）延期结束情形先行呈报。

（三）由导师召集小组会议，事用学校名义通知，各导师于十二月四日上午九时前到办公室，并布告学生不到者严予处分。

（四）各组学生姓名由学校通知各导师，交训导、总务两处迅速会办。

七、校长提议：驻昆美军要求来本校听讲，应如何办理，请公决案。

议决：凌达扬先生“文学史”、费令宜先生“十九世纪文学选读”均用英文讲授，可准予听讲。

散会。六时半。

1944年12月5日会议

日期：十二月五日下午三时

地点：校长室楼下

主席：熊校长

出席人：熊庆来　鲁冀参　饶重庆　杨家凤　丘勤宝　王树勋　柳灿坤　杜棻　赵明德　朱驭欧　王伯琦　徐梦麟（杨代）　殷之澜（丘代）　费孝通（朱代）　何衍璿　王鹤轩　章辑五　杨春洲

记录：刘戟门

甲、报告事项

一、校长报告：

（一）本校本年度行政费不敷之数，预计恐将达七百余万。各项开支虽竭力节省，但因物价上涨，节省之数不足以抵销上涨之数。关于向学生家长募捐一事，据查学生家长在昆者约三百余人，经初步接洽，结果尚佳，如能继续积极推动，可能有相当效果。

（二）昨日导师小组会议因通知时间仓猝，结果不甚佳，一部分导师未到，以致对于学生之不到者，不便实行议处，学校威信亦有损失。以后希训导处多加注意，训导长除负责外，似应再兼一组导师，更为妥切。

（三）学生报名从军，截至现在已有十八人，附中未计在内。又女生中意欲报名者尚有多人，但因顾虑现时各部队中之风纪问题，故仍在犹豫中。

二、章秘书辑五书面报告：附中学生从军者已有九人，并已直接参加教导第七团飞印度。

乙、提议事项

一、朱驭欧先生提议：鉴于现时各部队供应制度之不良，军需管理之腐化，及部队中教育方式之呆板，以致学生虽有志报效者亦裹足不前。拟用本校征委会名义向政府建议两点：（1）在知识青年军内，给养管理应设监督机构，遴派有资望之人员组织之。（2）生活管理应由学术界人士参加。请公决案。

议决：

（一）组织“向政府提建议案”起草委员会，由朱驭欧、丘勤宝、杜棻、王树勋、张福延五先生任委员，由朱驭欧先生召集。限本星期四以前交出建议草案。

（二）在会人员对于“向政府提建议案”有意见贡献者，可径向起草委员会洽办。

（三）本议决案因关系人均在座，不再由校方通知。

二、赵明德先生提议：据医学院全体师生意见，认为以专门技术人员充任战斗士兵，殊为不经济的浪费人力，亦与人尽其才之旨不符。就医学院本身而言，倘政府能使三年级以上学生均充任军医，二年级以下充护士，则该院可以全体从军。又该院希望三点：（1）从军后师生在一起工作。（2）有工作上之种种便利（如药品、医疗器械等）。（3）在工作时有机会继续学习，维持学业。可否向政府建议，请公决案。

议决：交“向政府提建议案”起草委员会酌办。

三、王伯琦先生提议：（1）向政府提意见案，经本校决定后即行公布。（2）昆市学生对政府信仰不坚，应于纪念周演讲中设法改造其心理，请公决案。

议决：交征委会酌办。

四、校长提议：奉教育部令将本学年第二学期主要必修科目酌量移前，于本学期讲授等因。应如何遵办，请公决案。

议决：由各系遵照酌办。

五、校长提议：现战局日紧，本校应如何准备，尤其关于移存有关图书仪器之重要物品，疏散学生，预储短期需要之粮食等项，应如何事先筹划，以免临时仓卒。请公决案。

议决：由各部分负责人员先行研究办法，延期提出讨论。

六、校长提议：本校经费不敷，关于杂项支出，应如何再事撙节？请公决案。

议决：

（一）食堂薪炭由学校固定津贴每月三万元，不敷之数由参加膳食人员自付。

（二）电炉绝对禁用。

（三）文具纸张再求节缩使用。

散会。六时三十分。

1945年1月9日会议

日期：元月九日下午三时

地点：校长室楼下

主席：熊校长

出席人：熊庆来　张福延　柳灿坤　崔之兰　丘勤宝　杨家凤　章辑五　姜亮夫　鲁冀参　朱驭欧　蒋蕙荪　何衍璿　杜棻（熊代）　孙逢吉（张福延代）　庄圻泰　姜震中（庄代）　王士魁（何代）　顾建中

记录：刘戟门

甲、报告事项

一、校长报告赴渝经过，本人此次赴渝向教部洽商事项，可分为两点：一为本校学生组织问题不健全，例如外语各班最近成绩甚佳，但仅在文史系下成为一组，尚无外语系，不便扩展。又如理学院无物理系，工学院无机械系，均属缺陷，本人曾主张将文史系改为文史、外语两系，理学院添设物理系，工学院添设机械系，农学院蚕桑专修科改为系，另添园艺、畜牧两系，部长极赞同，但因经费关系，何时实现尚难断定。二为经费问题，本校三十三年经费不敷约八百万，后来追加预算二百多万，此数系包括附中三成五在内，本校实得追加数不及二百万，抵补之后，尚亏六百多万，部长已承认设法。

又三十三年度建筑费共耗去九百余万，除本校自筹之七百万外，尚亏二百余万，亦已请部长设法。又本校矿冶系经费以前系由中基金按年补助十万，现则不敷甚巨，本人已签请由部自三十四年起每年加给二百万，此案现经发交有关司科签注，但因经费困难，该司科有推诿之意。又本人曾请部里酌发应变费，由校储存，俾必要时作应变之用，但部里认为此事暂时并无必要。又部发本校加班经费，本校原误认为系支用至三十四年七月底止之数，现经询明只需支用至三十三年十二月底止，此款截止十二月底，仅用去二百余万，尚略有剩余，至于各加班三十四年经费已并入本校全部预算内，计本校三十四年全部预算共为一千一百三十万，较三十三年约多五百万，但系包括加班经费在内，实际仍必极感困难。

二、蒋总务长报告：本校现奉部令自三十四年一月起校内工警须裁撤四分之一，工警米贴自同月份起停发，又传闻职员须裁五分之一，但正式令文尚未奉到。

三、杨训导长报告：本校报名从军员生原有四十一人（附中径行参加教七团者未计入），除去指定入特科及少数要求退出之学生外，将来入伍约有三十一人。

乙、讨论事项

一、章秘书长提议：本校从军人员应否送交滇省征委会编制，入伍问题现既未奉明令，经向滇省征委会查询，亦无确定答复，应如何办理，请公决案。

议决：由章秘书负责继续向滇省征委会查询。

二、杨训导长提议：从军员生体格检查表内有“合格与否”一栏，医院并未添注，应如何办理，请公决案。

议决：送交赵院长补添。

三、杨训导长提议：从军员生中有少数发生问题，计张正林一员因留美请退出，杨立三一员亦表示有欲退出之意，王卓凡、杨正修、甘调阳、董联表声称家庭反对请求退出，李肇福、向镇沙、李炽森三名应缴各项表式，均未照缴，经派人寻觅，该生等不获，应如何办理，请公决案。

议决：（1）请求退出者如有相当理由，本校可代为转呈指委会核示，但本校既无权准其退出，在指委会未核示前，该员生等仍不能卸除责任。（2）未经指委会核准自行逃避者，本校应开除其职务或学籍，其余责任仍由该员生等自负。（3）意图规避之员生仍由校催告一次，如催告无效，再照前两项办理。

四、杨训导长提议：兹有先修班旁听生李特璋一名要求补行登记入伍，应否照准，请公决案。

议决：照准。

五、杨训导长提议：已报名从军之先修班旁听生李特璋、陆嘉善、宋达人、李广森、黄其中五名拟即呈部改为先修班正式生，当否，请公决案。

议决：照办。

六、杨训导长提议：奉部令组织征集书刊委员会计委员七人，以便征集书刊随时赠送从军员生阅读一案，应如何办理，请公决案。

议决：遵令，组织委员请校长指定。

七、杨训导长提议：对于从军员生应如何欢送纪念，请公决案。

议决：交总务长、训导长及鲁冀参先生拟定办法。

八、鲁冀参先生提议：学生从军期间，公费应否照给，请公决案。

议决：照优待办法，仅能保留，俟回校后恢复，从军期间似不能发给，仍呈部核示。

九、校长提议：关于本校学生参加盟军跳舞事，被本市某小报夸大其词，并将本人谈话及信件断章取义，故意歪曲事实，以淆观听，应如何对付，以免妨碍校誉，请公决案。

议决：缓议。

十、蒋总务长提议：本校前借本市银行公会款一百二十万元（内农学院拨得十万元），现经呈请省府延长借期一年，拟将此款除以农学院部分偿付息金外，余与教部借款五十万元，合计一百七十万元购物存储，以免遭受币值低落之损失并备意外，如何，请公决案。

议决：在昆明楚雄两处购米存储。

1945年1月25日会议

时间：元月二十五日下午三时

地点：校长室楼下

主席：熊庆来

出席人：熊庆来　柳灿坤　杨家凤　何衍璿　王士魁　卢焕云　王数勋　殷之澜　姜震中　鲁冀参　庄圻泰　赵雁来（王士魁代）　全云寰　杜棻（何衍璿代）　张福延　蒋蕙荪　徐梦麟（章辑五代）　朱驭欧

记录：王绳尧

甲、报告事项

校长报告：

一、本校寒假日期照校历规定原为一星期，现奉部令改为二星期，由二月五日起至十八日止。

二、本校考试自二十六年度起经严加整顿，已将过去放松风气改正，本学期考试仍希望各教师严格监督，以肃学风。

三、奉令兼任教员比照给予加赒补助费，现正酌量办理。

四、本校办公费月仅九万余元，每月超溢五十余万元，困难达于极点，教职员食堂薪炭不得已只好改由各膳堂同人自行负担。

五、本校上年度经费亏达六百余万元，现物价继续上涨，本年度经费仍极严重，前发动向学生家长募捐，希望各同人设法继续推动。

六、本校迩来盗窃案件仍层出不穷，昨日土木系经纬仪又被盗窃，以后关于门禁问题，望切实严格执行，各院系贵重仪器并请各主管人责成助教严格保管。

七、本校从军员生二十八人，定本月二十八日入营，明晚特由校在泽清堂举行话别会，所有从军人员均各制发银质纪念戒指一枚，将来并拟竖立石牌以垂永久云。

乙、讨论事项

一、关于下学期收费问题应如何决定，请讨论公决案。

议决：注册、讲义、体育、赔偿各费一概各增一百元，特别费二千元。以上各费除特别费一项，家境清寒、经济确实困难学生得向特别费审查委员会申请暂时缓缴，于将来毕业服务时补缴外，其余应一律照缴，本案并应公布施行。

二、会计室全主任报告编拟三十四年度经费预算情形，请讨论公决案。

议决：由会计室照教部核定经费修，改呈请校长核定报部。

三、庄圻泰先生提议：日前《观察报》记者马堃在该报发表荒谬言论，攻击校长，诋毁学校，该记者为本校学生，不知爱护母校，似此捣乱，应否由校加以惩处，请讨论公决案。（未议）。

四、蒋总务长提议：取缔校外人员在教职员生宿舍寄宿，以防止偷盗案。

决议：教职员有亲友临时寄宿者应向总务处登记，以免检查时发生误会，学生如引人来校寄宿者，除取销住宿权外，并应予以处分。由训导处随时稽查。

五、蒋总务长提议：禁止使用电炉以维照明案。

决议：应绝对禁止使用，违则没收，并发通知。

六、章秘书提议：报名从军学生已报名而又规避者，应如何办理案。

决议：呈请全国知识青年志愿从军指导委员会核示后再凭办理，现时仍应由该生负责。

散会。六时零分。

1945年2月20日会议

日期：二月二十日下午三时

地点：校长室楼下

主席：熊校长

出席人：熊庆来　王伯琦（鲁代）　鲁冀参　柳灿坤　王震中　庄圻泰（姜代）　全云寰　黄国瀛　卢焕云　王树勋　蒋蕙荪　张福延　徐梦麟　吴富恒　朱驭欧　丘勤宝　李进才（张代）　孙逢吉（蒋代）杜棻　王士魁（何代）　何衍璿　章辑五　王世中

记录：王绳尧

甲、报告事项

一、校长报告：

（一）三十四年度预算已编拟竣事，日内即可报部。

（二）中基会补助矿冶系经费，本年度仍继续补助，数目约八万余千元。

（三）工役膳食补助费奉令核准追加一百三十余万元，上年度亏空略可弥补，并拟拨一部作建筑费。

（四）本校经济农场基础已奠，兹拟向农民银行借款安装水管，开辟水塘，以利生产，于学校经济当不无裨益。

二、蒋总务长报告应用省银行借款派员赴楚雄办米情形，略谓购获食米一百七十余石，依现在米价而论，至少赚八九十万元，若能运省，其利益当在一百万元，于教职员同人诚不无补益云云。

三、朱驭欧先生报告合作社情形，略谓规模已具，请校长俯践前诺，准予辞退，并召开股东大会，改选理监事，及遴员接替，以便早日交代，至该社营业因有种种困难，计划多不克实现。但在本人负责期间亦有相当盈余，尚堪告慰同人。

四、章训导长辑五报告：据悉英国政府拟赠我国各大学图书仪器费二十万磅，本校似应先事计划各院系如有需要之图书、仪器，似可先行开单送校长室汇办。（余略）学生申请免缴特别费纷至沓来，应接不暇，望各院系主任先生协助，每系申请之学生应请系主任先行审核，如确系家境清寒、经济困难者，然后盖章证明再交训导处，以便召集委员会复审。

五、校长又报告：关于三十四年度行政计划亟待报部，应请各院系主管人员迅速编拟，送总务处汇办，又抗战损失报告亦请赶速填送。

乙、会议事项（无）

散会。五时四十分。

1945年3月20日会议

日期：三十四年三月二十日午后三时

地点：校长室楼下

主席：熊校长

出席人员：熊庆来　庄圻泰　蒋蕙荪　殷之澜（王代）　姜亮夫　饶重庆　何衍璿　杜棻（熊代）　柳灿坤　丘勤宝　章辑五　黄国瀛　姜震中（王代）　崔之兰　鲁冀参（姜代）　全云寰　张福延　朱驭欧

记录：林治华

甲、报告事项

校长报告：

一、本校本年度经费分配预算，虽已呈准增加，但物价继续上涨，有加无已，其困难当然不减于上年度，兹拟于经费方面力避虚糜，将本年度所需之文具、纸张、薪炭等一次购足，将来物价变动，俾不致受其影响。

二、据悉，重庆方面公教人员战时生活补助现已调整增加，昆明当亦不能例外，本校教职员同人生活异常艰苦，若学校经费稍有办法，当再设法改善，以期安定生活。

乙、提议事项

一、何教务长提议：本年校庆应如何举行，请公决案。

议决：请校长指定人员组织委员会办理。

二、校长提议：工学院张文奇副教授选派出国研习，未邀允准，应如何办理，请公决案。

议决：仍呈部荐丘勤宝、杨克嵘两先生，请予核圈。

三、章训导长提议：近奉行政院修正学校公费生办法，自本年度实行按照学业及操行成绩核发学生公费办法，应如何办理，请公决案。

议决：除照学业及操行成绩外，应顾及沦陷区清寒生，三项分别评定。

四、章训导长提议：关于学生本学期应缴之特别费，尚有五百七十四人未缴，除一部分清寒学生请求免缴杂费外，应如何办理，请公决案。

议决：清寒学生应由审查委员会及各系主任确实考察，至免缴人数最多不能超过三分之一（包括全免及半免），其余应严格催缴。

五、校长提议：本校门禁时间应否提早，请公决案。

议决：除星期六及星期日延长至夜间十二时关闭外，其余各日于每晚十一时关闭。

六、朱驭欧先生提议：请于教职员中推选人员一人及学生中公选一人共同接办合作社，俾便交代，请公决案。

议决：仍再请朱先生暂时负责，俟下届负责人选定时再行交代。

散会。六时十分。

1945年5月2日会议

日期：五月二日下午三时

地点：校长室楼下

主席：熊校长

出席人：熊庆来　张福延　何衍璿　王士魁（何代）　柳灿坤　朱驭欧　杜棻（熊代）　蒋蕙荪　孙逢吉（张代）　王树勋　赵雁来（王代）　丘勤宝　姜亮夫　殷之澜（丘代）

记录：林治华

甲、报告事项

校长报告：

一、本校此次校庆办理结果尚属圆满，费用亦不多，惟校友方面未及通知，以及应出版印刷亦未能出版，拟于下年度设法弥补。

二、教部视察团现已到昆，闻此次考察或对今后教育有所改进，希各负责同人遇有机会时与教部视察团对本校情况有所商谈。

三、学校经费虽已增加，但因物价暴涨，致深感奇绌，近来本校办公费用已一再节省，仍觉难于维持，即同人生活亦深感困难，惟有此后再向教部请求。闻最近生活补助费、办公费均有增加，果成事实，则公私皆得稍解困难矣。

四、学校房舍亦感不敷应用，拟于本年内有所添建，惟一方面限于经费，再则限于教部规定，今后拟向外界募集捐款，并由办公费稍事节省，俾资添建。

五、教授会议前电请教部增加生活补助费案，兹已有电答复，颇堪告慰同人。

六、后方勤务部最近与本校洽商，拟借用教室办理医务人员训练事宜，并拟筹集款项添建少数房舍，此于本校不无裨益，各同人对此事谅为赞助。

七、学校前以水塔等物作为酒精厂股金参加酒精生产事业，现该厂因原料缺乏，生产不振，显有亏折之势，曾于上次会议报告，拟即结束，兹决定推选结束委员会办理酒精厂结束事宜。

八、中英科学合作馆最近来函，告以寄送本校图书一批。

九、本校应办之各项行政计划，请各同人从速着手办理。

十、最近办公时间提早一小时，已有多数机关实行，本校虽未奉到明文，但于各方面均应提早实行。

十一、关于学生早操，自实行以来，到操人数已渐增多，前曾宣布早操列为成绩，应请同人注意。

乙、讨论事项

一、校长提议：部分同人对本校课程，主张严加考核，应如何办理，请公决案。

议决：此案牵涉学生成绩标准、公费等问题，应由教务、训导两处会同朱驭欧先生研讨后再办。

二、校长提议：关于招生问题，自废除毕业会考后，直接由各大学联合招生，此项办法已经中大联大等七校与教部商妥，招生不敷经费，由教部拨助，本校招生问题，亦可加入，亦可单独举行，惟加入联合招生，本校有无再度招生之虞，应如何办理，请公决案。

议决：俟下次会议详加讨论。

三、校长提议：合作社经理朱驭欧先生屡请卸责，现该社已改组，请由同人推荐一人接替，请公决案。

议决：推荐殷之澜先生等，请校长洽商同意后，提交下次会议通过。

1945 年 5 月 29 日会议

日期：五月二十九日午后三时

地点：校长室楼下

主席：熊校长

出席人：熊庆来　何衍璿　张福延　徐嘉睿　柳灿坤　黄国瀛　饶重庆　全云寰　赵雁来　姜亮夫　崔之兰　王伯琦（姜代）　王士魁（赵代）　周新民（饶代）　孙逢吉（张代）　丘勤宝（徐代）　朱驭欧　杜棻（熊代）　沈福彭　李进才　姜震中

记录：林治华

甲、报告事项

校长报告：

一、后方勤务总部拟借用本校泽清堂等处教室加以刷修整，并于南菁学校后面开辟一门通往本校，用以举办医务人员训练事宜，上课时间与本校不相冲突，曾于上次会议报告，各同人谅必赞助，日内当与后勤部订立借用合同。

二、本年度招生问题，仍拟单独招生，照旧组织考试委员会办理。

乙、提议事项

一、校长提议：近来本校学生对于国是意见不免有越轨之处，如乱贴不具名之壁报攻击，显有不合，本人曾于上次纪念周加以责备，此后应否加以适当之处置，请公决案。

议决：凡发表壁报应自行签名负责，由训导处拟具详细办法呈核实施。

二、校长提议：关于基本课目之加严，曾于上次会议报告，惟牵涉学则问题，应请再为研讨，请公决案。

议决：原则方面从严督促，国文科目之分组及考试办法应由教务长、文学院院长、文学系主任参照英文科目之办法商请校长核定。

1945年10月13日会议

日期：十月十三日下午三时

地点：校长会客室

主席：熊校长

出席人：熊庆来　鲁冀参　蒋蕙荪　黄国瀛　张福延　郑万钧　蒋同庆　丘勤宝　崔之兰（周家炽代）　全云寰　王树勋　何衍璿　柳灿坤（何代）　庄圻泰　王士魁（庄代）　徐嘉瑞

记录：雷光汉

甲、报告事项

一、校长报告：本人此次赴渝参加全国教育复员会议，讨论事项甚多，大体可报告者：（1）各大学之复员问题。（2）收复区教育问题及东北、台湾教育、学术机关接收问题。

二、为今后全国文化教育之均衡发展，曾通过重要提案，例如：（1）提高边省文化，建立昆明、成都、兰州、西安等处为文化重心，尽量充实该区大学，并设置文化、学术研究机构。（2）为安定边地大学师资，于待遇提高二（倍），并每年致送回家旅费。

三、关于本校及附中之房舍修缮一案。业由本人签呈教部，请求八百万元，可望核拨一相当之数。

四、本年度教部核拨本校大学部建筑费及设备费一千一百万元，又附中经费本人在部请求，可望得三百万元。

五、对于教职员食米代金，向教部陈明应发代金理由。部中亦认为应发代金，惟因粮食部食米预算之核定无法改变，因有提高米价为每公石四万二，任凭学校向粮部取米或款，以资调整，日昨闻联大梅校长言七至九月可以发代金，十月起仍须发米，而本校七至九月核发代金之明令，迄未奉到。犹有一困难问题，即米价提高后，公共食堂之食米牵掣较大，若不获解决，实属勘虑。

六、本校教职员名额过少，请求教部增加名额一案。教部方面似已认可。本人由重庆聘就王绍曾先生任航空系教授，朱锡侯先生任心理，李文庵先生任农学院教授。最后有希在座各位转致全体同仁者复员以后于建国工作需才孔殷，中央既然对于后方大学教授同仁优订安定办法，冀同心同德。

乙、提议事项

一、本校经费稽核委员会照章应每学年度改选一次，委员满一年度后不得连任，卅四年度委员人选应请就本日会议投票改选案。

议决：除当然委员会外，经投票选定王树勋、庄圻泰、崔之兰、鲁冀参、黄国瀛等五先生为委员，于振鹏、王士魁两先生为候补委员，并定期组织具报。

二、马生荣惠等因教师登记成绩错误，可否更正，请公决案。

议决：准予更正

三、李生长猛上学期普通生物可否更改分数，请公决案。

议决：逾期已久，未便更改。

四、李生麒光国文成绩可否更改分数，请公决案。

议决：未便更改。

散会。六时二十分。

1945年11月2日会议

日期：十一月二日下午三时

地点：会泽院接待室

主席：熊校长

出席人：熊校长　蒋蕙荪　丘勤宝　张福延　何衍璿（熊代）　庄圻泰　于振鹏　蒋同庆　柳灿坤　姜震中　吴富恒　黄国瀛　卢焕云（柳代）　殷之澜（丘代）　郑万钧（蒋代）　王世中（张福延代）　王树勋　饶重庆　崔之兰　朱驭欧（司马尹衡代）　鲁冀参

提议事项：

奉教育部高字第四三五〇九号训令，分配本校教职员福利国币七百零八万元，此款计美国援华会款占六百三十七万零二千元，行政院补助款占七十万零八千元，附发规定事项一份，本校应如何办理，请公决案。

议决：除将行政院之部提存外，其余分配现任教职员，并按下列年资分配：

（一）三十四年八月以后到校者。

（二）三十三年八月以后到校者。

（三）三十一年八月以后到校者。

（四）二十九年八月以后到校者。

（五）二十九年八月以前到校者等级如左：（1）教员。甲，教授；乙，副教授；丙，助教。（2）职员。甲，组主任干事（比照副教授、讲师办理）；乙，组员、助理员；丙，司事练习生。

该福利金之处置仍遵令示办法组织委员会管理之，本校主管人员为当然委员，并推何教务长、蒋总务长、丘训导长、庄圻泰先生等四位为委员，依上述原则处理分配暨管理存留福利金，至附中应否计算在分配之内，由委员会决定之。

散会。六时二十分。

1945年12月10日会议

日期：十二月十日下午三时

地点：校长室楼下

主席：熊校长

出席人：熊庆来　柳灿坤　丘勤宝　饶重庆　张福延　蒋蕙荪　蒋同庆　王绍曾　黄国瀛　何衍璿　王树勋　朱驭殴　姜震中　郑万钧（张代）　殷之澜（丘代）　全云襄

记录：雷光汉

议决事项：

一、认为政府对此次学潮已有处理办法，应从速处理，并请各教师劝告学生遵照上课。

二、为维持本校秩序起见，凡非本校员工、学生均应布告通知即日迁出。

1946年4月25日会议

日期：四月二十五日下午三时

地点：校长室楼下

主席：熊校长

出席人：熊庆来　何衍璿　吴富恒　蒋蕙荪　黄国瀛　王树勋　朱驭欧　刘崇智　赵明德（刘崇智代）　丘勤宝　姜震中　鲁冀参　孟宪民　徐嘉瑞　张福延　庄圻泰

记录：王绳尧

甲、报告事项（略）

乙、讨论事项

一、准美国大使报函，以选送本国著名各大学毕业学生共二十五名赴美研究，本校可保送学生二名参加甄审，应如何甄选保？请讨论公决案。

议决：以考试办法甄选毕业学生二名参加，甄选办法如后：

（一）甄选资格：凡本校毕业学生年龄在二十五岁以上三十五岁以下，其毕业成绩在七十五分以上，而为同系同级之前三名者均可报名参加甄选。

（二）英文试验：组织委员会办理。

（三）成绩审查：注重专门科目、操行、体格、国文、著作等。

（四）体格检查：限于本校附属医院及甘美医院两处。

（五）甄选日期：另定。

二、本年度毕业加考应否暂予取销，请讨论公决案。

议决：加考暂予取销，但毕业考试应普遍严格办理。

三、第一学期补考应否取销，请公决案。

议决：一学期课程于学期结束后补考，但均只能照学校规定时间补考一次。

四、赵锡光、崔客延、王俊信三生成绩附证明函件，应否准予更正，请公决案。

议决：准予更正。

1946年6月26日会议

日期：六月二十六日下午三时

地点：本校会议室

主席：熊校长

出席人：熊庆来　朱肇熙　何衍璿　蒋蕙荪　张福延　黄国瀛　朱驭欧　鲁冀参　王绍曾　丘勤宝　杜棻（朱肇熙代）　姜震中（王树勋）　孟宪民（黄国瀛代）　胡鸿钧（蒋蕙荪代）　孙逢吉（张福延代）　庄圻泰（王绍曾代）

记录：王绳尧

会议事项

一、拟定三十五学年年度校历，请通过案。

议决：通过。

二、三十五年年度招生考试日期应如何决定，请公决案。

议决：暂定报名日期为八月十五至十七日，考试日期为八月二十一日。

三、组织收复区籍学生指导委员会，请推定委员人选案。

议决：推朱驭欧、赵崇汉、鲁冀参三先生为委员，并请朱驭欧先生负责召集。

散会。六时零分。

1947年3月14日会议

日期：三月十四日下午三时

地点：校长室楼下

主席：熊校长

出席人：熊庆来　蒋蕙荪　李吟秋　秦仁昌　李进才　何衍璿　方国瑜　马光辰　黄示辉　梅远谋　黄国瀛　朱驭欧　张其濬　丘勤宝（黄国瀛代）　王士魁（何代）　杜棻（熊代）朱肇熙　全云寰　王绍曾

甲、报告事项

一、校长报告：本年度经费核定为一万四千七百万元，较上年仅增加千余万元，按目前物价上涨情形，无论如何简省，至多维持半年，以后困难即日愈加深矣。次则本年度教职员名额较上年减少两名，在本校扩展教学问题上，实在大感困难，故经费与名额均必须再行争执，请求增加。此外附属医院得修建费四千万元，对医院之设备尚可酌为补充。

二、本校购图书、仪器款项，一由上年购得之越币七万元，本人已向法国总领事商准兑换佛（法）郎，以便转成外汇购办，一由领得教部核发之美金　万元，拨存银行准备购买。

三、会泽院已积极赶工修理，对工料上因先期购办，可不致受物价之影响。又本校前与省政府会同发起举办敬献图书馆，纪念蒋主席六旬寿庆一案，重心在省政府，当再注意促成之。此外教员住宅问题，上年终呈教部请款一万五千万添建住宅三十幢，尚未奉到核示，只有在本校经济可能范围内撙节添建数幢以供居住。

四、关于政府函达本校学生应声明党籍问题，其中有嫌疑者仅只数人，应设法促其表明态度，然后于报端发表声明，以后并望各同仁注意领导学生多注意学术，少过问政治，俾本校学生得在安定情形下进修学业。

五、本校地产有数处，名义上为本校所有，实则本校并无管理执照，因而其他方面有与本校争所有权者，今后为求地权之确定，必须从事清理。

乙、提议事项

一、报载教部将召开全国教育会议，对于本校应行改进事项应如何准备提案，请公决。

议决：本案除在会提出关于教职员待遇应提请依照复员教育会议议决案实行，俾获实惠外，其他如有要案，请到会同人于会后随时拟具交校汇办。

二、本校二十周年将届，如何准备庆祝，请公决案。

议决：仍照去年办法组织委员会筹备举行。

散会。下午五点四十分。

1947年7月15日会议

日期：七月十五日下午三时

地点：校长室楼下

主席：熊校长（何教务长代）

出席人：熊庆来　蒋蕙荪　丘勤宝　饶重庆　张福延　何衍璿　李吟秋　方国瑜　黄国瀛　崔之兰　蒋同庆　凌达扬　王士魁　朱肇熙　全云寰　朱驭欧

记录：王绳尧

甲、报告事项

何教务长报告分区招生情形。

乙、讨论事项

校长交议附中学生反对校务维持委员会，应如何处理，请公决案。

议决：

（一）为尊重学校威信起见，仍照原定办法处理，并由校务维持委员会继续行使职权。

（二）将详细情形报请教育部核示。

散会。下午七时三十分。

1947年7月22日会议

日期：七月二十二日上午十时

地点：校长室楼下

主席：何教务长代

出席人：熊庆来（何衍璿代）　秦仁昌　凌达扬　王绍曾　梅远谋　黄国瀛（梅代）　朱肇熙　段永嘉　蒋同庆　张福延　于振鹏（饶代）　饶重庆　马光远（王绍曾代）　丘勤宝（李吟秋代）　李达才（张福延代）　杜棻　刘崇智　张其濬（杨桂宫代）　王士魁

记录：雷光汉

讨论事项：

一、暑期学生住校问题如何办理，请公决案。

议决：遵照教育部七月三日高字第三七〇〇三号代电，暑期学生以不住校为原则，其有下列情形之一者，得报经训导处核准住校：一路途遥远往返不便者；二在本校担任暑期补习班工作者；三有正当理由经训导处核准者。经核准住校之学生如有违犯校规行为，仍可随时由训导处取消其住校权利。

二、附中学生辱骂教授，应如何惩办，请公决案。

议决：归于解决附中学潮问题办理。

三、附中校务维持委员会应如何加强工作，请公决案。

议决：一请校长加聘委员四人；二请校长定期饬令附中杨校长办理移交。

散会。十二时四十分。

1947年8月4日会议

日期：八月四日上午九时

地点：校长室楼下

主席：熊校长

出席人：熊庆来　饶重庆　蒋同庆　张福延　李吟秋　丘勤宝　段永嘉　王士魁　蒋蕙荪　全云寰　梅远谋　张其濬（杨桂宫代）　方国瑜　朱肇熙　秦仁昌　朱驭欧　刘崇智

记录：雷光汉

甲、报告事项

一、校长报告：

（一）本区报考学生一千七百余人，本校考场不能容纳，已商借师范学院作试场，对于考试举行仍应一本过去之严格办法。

（二）重庆区因代考学校并办考试，不合本校规定，且时间已赶办不及，本期不拟在该区招考。

（三）取录学生名额除先修班升入正班之一部分外，新收学生以充足全校学生数一千人左右为原则。

二、本年度一年级新生拟设班于附近省会之乡村，所需校舍当分别洽借。

三、本年度先修班在经费预算上并未列有此一项目，是否继续办理，似有提出讨论之必要，惟以先修班部支经费为数极微，本校当可自行继续办理。

乙、讨论事项

一、取录新生名额如何决定，请公决案。

议决：预定为三百名。

二、一年级生因校本部教室不敷分配，拟分地设班，请公决案。

议决：应分地设置地点在黄土坡、马街子两地选择决定。

三、一年级新生应如何加强训练，请公决案。

议决：国文、英文、数学、物理、化学等重要科目考试成绩，组织各科委员会核定，委员由各科任课教员及有关系主任组成，由系主任召集。

四、附中学潮已至无可再缓之程度，应如何作最后之决定，请公决案。

议决：仍责成校务维持委员会积极整理，倘仍不觉悟，则呈报教育部解散。

散会。下午一时。

1947年8月15日会议

时间：八月十五日上午九时

地点：校长室楼下

主席：熊校长

出席人：熊庆来　黄国瀛　饶重庆　张福延　蒋同庆　秦仁昌　朱肇熙　蒋蕙荪　方国瑜　马光辰　张其濬（杨桂宫代）　李吟秋　梅远谋　丘勤宝　朱驭欧　全云寰　刘崇智

记录：雷光汉

甲、报告事项

校长报告：

一、本年招生考试情形，所得成绩较上年尤劣，所设南京、贵阳考区投考学生亦为数不多，广州方面尚未获悉报考情形，本校取录学生标准当遵奉教部迭令严格办理。

二、本人订于最近晋京出席国际文教会中国委员会成立大会，关于本校各院系及各处如有须就便在京向当局洽办者，希于日内列单交来，以便携往就便办理。

三、关于附中学潮问题案奉教部电令必要时可予以解散，今日会议当酌情予以最后之决定。

乙、讨论事项

一、附中问题已至最后阶段，究应取何方式予以解决，请公决案。

议决：维持原案，由维持委员会立行接收。

二、拟定三十六年度校历，请公决案。

议决：修正通过。

三、请推定福利基金委员案。

议决：推蒋总务长、梅院长、杜院长、张院长、丘训导长、李主任吟秋、全主任云寰等七人为委员，并推举蒋总务长为召集人，李吟秋先生起草拟定章程。

散会。十二时五分。

1947年8月20日会议

日期：八月二十日下午三时

地点：校长室楼下

主席：熊校长

出席人：熊庆来　张福延　段永嘉　李吟秋　王绍曾　丘勤宝　秦仁昌　张其濬（杨桂宫代）　黄士辉　梅远谋　朱驭欧　方国瑜　蒋同庆　蒋蕙荪　饶重庆　全云寰　王士魁　凌达扬　朱肇熙

记录：雷光汉

甲、报告事项

一、校长报告：

（一）重庆行辕朱主任绍良莅昆，本校拟于最近数日内邀集各同仁举行茶会招待。

（二）本期新生考试秩序良好，较之上年度考试情形尤嘉，尚堪告慰。

（三）关于《复兴晚报》本日登载本校招考新生新闻一则，语涉荒唐，有意诬蔑本校，甚以为憾。

（四）关于本校前奉教育部拨发本校图书仪器购置费美金一万四千元一案，现已向上海委托中和公司代向美国订购仪器，其订购单已经驻上海办事员黄绵龄寄来，兹交请各同仁一阅。

（五）社会系学生攻击张先生事，因张先生坚请休假，胡庆钧先生又因事离校，该系现状已商请梅院长暂行兼代，至对该系学生反对教师之问题，当即另案酌办。

（六）附中问题上次校务会议议决由维持委员会立行前往接收，随经本人偕同秦先生先行访询杨春洲先生，据杨先生意见以为该校交代事项可俟学潮主题解决后当即负责移交清楚，在主题未解决前愿负校产管理之完全责任，按附中校印业已移交维持管理委员会，自属承认办理移交并非有意抗命。在本人视之，该校学潮问题，对交代事项之连带关系确属不甚重要，现杨前校长春洲已愿出为解决学潮问题尽力，是该校似有从和平方面进行解决之可能矣。

二、秦仁昌先生报告：本人负维持委员会主委之职，屡经艰苦，迄无结果之可言，以个人意见，实有废弃本会名义，另行组织新机构之必要，应请予以提出讨论，以免迁延时日，于事无裨也。

乙、讨论事项

一、附中校务维持委员会各委员请求辞职，如何办理？请公决案。

议决：查附中校务应即进入正常阶段，维持委员会应即结束，附中校长暂由大学校长兼任，并得设高初中主任各一人，直接负各该部之责。

二、附中学生越轨及无礼行动应如何办理案。

议决：由校长分别情节轻重严于惩处。

三、附中教员聘书应否从速发出，请公决案。

议决：于应留教员及新聘教员均即发聘书。

四、本校此次招考新生有理学院、农学院及工学院铁道管理系、矿冶系、航空系等院系，取录人数过少，应否再招新生一次，请公决案。

议决：应照上开各院系举行第二次招生，并另组织招生委员会办理。

五、此次本校招考结果有鉴于一般中学成绩之低劣，以致大学与中学成绩距离过远，应否为中学生升学问题谋求补救，请公决案。

议决：就校长不日晋京之便向教部请求扩充先修班借资补救。

上列四、五两项议决案即日拟就新闻稿投交各报馆发表。

散会。下午七时。

1947年9月5日会议

日期：九月五日上午九时

地点：校长室楼下

主席：张院长

出席人：张福延　李吟秋　蒋同庆　黄士辉　于振鹏（赵崇汉代）　黄国瀛　段永嘉　丘勤宝　王绍曾　朱驭欧　方国瑜　蒋蕙荪　朱肇熙　王士魁（士辉代）　马光辰（丘代）　梅远谋　张其濬（杨桂宫代）　全云寰

记录：雷光汉

甲、报告事项

一、张院长报告：本会委员已到过半人数，宣布开会。今天会议有须提出报告者为员工福利基金案，业经八月三十日第一次员工福利基金委员会第一次会议决定分配办法如记录案所载，其余有须补充者请福利委员会召集人蒋蕙荪先生报告。

二、蒋总务长报告：福利金分配情形照教部令示办法分医药、丧葬、生育、房租津贴、子女教育奖金等酌定百分比。此外，并提出一部分支发全体员工七成薪津。惟此项福利基金之分配有须再加考虑者，即夫妇同为本校教职员，而其享受福利基金之权利究为一份或得两份，似有提经本会讨论之必要。

三、全主任报告：本年一至七月份教职员福利基金共结余29 528 560 964元，若按全体教职员工支发薪津七成则总支27 592 000元，所余仅只1 436 560 964元，是则一切房租、子女教育、医药、丧葬费等等将无法分配，应否将七成数再行酌减之处，似须提会商讨。

乙、讨论事项

一、福利基金委员会议决，将三十六年一至七月份生补费结余提出三分之二作为奖金及制服费，就员工普遍发给薪饷之七成一案应否重加讨论，请公决案。

议决：改为支发六成。

二、福利金提发员工薪饷六成之外所有剩余，是否依照福利基金委员会议决分配之百分比办理，请公决案。

议决：依照原议决案酌予改定如下：

（一）分配原则定为：

A. 房租津贴30%。

B. 医药津贴30%。

C. 丧葬5%。

D. 生育补助10%。

E. 子女教育25%。

（二）房租津贴分配标准：

A. 教授以租赁五间为限，副教授四间，讲师三间，助教二间，助理一间。

B. 职员、组主任比照副教授，干事比照讲师，组员比照助教。

C. 单身教职员以一间为限。

上项房租津贴按分配之百分比酌量分配之，以一次为限。

（三）医药补助费标准定为：

A. 教授五十万元以上，副教授四十万元以上，讲师三十万元以上，助教二十万元以上，工友十万元以上者始予补助。

B. 医药费用超过上列基数者，每增加一倍，补助费亦比例照增。

C. 职员、组主任比照副教授，干事比照讲师，组员比照助教，给予助理十万元以上始予补助。

上项医药补助限于三十六年一至七月，取得确实证件者并以随在任所之眷属为限，补助数目视分配之百分比得款多寡酌量分配之。

（四）丧葬补助以在三十六年一至七月份为限。

（五）生育补助费，每生育一婴孩以补助四十万元为最高额，并以三十六年一至七月出生者为限。

（六）子女教育补助费，以每一小孩为一单位计算照发，工人减半，补助金额视分配之百分比所得数目多寡酌订之。上项补助费须有学校肄业证明书方得核给。

三、关于员工支发六成薪饷，已有离职者或不到职以及兼任人员是否照发，请公决案。

议决：规定支发条件如下：

（一）离职者不发。

（二）不到职者不发。

（三）不在职者不发。

（四）兼任人员不发。

（五）委托他人代课者不发。

（六）到职一月者发六成薪饷六分之一，自到职月份起算，余类推。

四、福利基金之补助须有福利委员会审核批付，请公决案。

议决：通过。

五、福利金之分配问题，附中有无牵连，请公决案。

议决：将教育部令颁办法转令附中遵办，现所讨论分配者为大学本部结余之福利基金，自与附中无涉。

六、《复兴晚报》登载新闻，毁谤本校，业据该报于报端道歉，应即将该案结束，请公决案。

议决：通过。

七、招生经费如何办理，请公决案。

议决：以统收统支为原则，仍照旧例办理。

八、李吟秋先生等十四人提议：教部催促教授送报证件审核资格文令甚急，而已送审者往往经时一年或一年以上不奉回批，拟电教部从速核定，请公决案。

议决：通过。

九、李吟秋先生等十四人提议：学术研究费为数无几，闻现在又有公文递减核发，似非提倡学术之意，拟请校方照旧垫发，并电教部准予照前例办理。

议决：通过。

十、李吟秋先生等十四人提议：本校同仁薪津应请教部除仍照京沪区办理，差额亦照发给外，并邀求配给实物，所配实物即请照廉价配折，每人国币二十万元，以资救济，拟电部力争，请公决案。

议决：通过。

散会。下午二时十分。

1947年9月9月会议

日期：九月九日下午三时

地点：校长室楼下

主席：张代校长福延

出席人：张福延　朱肇熙　丘勤宝　黄士辉　李吟秋　蒋同庆　段永嘉　秦仁昌　于振鹏（赵崇汉代）　王绍曾　蒋蕙荪　黄国瀛　马光辰（黄国瀛代）　王士魁（黄士辉代）　方国瑜（张福延代）　朱驭欧　杜棻（朱肇熙代）　崔之兰（秦仁昌代）　梅远谋

记录：雷光汉

甲、报告事项

张代校长报告：现在出席人数超过半数，宣布开会，本日有数件须提经本会讨论者：（1）教室不敷分配，各院系教师尚未到齐，有无延期开学之必要。（2）新旧生收费问题。（3）大一学生搬鱼街子问题，兹分别提会商讨。

乙、讨论事项

一、开学延期如何决定，请公决案。

议决：延长十日，至本月二十一日开学，二十九日正式开课，大一及先修班暂定十月十一日开课。

二、先修班及大一新生名额如何决定，请公决案。

议决：先修班新生定两百名，大一新生视各院系所能容纳学生数及考生成绩提交招生委员会决定之。

三、新旧生收费问题如何决定，请公决案。

议决：先修班学生收费以不能超过三十万为限，细数（即分配项目）由总务处酌定，于发榜时在榜上注明因无经费，故收学费之缘由。至于大学本部新旧生收费仍照上年度办理，不再增加。

四、校徽图案已征收多份，应采取何种图式，请公决案。

议决：取学生卢英佐设计图式之一，其中小五角图剔去，改加二英文字，仍发该生改正交校定制，并给予奖金十万元。教职员与学生所用者分别为教职员用白底蓝字，学生蓝底白字，背面分别注明“教职员用”或“学生用”字样，再有设计人制一放大图式悬挂大礼堂。

五、照明问题如何改善，请公决案。

议决：由总务处加以整理。

六、校歌应否在音调上加以斟酌之处，请公决案。

议决：建议校长宜词谱简短，声调雄壮。

1947年9月17日会议

日期：九月十七日上午九时

地点：校长室楼下

主席：熊校长

出席人：熊庆来　马光辰　张其濬（杨桂宫代）　蒋同庆　朱肇熙　黄国瀛　朱锡侯　黄士辉　周荫阿　方国瑜　段永嘉　杜棻　饶重庆　赵明德　于振鹏（赵崇汉代）　李吟秋　朱驭欧　张福延　蒋蕙荪　梅远谋　丘勤宝　王士魁　全云寰

记录：王绳尧

甲、报告事项

一、校长报告赴京出席文教会及向部接洽经费、员额情形。

二、农学院张院长报告第二次续招新生经过及录取名额情形。

三、蒋总务长报告奉准临时费及本年度建筑工程情形。

乙、讨论事项

一、大一及先修班开课地点应否迁马街子，请讨论公决案。

议决：交通费奇巨，以不迁移为原则，惟马街子房舍应暂时保留。

二、梅院长提议：组织校舍计划支配委员会调整教师宿舍、办公室、实验室等，可否，请讨论公决案。

议决：照办。当场选定朱驭欧（文法学院）、黄国瀛（工学院）、张福延（医学院）、杨桂宫（理学院）、秦仁昌（农学院）五先生为委员，并以黄国瀛先生为负责召集人，迅速召集会拟具调整分配办法，提请校长核行。

散会。下午一时三十分。

1947年10月9日会议

日期：十月九日下午三时

地点：校长室楼下

主席：熊校长

出席人：熊庆来　梅远谋　全云寰　段永嘉　于振鹏（赵崇汉代）　李吟秋　王士魁　饶重庆　丘勤宝　秦仁昌　蒋同庆　朱肇熙　朱驭欧　张福延　方国瑜　张瑞纶　矢锡侯　蒋蕙荪（张福延代）　马光辰（丘勤宝代）　崔之兰（秦仁昌代）　黄国瀛

记录：雷光汉

甲、报告事项

一、校长报告：此次招生录取标准函教育部规定放宽收录学生人数较多，教室不敷分配，现正筹谋容纳办法。又本年度教员名额超过，事实上无法避免，惟有再事调整，以求薪津之领支趋于平衡。此外，教员担任课程钟点之多寡分配不均，劳逸不等，甚而助教在校务兼任专任职务对其本身应行进修之机会弃而不顾，应予纠正，尚望各系主任严格教员任课时数及限制助教兼职，以免影响校誉。

二、张院长福延报告本年度招生费用收支情形。

三、全主任云寰报告本年度营缮工程进度情形及款项拨领程序、收支状况，并教职员福利基金除已支发薪津六成外，尚余一万四千余百万元，此项余数如何使用，请提会商讨。

乙、讨论事项

一、教员担任课程时数实际应如何规定，请公决案。

议决：专任教员授课时数应照聘约规定担任九至十二小时，但担任三门以上科目不同之课程者由各院系负责人酌减，其有特殊情形，授课钟点应在九小时以下者得由各院系负责人商请校长酌定，负行政责任者仍照旧。

二、助教服务不专，应如何严格限制，请公决案。

议决：（1）助教不得在校外兼职。（2）按时到公。（3）作专题研究。（4）协助系主任及教授办理系务及教学事宜。（5）不遵守上列四项规定者得随时解聘。（6）有特殊情形在校外兼职者应呈经系主任商承校长核准。

三、农学院张院长福延提议：校长底薪六百四十元，三年未加，本会似应提请教育部准自本年八月份起加为六百八十元，请公决案。

议决：通过。

四、教职员福利基金（三十六年一至七月份），除已支发六成薪津外，尚余一万四千余百万元，如何使用，请公决案。

议决：交福利基金委员会商讨办理。

五、此次立法委员会及国大代表选举，本校列为西区即滇川康黔教育人员竞选，应如何办理，请公决案。

议决：推举饶重庆先生为立法委员会，候选人张福延先生为国大代表候选人参加竞选。

六、据教员张鹏等证明，学生林存经、魏延福、余绪昌等三名期考分数记错，请求更正一案，可否改正，请公决案。

议决：维持原案，不予更正。

1947年10月23日会议

日期：十月二十三日下午三时

地点：校长室楼下

主席：熊校长

出席人：熊庆来　张福延　王绍曾　蒋蕙荪　李吟秋（安字明代）　张其濬（杨桂宫代）　朱肇熙　饶重庆　周荫阿　段永嘉　于振鹏（赵崇汉代）　蒋同庆　杜棻　赵明德（杜棻代）　秦仁昌　方国瑜　张瑞纶　丘勤宝　王士魁　全云寰　黄国瀛　朱驭欧　朱锡侯　刘崇智

记录：雷光汉

甲、报告事项

校长报告：

一、本年度经费因鉴本校各院系所需机械、药品、书籍、仪器等等多有不易购致者，遇有可买机会即尽量垫款收购，故经费垫出极多，惟所垫之数可以希望由追加经费项下归垫。

二、建筑费因物价上涨，影响工程价款，迭有增加，迄至目前为止超出经费在两三亿左右，此项不敷数将来若呈请追加，不奉核准，或须由追加经常费挹注。

三、本学期业已开课，各院系新聘教员亦将到齐，惟尚有现居本市之教员未到校授课者，似予新生以不良印象，甚望在会同仁转达未到教员到校授课，并对于以后课程进度切实加紧为要。

四、附中业已上课，该校新聘教员只一二人不得学生爱戴，大体上尚无问题。本年度本大学及师范学院新生第一名虽系出自该校，但近年来考取大学者已较前渐少，今后对该校学生之课程加紧督促，实属必要。又最近接奉教育部十月十三日高字第五五三〇七号训令，饬集中力量发展大学，并应自下年度起停止附中招生，推其原因为该校上次学潮所影响，惟上令系以后问题，今后若不发生其他事件，或可要求继续发展。

乙、讨论事项

一、医学院杜院长提议：学则第八条及第十一条实施上不无困难，拟具修改意见，提请公决案。

议决：组织学则修改委员会，推举教务长、训导长及各院院长为委员，教务长为召集人，开会研讨分别修改，提交校务会议通过后，呈报教育部核准施行。

二、本校各部门多有拟定规章交请提经校务会议讨论实施者，若逐一提会讨论，为开会时间所不许，究应如何组织审查之处，请公决案。

议决：组织规章审查委员会先行审查修正，交本会通过后实施，审查委员会推举梅院长远谋、饶教授重庆、赵教授崇汉三人为委员，梅院长为召集人。

三、本校校产亟应切实清理，如何组织机构办理之处，请公决案。

议决：组织校产清理委员会委员，由校长聘任之。

四、遵照部令，经费稽核委员会每年度应改选委员一次，不得连任，现届改选之期，应即举行改选，请公决案。

议决：票选结果，饶重庆先生、朱肇熙先生、秦仁昌先生、张福延先生、李吟秋先生等五人当选为委员，朱驭欧先生、梅远谋先生、王士魁先生等三人为候补委员，又校长及蒋总务长为当然委员。

五、外界团体在本校开会及其他学生集会有超越限度之举动，应如何取缔，请公决案。

议决：

（一）本校学生有团体组织及壁报、膳堂、教室等规则，由训导处重申前令，严格执行，情节较轻者由训导处处理，情节较重者提交校务会议议处。

（二）校外团体借用本校地点为会场者，应正式向本校训导处及总务处请求，并许可后方得入校开会。

六、电灯启闭时间应如何规定，请公决案。

议决：学生宿舍应十一时闭灯，教职员宿舍十二时闭灯。

散会。七点五十分。

1947年11月6日会议

日期：十一月六日上午九时

地点：校长室楼下

主席：熊校长

出席人：熊庆来　张福延　丘勤宝　王士魁　王绍曾　朱锡侯　梅远谋　刘崇智　蒋蕙荪　黄国瀛　蒋同庆　马光辰　彭士元（旁听）　李吟秋　朱肇熙　朱驭欧　秦仁昌　赵明德　周荫阿　杜棻

记录：雷光汉

甲、报告事项

主席报告：本校当前所处之困难问题，一为助学运动正进行时，准省警备总部函电从严制止，当召开第九次校务会议当场召集学生会负责人劝告，并几经本人私下劝谕，学生终未遵从，随经当日校务会议议决查出为首学生立予除名，现在助学运动业已结束，惟是学生又有所牵涉者，厥为学生有因共产关系而被逮捕者，本校学生为响应其他学校，继停课之后而举行罢课，要求释放被捕学生，若照前议严予惩处，在学潮有无刺激或应否考虑之处，似有提出商讨之必要。

乙、讨论事项

一、前次会议因助学运动擅行停课，应查出负责学生予以严惩一案，现该生等已知悔过，应如何办理，请公决案。

议决：布告学生严加训诫，不予个别惩处。

二、此次本校学生因他校学生被捕而响应罢课，究应如何处置之处，请公决案。

议决：本校学生由校长召集全体训话，再由各院系主任及教授直接负责劝告复课，附中学生亦由校长先行条谕制止。

散会。下午一时。

1947年11月13日会议

日期：十一月十三日上午九时

地点：校长室楼下

主席：熊校长

出席人：熊庆来　王绍曾　李吟秋　黄国瀛　梅远谋　段永嘉　秦仁昌　朱驭欧　丘勤宝（杨元坤代）　王士魁　朱锡侯　张瑞纶　杜棻　朱肇熙　张其濬　赵明德　方国瑜　蒋蕙荪　张福延　蒋同庆　周耀　周荫阿　全云寰

记录：雷光汉

甲、报告事项

一、主席报告：美国在华剩余物资中有一部分款项，拟用于中美文化事业之用，现美国 Royder 先生到昆，已向本校接洽应需文化物品书籍仪器，收集资料以便汇齐寄美以供参考，尚希各院系负责同仁对此特加注意。

二、本校经费因建筑及购料大量垫出款项，而所向教部请求追加之建筑费未奉部令，尚在请求中，一时不能得到经费，万分困难，本校各部分添购物品惟有暂停购买。

三、附中学生迁驻大学，荒废学业，扰乱秩序，屡经劝告，均不听从，甚且天祥中学之学生亦全体迁入本校占据教室，顷已饬大学为首学生转告天祥中学即时迁出，并条谕及布告附中限本早十一时回校，而该生等仍不遵命，本日会议应采取有效办法，以期解决。

四、张教务长福延报告中学学生住校破坏公物、扰乱秩序详细情形。

乙、讨论事项

一、本校一部分学生屡次违犯校规，妨碍学校行政，阻止教学，近且招引他校学生住入校内，扰乱秩序，破坏公物，应如何处理，请公决案。

议决：应将情节重大之为首学生吕根书、冯憬行、尹宜公、徐翔、马丽、杨达基、席德爵、严绍鹍、李靖姝等九名开除学籍，情节较轻学生袁毓芬、陈桂莲、周朝栋、张文敏、薛祖佑、李钟繇、杨如松、刘芬、郑权、王文炳、万仁麟、杨启和、李茂林、李长彦、唐懋昌等十五名记大过两次，停学一年，钱顺、杨德华、赵詠莲等三名记大过两次，小过一次，又舒守训一名系三十六年夏外语系毕业生，今复回校指挥学生封闭附属医院后门，应予扣发文凭。

二、本校学生自治会行动越轨，违犯自治会规则第二条及第十七条之规定，应如何惩处，请公决案。

议决：照教育部国字第四八七五五号代电及自治会规则第十九条规定，即日予以解散。

三、附中学生一再擅行入城住入大学本部，扰乱秩序，破坏公物，行动越轨，滋生事端，应如何处理，请公决案。

议决：附中学生限令十一月十四日正午十二时迁回该校上课，否则，当即遵照教部指示予以解散整理。

四、本校学生由各院系负责训告，于最短期间一律上课，如有不遵照复课者概予留级，请公决案。

议决：通过

五、关于政府逮捕学生，应否函请依照合法手续办理。

议决：函请军政机关依照合法手续于逮捕后，立即通知学校及其家长，至情节不重者应从宽处理，或准其家长保释，其情节较重者亦请本爱护青年之意，优予自新之路。

散会。下午三时。

1947年11月27日会议

日期：十一月二十七日

地点：略

主席：熊校长

出席人：熊庆来　张福延　李吟秋　方国瑜　黄国瀛　马光辰　王绍曾　朱锡侯　王士魁　蒋蕙荪　赵明德　秦仁昌　朱驭欧　杜棻　段永嘉　蒋同庆　张其濬　梅远谋

丘勤宝

记录：王绳尧

甲、报告事项

一、主席报告上次会议惩处学生二十余人情形。

二、主席报告被惩处学生来呈要求请予减轻处分情形，并宣读原呈。

三、主席报告附中学生来函报告二十六日搬回龙头村复课，请准恢复秩序情形，并宣读原函。

乙、讨论事项

一、李主任吟秋提议：定本月二十九日全校一律照常上课，当否，请讨论公决案。

议决：通过。

二、关于不上课学生应如何惩处案。

议决：照常上课后不上课学生（除有特殊情形经学校核准外）以旷课论，如扰乱秩序阻碍上课者，应查明从严惩处。

三、王主任绍曾提议：教授常委会交到学生系级代表请求减轻学生惩罚呈一件，其情词恳切，并经被惩罚学生向校长呈悔过书，应请予以自新之路，请公决案。

议决：详细办法待后讨论。

1947年12月1日会议

日期：十二月一日下午二时

地点：校长室楼下

主席：熊校长

出席人：熊庆来　蒋蕙荪　王绍曾　张福绝　段永嘉　梅远谋　张福延　杨元坤　黄国瀛　丘勤宝　张其濬　李吟秋　朱驭欧　蒋同庆　朱肇熙　秦仁昌　皱景荣　方国瑜　马光辰　全云寰　王士魁　周荫阿

记录：雷光汉

甲、报告事项

一、校长报告：此次学生罢课行将一月，秩序紊乱，学校之震荡，几濒于危，本人于事态初起时深知事势之难收，不得已而暂离学校，校中一切行政事项由张教务长、丘训导长、蒋总务长及各院院长、各系主任与一般同仁在校内维持，经过若干波折，迄今始告安定，本人回到学校，除深感欣慰外，并向各位同仁致谢。关于此次惩罚学生，在不改变开除及惩处原则下予以自新之路，今日学生缮具悔过书，由张院长率同学生代表接本人回校，返校后观查学生上课情形甚为良好，且今日适值一二·一之纪念四学生流血之日，而本校学生能不有其他行动，静心上课，不能不引以为慰也。关于附中情形，本校坚持原定处置办法，经学生家长代表出面请求，择其行动越轨之尤者，酌予惩处，俾早日复学，现已趋于正当解决之途径，解散整理自仍彻底执行，重新登记亦正在办理中，该校高初中分置两地之办法，一俟分校地点筹备就绪，最短期间即可整理复课矣。

二、张教务长报告：教授会接受学生请求代向学校要请减轻开除及惩处事，赖同仁苦心调处，终不违背校务会议议决惩处之原则，达到矫正学风之目的，此为学校兴衰之重大转折点，至于昨日教授会召集学生代表训话，解决事件之经过再请梅院长详为报告。

三、梅院长报告：教授会常务委员会召集学生训话，劝导复课解决事件之经过情形。对于此次事件之急转直下，由事件之起始至结果，学生对于校长从无一语毁谤与攻击，终至具呈悔过书迎接校长返校，可知校长十余年来爱护学生与德威之感召，教授会不过顺其势而促成，经此一度大风波而达到如此之结果，是知学校今后光明前途之可期也。

四、丘训导长报告：近年来因国家社会潮流之所致，学生不时有小风潮之发生，浸至此次大事件之暴发，本人站在训导长的立场，平时训所管之无方，自属咎无可辞，而在学生方面因责任之所在，直接影响，殊大学生蒙受重大惩处，其抱怨于训导者颇深，自兹以后宜在各系主管人多负责任，以减轻训导之繁难，且对学生训管易于收到良好效果，至于学生自治会实际上因有恢复之必要，惟在自治会之组织条件酌予限制，使不为越轨之活动，则于训管上易于执行也。

五、蒋总务长报告：从此次事件经过看来，不惟矫正过去之颓风，亦且激励师生情感之热情，现在学校业已恢复秩序，允宜在最近举行一次茶会，俾师生共聚一堂，以促进学校永久之安定。

乙、讨论事项

一、教授会常务委员会委员张福延、梅远谋、丘勤宝、马光辰、李吟秋、王士魁等六先生提议：据学生系级代表呈本会请求减轻惩处学生处分，可否酌予减轻，请讨论公决案。

议决：该生等已知悔过，为体念其学业起见，应准予自新之路，原令开除之学生，如在一年内能痛自悔过，行为上有良好表现者，得请有力之保证申请审查，由校核转教育部请准恢复学籍，原令惩处记两次大过停学一年者，减为记两大过，并请具保证以后准予留校察看，留校半年后无过失者，准予登记成绩，原令记两大过两小过者，减处记一大过、两小过。

二、学生自治会是否准予另成立案。

议决：准予照章筹备另行组织自治会，筹备选举时应先申请学校核准后交由训导委员会切实指导，其详细办法由训导处拟具，经训导委员会通过后提请校务会议核定施行。

散会。五点二十分。

1947年12月10日会议

日期：十二月十日下午二时

地点：校长室楼下

主席：熊校长

出席人：熊庆来　丘勤宝　张福延　蒋蕙荪　梅远谋　李吟秋　方国瑜　朱肇熙　段永嘉　周荫阿　黄国瀛　全云寰　马光辰（黄国瀛代）　蒋同庆　饶重庆　王士魁　朱锡侯　王绍曾

记录：雷光汉

甲、报告事项

校长报告：大学本部于十二月一日全体上课后一切已复常态，关于附中之整理，初中部迁马街子，高中三年级因师资关系迁入大学本部上课，各部分均将于日内迁移就绪，学生之登记审查亦将告竣，下周即可复课。

乙、讨论事项

一、十二月八日第一次训导委员会议决关于学生自治会及系级代表会议案四项，请提会讨论案。

议决：逐项修正通过（修正案抄附于后）。

二、学生自治会解散后，学生以系级代表会名义向学校陈述意见，是否认为合法，请公决案。

议决：该会在新组织之自治会未成立前得暂时代表全体学生，惟学会壁报社及其他团体，不能参加系级代表会，又受惩处之学生不得为代表，至各系级代表若有缺额，应由该系级推选补充，并应将全体代表名单呈报训导处备案。

三、学生团体组织应每学年呈报训导处备案一次，请公决案。

议决：通过。

四、学生此次罢课，耽误课程甚多，应否予以补救，请公决案。

议决：本学期照校历顺延两星期，所旷功课除由教员补授一部分外，并另由教员指定课程，由学生自修，使全部应修功课得以补足。又月考应照常举行，时间以在星期日不妨碍正课为原则。

散会。四点四十分。

附：

十二月第一次训导委员会会议记录修正案

一、学生自治会已布告解散，而仍有用该会名义张贴通告者，应如何取缔，请公决案。

议决：自治会既经解散，倘复有学生擅自用该会名义活动，自属违犯校规，应查明负责人，视情节轻重予以相当惩处。

二、自治会从新组织事项，应如何进行，请公决案。

议决：遵照教育部第五八七〇〇号训令及自治会规则第六条从新组织，并应照规定先组织筹备会，由每系科推举筹备委员一人，医学院推举二人组织之。

三、学生自治会现经解散，所有文件公物，应如何保管，请公决案。

议决：自治会一切文件及公物暂由系级代表会推出五人接收，暂行保管，但受惩处学生不得参加。

四、有关本校福利之食品部、理发室及沐浴室，原由自治会负责，现应如何办理，请公决案。

议决：由系级代表会推出五人负责接收，继续办理，移交时由校派人监交，受惩处学生不得参加负责。

1948年1月8日会议

日期：元月八日下午三时

地点：校长室楼下

出席人：熊庆来　杜棻　朱肇熙　张其濬　丘勤宝　段永嘉　王绍曾　梅远谋　蒋同庆　周荫阿　李吟秋　王士魁　黄国瀛　方国瑜　张福延　全云寰　刘崇智

讨论事项：

一、本校学则应否修改，请公决案。

议决：由教务处遵照部令修改，交教务会议通过实行。

二、本学期因罢课关系，学生学业结束较迟，影响下学期注册时期，如何办理，请公决案。

议决：延迟一星期注册，先期上课。

三、学生系级代表呈请减轻前受处分同学之处分，请公决案。

议决：维持本会前次议决案。

四、医学院杜院长提议：关于接收红十字会之器材药品，应组织委员会清查本校附属医院以明真相案。

议决：请审计处派员会同本校稽核委员会清查。

1948年1月21日会议

日期：元月二十一日

时间：下午三时三十分

地点：校长室楼下

主席：熊校长

出席人：熊庆来　蒋蕙荪　张福延　段永嘉　朱肇熙　朱驭欧　丘勤宝　方国瑜　张瑞纶　李吟秋　梅远谋　王士魁　饶重庆　蒋同庆　黄国瀛　刘崇智

记录：陈慰群

甲、报告事项

一、主席报告：

（一）昨接法国驻滇领事来函，谓本校前汇往该国之法币一千万元已折合佛（法）郎存储，随时可以动用。

（二）关于前次校务会议议决之减轻学生处罚一案，只张文敏等三生呈递悔过书，已准其留校，刻学生系级代表又为其他同学呈请要求减轻处分，我看只能照前次议决案办理。

（三）此次函请审计处会同本校清查附属医院接收美红十字赠送之医药、器材，请稽核委员会及教授代表将清查情形报告。

二、李吟秋先生报告：略谓本月十五日会同审计处及学生系级代表赴附属医院抽查美红十字会赠送之医药、器材。详情业已公诸报端，兹不赘述。

乙、讨论事项

关于经费稽核委员会及教授代表清查附属医院接收美红十字会赠送该院医药、器材，学生系级代表登报歪曲事实，应如何办理，请公决案。

决议：由校长作书面通讯，将接收经过及清查情形发表。

散会。

1948年2月4日会议

日期：二月四日下午三时

地点：校长室楼下

主席：熊校长

出席人：熊庆来　王士魁　李吟秋　蒋蕙荪　方国瑜　王绍曾　朱锡侯（朱肇熙）饶重庆（方代）　朱肇熙　杜棻（熊代）　朱驭欧　张其濬（王代）　张福延　全云寰　马光辰（李吟秋代）　石毓澍（张代）　张瑞纶

记录：陈慰群

甲、报告事项

一、主席报告：

（一）关于待遇一项，上年十至十二月份同人特别补助费，奉教部最近来文云，云南尚未核准，而学术研究费用亦未发下，均是学校设法挪移垫发，现共垫发十余亿，故对于周转借支现时无法应付，请出席各位转告同人暂勿借支。

（二）本年新待遇，公文现已奉到，与报章所载同，惟第七条规定，文职机关每月裁员百分之五，学校是否在内尚属疑义，拟向部请示。

（三）住的问题，同人纷纷请求学校房屋不够分配，建筑费上年所请无多，本年拟建筑之教职员及学生宿舍并文法学院课室等，因经费困难，尚无法开工。

二、总务长报告：略谓三十六年度所建筑之各项工程及财产目录、接收物资。等项表册均将陆续完成。

三、教务长报告：

（一）农学院接收物资。关于器材药品一批已呈由学校报告上峰备案，还有最近接收少数未报。

（二）农场。呈贡与经济农场二部分三十六年度所有出品、产销及动用经费购置各项情形均按月评列表册，不日送会计室审核。

（三）本校学则。三十五年度修改已呈部核准，现又奉教部颁布学生学籍规则与本校学则略有出入，本校学则似应根据该规则第三十九条改订。

乙、讨论事项

一、教育部新颁《专科以上学校学生学籍规则》与本校学则有不相符合各点，应如何办理，请公决案。

决议：照部颁规则改订。

二、下学期学生学费如何规定，请公决案。

决议：照上学期办法办理。

三、关于照明用电如何整理，请公决案。

决议：组织照明用电整理委员会统筹办理。

散会。

1948年2月23日会议

日期：二月二十三日下午三时

地点：校长室楼下

主席：熊校长

出席人：熊庆来　蒋蕙荪　朱肇熙　张福延　方国瑜　蒋同庆　王士魁　王绍曾　黄国瀛　张瑞纶　段永嘉　梅远谋　李吟秋　朱驭欧　丘勤宝（张福延代）　秦仁昌　全云寰　马光辰

记录：陈慰群

甲、报告事项

主席报告（略）

乙、讨论事项

一、关于学生上课点名如何规定案。

决议：由教务、训导两处会同办理。

二、关于排课问题如何决定案。

决议：照教务处提议原则修正通过。

三、教授任课问题如何决定案。

决议：援上学期校务会议议决例，超过钟点另送钟点费。

四、关于各系级学生月考、期考考试问题如何规定案。

决议：均定期集中考试，担任教师无论专任、兼任均应到场监试。

五、关于教授请假问题如何决定案。

决议：照教育部颁发条例规则施行。

散会。

1948年3月9日会议

日期：三月九日下午三时

地点：校长室楼下

主席：熊校长（张教务长代）

出席人：方国瑜　王绍曾　秦仁昌（张福延代）　段永嘉　李清泉　王士魁　张福延　蒋蕙荪　朱驭欧　朱肇熙　丘勤宝　蒋同庆（蒋蕙荪代）　熊庆来（张福延代）　饶重庆（方代）　朱锡侯（朱肇熙代）　马光辰（王绍曾代）　李吟秋

记录：雷光汉

甲、报告事项

一、主席报告（略）。

二、马先生报告出版委员会工作情形。

乙、讨论事项

一、建设费尚无消息，计划兴建之文法馆及教授住宅、体育部、沐浴室等工程是否待款到再建，请公决案。

议决：仍照以前议决案继续进行兴建。

二、学生系级代表妄干校政，有碍教学工作及师生福利，应如何纠正，请公决案。

议决：由校长全权处理。

三、本校未设有师范学院及教育学系，附中无一适当管理之机构，拟设置一附中教育指导委员会，以资指导，可否，请讨论公决案。

议决：附属中学无再行组织管理机构之必要，本案无庸置议。

四、据附属医院拟呈《员生、工警就诊优待办法》请通过案。

议决：原办法第二项应加注（但患者商得医师同意，自行备办伙食者及免收伙食费），第四项应加注（又教职员负担经济责任之眷属再得享受同样优待）。饬照通过。

五、红十字会赠送医学院及附属医院药品应如何处理，请公决案。

议决：由教授会常委会提供意见，交本会决定。

六、据本校教员张福华、黄锦焕、张燮三先生请求更正学生李广春、万福麟、邓模等三名学生上学期成绩，可否，请公决案。

议决：张福华先生证明，系学生李广春微积分成绩试卷有误，应准照更正为总平分六十一分，黄锦焕先生请改正森林系一年级学生万福麟普通化学试验成绩，应将分数记录交会核议再改。张燮先生请改 3615 学生邓模成绩，应提供证件再凭办理。

七、上学期因学生罢课等关系，各院系多赶授功课，因此理、工、医、农一年级生每苦难于接受，致影响其成绩，若照第十九次校务会议改订旧学则而依照教部新颁学籍规则第三十七条实施，则受退学处分者不在少数，应如何补救，请公决案。

议决：仍应维持上次议决案，惟为顾全学生学业起见，不及格学分在一半以上，不达三分二者，改为试读生，俟本学年终，其全年学分不及格超二分一者始予除名。

散会。六时五十分。

1948 年 4 月 14 日会议

日期：四月十四日下午三时

地点：校长室楼下

主席：张代校长福延

出席人：张福延　秦仁昌　王绍曾　蒋蕙荪　段永嘉　丘勤宝（张正林代）　方国瑜　饶重庆　朱驭欧　李吟秋　王士魁　黄国瀛　朱肇熙　杜棻（朱肇熙代）　崔之兰（秦仁昌代）　赵崇汉（饶重庆代）　蒋同庆　张其濬

记录：雷光汉

甲、报告事项

一、张代校长报告（略）。

二、李吟秋先生报告（略）。

三、邹景荣先生代理丘训导长报告校庆筹备会议经过情形。

四、蒋总务长报告经费窘迫情形。

乙、讨论事项

一、关于美国红十字会赠送本校附属医院医药、器材，经教授会常委会议决，建议三项：(1) 校医室开单列举应用药品、器材等项，由校长批准后，请附属医院由美红会赠送项内酌量拨给，以便应用。(2) 其留院之上项药品、器材等项仍按该院提经上次校务会议通过之《优待员生工警办法》处理之。(3) 将处理办法决定后报教育部备案。是否照办，请公决案。

议决：通过。

二、校庆筹备委员会建议停课三日，并开放各院系，任来宾参观，暨开会时间订于二十日上午十时，请公决案。

议决：自十九日起至二十一日止，停课三日，饬照通过。

三、校庆经费及招待费如何决定，请公决案。

议决：应在节约开支原则下，招待校友，核减支给，俟下次校务会议追认。至于招待校友二十日餐费，由学校负担，教职员聚餐每单位自行征取同事签名登记，每人餐费为十万元，时间由总务处决定。

四、文史系学生赵汝揖因病未能参加第一学期考试，经罗庸、李源澄两先生提议，以该生平日成绩作为学期考试成绩，可否，请公决案。

议决：通过。

散会。下午六时五十分。

1948年5月1日会议

日期：五月一日下午三时

地点：本校会议室

主席：张代校长

出席人：张福延　丘勤宝　张其濬　段永嘉　王士魁　梅远谋　蒋蕙荪　朱肇熙　李吟秋　朱驭欧　秦仁昌　黄国瀛（丘代）　马光辰（张代）　王绍曾（王代）　周荫阿

记录：雷光汉

甲、报告事项

张代校长报告（略）

乙、讨论事项

奉教部高字第20004号代电，本年暑期各专科以上学校应届毕业生毕业总考准由校依实际情形斟酌办理等因。本校本年暑期毕业总考如何办理，请公决案。

议决：由各院系斟酌办理。

散会。五时四十分。

1948年6月12日会议

日期：六月十二日星期六下午三时

地点：本校会议室

主席：张代校长福延

出席人：张福延　饶重庆　张其濬　秦仁昌　梅远谋　蒋蕙荪　朱驭欧　李吟秋　丘勤宝（杨元坤代）　周荫阿　全云寰（王清泉代）　段永嘉　朱肇熙　王绍曾　蒋同庆　黄国瀛　杜棻（朱肇熙代）　赵崇汉（饶代）　马光辰（濬代）　崔之兰（秦仁昌代）

记录：雷光汉

甲、报告事项

张代校长报告教育部前次分发本校美金二万元拨领、分配及动用情形。

乙、讨论事项

一、世界儿童救济会催询救济捐款一案，本校如何办理，请公决案。

议决：底薪一百元至二百元者每人捐十万元，二百元以上至四百元者每人捐二十万元，四百元以上至六百元者每人捐三十万元，底薪百元以下及兼任教员不捐，上定认捐款数个别通知各教职员后，即由出纳组垫付，在薪津项下扣除。

二、招生委员会第一次会议记录议决招生办法七项，是否照原决议案通过，请公决案。

议决：原决议案第一项，招考区域应增加武汉区；第六项，外区应否招收转学生，俟分别征询各院系意见后再行决定；第七项，未立案之中学毕业生不准报考一节，应再加注“如考录后查出新报毕业学校未经立案者，仍得勒令退学”。

三、关于本校应自三十七学年度起扩增之院系宜即早决定，呈请教育部核准增设，请公决案。

议决：

（一）文法学院扩分为文学院、法商学院，文史分为两系，并于法商学院增设商学系，文学院辖中国文学系、外国语文系、历史学系。法商学院辖政治系、经济系、法律系、社会系、商学系。

（二）理学院增加地质学系，工学院将原属理学院之电讯专修科改为电讯工程学系，归属之。

（三）农学院增设畜牧、兽医学系、园艺学系，并改蚕桑专修科为蚕桑学系。即呈教育部请示。

四、附中安校长呈请设法解决学潮，应如何办理，请公决案。

议决：关于附中学潮由安校长自行设法解决，校务会议全力支持。

散会。下午七时。

1948年6月21日会议

日期：六月二十一日下午三时

地点：本校会议室

主席：熊校长

出席人：熊庆来　张福延　黄国瀛　朱锡侯　王士魁　朱肇熙　王绍曾　宋玉生　周荫阿　杨怡士　梅远谋　朱驭欧　饶重庆　段永嘉　杨桂宫　张友铭　张其濬　马光辰　方国瑜　全云寰　蒋同庆　蒋蕙荪　刘崇智　李吟秋　秦仁昌（张福延代）

纪录：雷光汉

甲、报告事项

一、熊校长报告（略）。

二、张教务长报告上次校务会议议决案修正本年度招生简章情形。

乙、讨论事项

一、三十七年度招考新生简章业已印出，是否照办，请公决案。

议决：照简章通过。

二、关于学生因反美扶日游行被捕之学生举行罢课，影响学期考试，应否延期，请公决案。

议决：应依照校历规定自二十四日举行考试（监场人员加强），并照校历规定自七月四日起即放暑假，决不变更。

三、校外学生占据课室或致妨碍考试，应如何处理，请公决案。

议决：致函建民、天祥、金江各校校长派员前来将学生领回，严加管束，免妨碍本校考试，并责令本校学生自治会负责促其迁离本校。

四、考试时间如有学生出而妨碍，应如何办理，请公决案。

议决：严予惩处。

五、本校学生三人被捕，附中亦有学生三人被捕，应如何表示，请公决案。

议决：应请军警当局对于情节较轻者迅予释放，俾参加考试，免误学业。

六、本年度招生取录标准及名额应如何决定，请公决案。

议决：各院系酌定取录标准及名额后，由招生委员会汇交校务会议作最后决定。

散会。下午七时四十五分。

1948年9月1日会议

日期：九月一日上午九时

地点：电机馆三楼

主席：熊校长

出席人：熊庆来　朱肇熙　张其濬　王绍曾　黄国瀛　秦仁昌　李吟秋　张福延　王士魁　王志民　马光辰（王志民代）　张瑞纶　方国瑜　梅远谋　段永嘉　蒋同庆　杨堃　全云寰　丘勤宝

记录：雷光汉

甲、报告事项

一、校长报告（略）。

二、全主任报告经费收支状况。

乙、讨论事项

一、本学期开学及补考日期如何决定，请公决案。

议决：定于九月十一日至二十日报到，至补考及注册开学日期由本会授权教务、训导、总务三处会商决定，新生开学上课问题亦由三处并同商定。

二、外区代考新生成绩是否比照本校标准核定，请公决案。

议决：成绩在三十分以上者交招生委员会办理取录，农学院外区考生成绩由该院自行决定。

三、奉教部令发本年度生补费，节余提充员工福利金办法，应如何办理，请公决案。

议决：改组员工福利委员会，每院推教员代表一人，教务、训导、总务三处职员，每处推代表一人，会计室一人，职员推代表一人，负责行政责任者不得推为代表，即由本会推举会计室为福利委员会临时召集人，于九月十日以前选举组织成立。

四、第四、五两次训育委员会提供惩处学生资料，如何决定，请公决案。

议决：照核改通过。

散会。下午一时四十分。

1948年9月22日会议

日期：九月二十二日上午九时

地点：电机馆三楼

主席：熊校长

出席人：熊庆来　张福延　王士魁　丘勤宝　蒋蕙荪　张其濬　段永嘉　朱锡侯　秦仁昌　蒋同庆　李吟秋　杨堃　马光辰（王志民代）　宋玉生　李德家　方国瑜　梅远谋　全云寰　张瑞纶　杜棻　朱肇熙

记录：雷光汉

甲、报告事项

一、主席报告：

（一）教育部分配本校美汇三千五百元，拟购买仪器情形。

（二）外区考生取录情形。

乙、讨论事项

一、中国回民青年会云南分会来函保送回族学生九十二名入本校先修班就读，可否，请讨论公决案。

议决：函复准予收录入先修班，收为附读生。

二、此次本校惩处学生中有宋文治等数名未在会泽院滋生事端，亦非自治会干事，该生等或具悔过书或陈述受屈情形，请减轻处罚，可否再予考察酌量办理之处，请公决案。

议决：由本会授权校长、训导处再予根据事实斟酌办理。

散会。

1948年10月22日会议

日期：十月二十二日下午三时

地点：会泽院三楼会议室

主席：张代校长福延

出席人：张福延　范锜　李吟秋　王士魁　黄国瀛　丘勤宝　安字明　杨元坤　冯竞　胡宗璞　萧子凤　宋玉生　马光辰（王志民代）　赵崇汉　昝维廉　陈酒隆　李光溥　王景贤　陆忠义　李萃农　梅远谋　魏劼沉　原颂周　朱肇熙　方国瑜　周荫阿　全云寰　杨堃　马耀先　段永嘉　金琼英（杨堃代）　诸宝楚　李德家（梅代）　蒋蕙荪　张瑞纶　秦仁昌

记录：雷光汉

甲、报告事项

一、张代校长报告：

（一）教务长、训导长、总务长新旧交替情形。

（二）本学期学生以收费较多，要求减免情形。

（三）宿舍分配情形。

（四）教部分配美金拟购图书仪器情形。

（五）关于代电催请教部转请行政院调整待遇情形。

（六）关于本校员生工警食米购办情形。

二、会计室全主任报告：三十七年度下半年度经费预算及上半年度经费追加情形，暨截至本日之款项收支状况。

乙、讨论事项

一、教务处提议：此次（九月二十五日至十月一日）旧生补考，因重大事故或患病未能参加考完者，拟具补救办法两项，请讨论公决案。

议决：照所拟办法，（1）准予于三十七年度第二学期返校肄业，其所修各科成绩得与三十六年度第一学期平均计算。（2）前项学生其已抵昆明者，在可能范围内准予住校，并登报公布通知。

二、教务处提议：关于远道转学生（有转学证书及成绩单），其有因旅途困难贻误考期未能参加转学试验者，应如何办理，请公决案。

议决：照章予以编级试验，连同前次转学生一并报部。

三、教务处提议：边疆学生申请收作特别生，可否照准，请讨论公决案。

议决：准予按照部颁学籍规则第十二条收为特别生。

散会。

附：

教务处提议

查前次校务会议议决：三十六年度第二学期考试因学潮影响未能举行，故定于九月二十五日至十月一日补考，以后无论任何情形不再补考。

兹提议：

（一）因重大事故未能参加考试者，及正在考试而中途确实因病未能考完者，准予三十七年度第二学期返原级肄业，其所修各科成绩得与三十六年度第一学期者平均计算，以定学籍（升级、留级、退学）。

（二）上项学生，其已抵昆明者，在可能范围内准予住校。

（三）将此项议决案公布并连续登报数日，使不在昆明之学生能于周知。是否有当，请公决。

1948年12月22日会议

日期：十二月二十二日下午三时

地点：会泽院三楼会议室

主席：熊校长

出席人：熊庆来　张福延　方国瑜　蒋蕙荪　朱彦丞　王士魁　王绍曾　蒋同庆　叶日葵　昝维廉　段永嘉　秦仁昌　李吟秋　陆忠义　胡宗璞　王树勋　冯竞　周荫阿（冯代）　原颂周　李莘农　梅远谋　宋玉生　赵崇汉　诸宝楚　朱肇熙　黄国瀛　李光溥　杜棻（叶日葵代）　朱锡侯（朱肇熙代）　全云寰　丘勤宝　杨堃　张其濬

记录：雷光汉

甲、报告事项

一、主席报告：

（一）本周课程进度情形。

（二）经费概况。

（三）向银行借款办理福利情形。

（四）建筑情况。

二、全主任报告本校总经费截至十二月二十日下午三时结余情形，经常费截至十二月十四日结余情形及临时费支付状况，并解释发放十一二月份赶办不及，延长时间经过之困难情形。

三、诸总务长报告购置费之审核支付困难情形，并拟于三十八年度起改订购置费使用办法，以减少审核之困难。

四、陆教授忠义报告福利委员会购办米、炭、面粉、食盐及分配情形。

乙、讨论事项

一、关于本校惩罚开除学生中一部分，经特刑庭判决无罪者申请准予复学前来，究应如何办理，请公决案。

议决：将本校惩处情形连同法庭判决呈请教育部核示。

二、学期考试是否提前举行，并于考试完毕放寒假，请公决案。

议决：考试日期提前于一月二十三日至二十七日，考试完毕即放寒假。

三、关于经费稽核委员会改组问题，如何办理，请公决案。

议决：经费稽核委员会应予改组，除校长、总务长照案为当然委员外，并另由各院推举代表一人参加组织之。

散会。下午六时二十分。

注：核呈十二月二十一日文书组办。议决：第一项呈部请示，第二项通知教务处，第三项通知各院推举。

1949年1月21日会议

日期：一月二十一日下午三时

地点：会泽院三楼会议室

主席：熊校长

出席人：熊庆来　李吟秋　黄国瀛　周荫阿　王绍曾　朱肇熙　方国瑜　诸宝楚　张福延　秦仁昌　丘勤宝　张瑞纶　杨元坤　胡宗璞　朱彦丞　萧子凤　李光溥　陈迺隆　安宇明　王士魁　宋玉生　陆忠义　蒋同庆　全云寰　段永嘉　杨堃　叶日葵　梅远谋（陆忠义代）　赵崇汉（宋玉生代）　昝维廉（段永嘉代）　张其濬（秦仁昌代）　杜棻（朱肇熙代）

记录：雷光汉

甲、报告事项

校长报告近来学校经费状况，并谓一月份待遇调整后，部分主管人员特别办公费已奉令增加五倍发给；关于学研费因有未送审者低一级支发之规定，本校则拟一律照聘书致送，为将来奉教育部批驳时由福利金项下弥补。（余略）

乙、讨论事项

一、关于宿舍分配管理问题如何解决，请公决案。

议决：由总务处根据同人实际情形及公平合理之原则拟具办法，交行政会议通过后切实执行，倘有强行据住不遵学校规则者，以不遵守聘约论。

二、关于下学期收费问题如何决定，请公决案。

议决：暂定为正式生每人缴金圆四十元，其他学生一律加三倍收费（正式生收学宿费共十元，体育费十元，讲义费十元（多退少补），试验费十元（文法学院免），先修班学生收杂费共　元。

三、梅院长提议：暑期惩罚学生现已事过境迁，拟请一律减轻，俾予该生等均有读书机会，请公决案。

议决：所有具悔过书请求复学者，可予转呈教部予以读书机会。

四、本期开学时未参加补考及已考而未考完即中途发生重大事故中止考试者，前次议决案一律不予补考，但近据少数学生申请准予补考前来，情词恳切，似有考虑变通办理之必要，如何办理，请公决案。

议决：既经议决有案，不便再予变更。

五、旧历年关已届，本校向例应给予教职员工年关津贴，其数目如何决定，请公决案。

议决：教职员每人各发金圆一百元，工友每人各发五十元，此款由福利金项下开支。

散会。六时四十五分。

1949年2月26日会议

日期：二月二十六日上午九时

地点：会泽院三楼会议室

主席：熊校长

出席人：熊庆来　李吟秋　丘勤宝　张福延　蒋蕙荪　陆忠义　杨　堃　张其濬　王绍曾　黄国瀛　赵崇汉　全云寰　朱肇熙　秦仁昌　李光溥　安字明　杨元坤　李萃农　方国瑜　蒋同庆　段永嘉　周荫阿　顾建中　王景贤　朱锡侯　诸宝楚　王士魁　宋玉生　张瑞纶　李德家

记录：雷光汉

甲、报告事项

校长报告此次向银行团借款一千四百万元经过情形。

乙、讨论事项

一、关于此次银行团借款一千四百万元手续业已办妥，本日应赴银行取款，但有一部分同人认为利息三十六分过高，难以担负，此款应否提用，请公决案。

议决：应即提取，照决定借支十一月份标准二百倍办发，至利息一层，再召会研议，以不使同人担负为原则。

二、本学期本市各公私立中学学费均以米计收学杂费，本校同人各子女应入中学者，咸以无力负担学杂费，致有失学之苦，应如何解决此一困难，请公决案。

议决：设置本校子弟学校，定名为“国立云南大学附设子弟学校”，暂办初级中学，采混合制功课，暂由热心同仁担任，详细办法交行政会议讨论，分别进行。

散会。下午一时。

1949年2月28日会议

日期：二月二十八日下午三时

地点：会泽院三楼

主席：熊校长

出席人：熊庆来　张福延　张其濬　朱肇熙　梅远谋　方国瑜　秦仁昌　段永嘉　黄国瀛　张瑞纶　杨堃　胡宗璞　王绍曾（陈迺隆代）　王士魁　蒋蕙荪　陈迺隆　蒋同庆　宋玉生　全云寰　诸宝楚

记录：王绳尧

甲、报告事项（略）

乙、讨论事项

一、关于银行团借款已照上次校务会议议决案支发利息，如何办理，请讨论公决案。

议决：查此项借款计一千四百万元，已于二月二十六日借发同人，月息三十六分，仍由借款人负担，其不愿借者听便，并一面再向银行团商请减低利息。

二、本校奉到二至六月份员工薪饷，已洽妥一次拨出，应如何办理案。

议决：奉拨二至六月份员工薪饷一千一百二十八万余元，仍以三十七年十一月份薪津标准之二百倍支发。上次向银行团借款，应付月息三十六分，由借款人负担，如有不愿息借者，前次借款即充作此次薪津拨抵归还。

三、关于上次学潮被惩处学生应否准予一律恢复学籍案。

议决：向教育部请求准予取销处分，恢复学籍。其有公费者并请示续给公费。

散会。六时二十分。

1949 年 3 月 31 日会议

日期：三月三十一日

地点：会泽院三楼

主席：熊校长

出席人：熊庆来　黄国瀛　王绍曾　范琦　杜棻　顾建中　朱肇熙　李莘农　张福延　赵崇汉　蒋蕙荪　李吟秋　诸宝楚　杨元坤　胡宗璞　段永嘉　梅远谋　丘勤宝（诸代）　陈迺隆　冯竞　原颂周　郭佩珊　王士魁　安字明　昝维廉　李德家（纳忠代）　纳忠　方国瑜　王树勋　蒋同庆　宋玉生　周荫阿

记录：诸宝楚

甲、报告事项

主席报告本校经费最近情形及学校历次向教部请求追加经费及调整待遇等函电，学校经常费支出概况，校庆筹备情形，及最近山东省立农学院到校借读学生业已安顿安善。（余从略）

乙、讨论事项

查本月公教人员待遇业经行政院调整照基数增加二千七百倍发给，惟领款尚杳无日期，昨今两日物价飞涨，金圆券贬值益剧，应如何设法尽速将款领出，俾资支应同人生活费用，请公决案。

议决：查中央对于各学校核定经费，值兹生活高涨、物价变动剧烈之际，曾明令于中央款尚未拨到时，由中央银行借垫，应根据此项命令，由校长及总务长前往昆明中央银行交涉，将三、四两月份生补费一次拨发。如无结果，于明晨九时再召集校务会议讨论。

散会。

1949 年 4 月 1 日会议

日期：四月一日

地点：会泽院三楼

主席：熊校长

出席人：熊庆来　胡宗璞　张瑞纶　梅远谋　范琦　方国瑜　纳忠　蒋同庆　王绍曾　李莘农　杜棻　王树勋　杨堃　原颂周　李吟秋　宋玉生　郭佩珊　赵崇汉　朱肇熙

杨元坤　安字明　顾建中　蒋蕙荪　叶日葵　陈酉隆　全云寰　王景贤　李德家　马耀先　昝维廉　段永嘉　王士魁

甲、报告事项

主席报告昨晚与中央银行赵经理接洽拨领三月份本校生补费增加数（二千七百倍）经过情形。

乙、讨论事项

本校校长昨经与中央银行赵经理接洽拨领生补费，赵经理仅允设法拨付本校透支款二千一百万元，对于二千七百倍增加数无确切答复。应如何处理，请公决案。

议决：推举总务长、全主任、梅院长、方主任、蒋主任、李主任吟秋、李主任德家、陈酉隆先生、杜院长、王树勋先生等十人前往中央银行洽拨。

散会。

1949年4月28日会议

日期：四月二十八日

地点：会泽院三楼

主席：熊校长

出席人：李莘农　顾建中　张瑞纶　杨元坤　李光溥　王绍曾　郭佩珊　段永嘉　李吟秋　叶日葵　梅远谋　黄国瀛　李丹　昝维廉　张福延　蒋杨堃同庆　陆忠义　诸宝楚　方国瑜　胡宗璞　朱肇熙　王景贤　马耀先　丘勤宝　杨堃　安字明　王志民　宋玉生　赵崇汉　王树勋　全云寰

记录：诸宝楚

讨论事项

一、查关于本校请求省政府按照省级公教人员例借发半开救济金，业经由校备函送达省府，迄已多日，未蒙复示，应否再行派员前往省府陈述，俾资早有结果而维同人生活，请公决案。

议决：除请校长约同本校同人一人访卢主席陈述外，并推举张院长海秋、丘院长天巍往访杨委员镜涵，方主任国瑜往访姜厅长亮夫，秦主任学农往访陇厅长体安，梅院长、全主任及诸总务长往访林厅长南园，王景贤先生往访金委员龙章，陈述本校同人生活苦况，并强调：（1）本校工作为教育云南子弟；（2）本校无生产收入；（3）教育界同仁生活一向清苦，请从旁促请省府早日核准借发，以维生活而利教育工作。

二、本日讲师助教会、职员联谊会、工警联谊会以要求校方前次扣还半开借款蒙受损失，要求赔偿并要求学校财政公开，改组员工福利委员会，迅速公布账目，要求职员进修金，改善工警食堂、房屋等原由，于今晨起全体停止工作，请校方于三日内答复，应如何办理，请公决案。

议决：为补救扣还半开借款办法，由学校退予筹款，发给教职员每人半开二元五角，工警半开一元五角，此款尽于下星期一发放，合行通告周知。

散会。

1949年5月1日会议

日期：五月十一日上午十一时

主席：熊校长

出席人：熊庆来　陆忠义（朱肇熙代）　朱肇熙　陈迺隆　郭佩珊　王志民　李光清　胡宗璞　杨元坤　李吟秋　方国瑜　张福延　李德家　安宇明　顾建中　王树勋（顾代）　宋玉生　叶日葵　段永嘉　原颂周（段代）　张瑞纶　蒋蕙荪　诸宝楚　丘勤宝（张代）　萧子凤　兰瑚（杜棻代）　杜棻　纳忠（方代）　全云寰　刘占义

列席人：讲助会　职联会　杨鹏魁　袁恒昌　熊履绥　蒋裕光　杨士金　工警联谊会　陈昌位　李发成

记录：王绳尧

甲、报告事项

主席报告教育部汇到金元券十九亿六千九百二十六万元，央行允予暂不查扣及再借支三十亿元情形。

乙、讨论事项

教育部汇到金元十九亿六千九百二十六万元，中央银行允不查扣并再借支三十亿元，应如何分配，请讨论公决案。

议决：

一、教职员薪津及工役薪饷以六万五千倍计发（内三万零三万倍作为四月份薪津，其余三万四千七百万倍作为五月份借支）。

二、教员学研费补足四月份新标准尾数。

三、各级主管人特别办公费亦同。

四、学生公费补足四月份尾数发款办法及余款，仍照上次办法办理。

散会。午后一时。

1949年5月27日会议

日期：五月二十七日上午九时

地点：会泽院三楼会议室

主席：张代校长福延

出席人：范锜　朱肇熙　杨元坤　李莘农　马耀先　朱锡侯　宋玉生　胡宗璞　陆忠义　顾建中　郭佩珊　段永嘉　赵崇汉　王景贤　陈迺隆　李光溥　叶日葵　张福延　全云寰　诸宝楚　蒋同庆　王绍曾（陈迺隆代）　王树勋　方国瑜　安宇明

列席：讲助会代表杨德林　职员会代表陈云浦　赵　谦　工警会代表李金祥　系级代表会代表葛人忠　尹懋侯　杨永镇　五联表代表徐文宣

记录：雷光汉

甲、报告事项

一、主席报告：昨日接到杭部长慰留校长函一件及校长来电一件，略谓经费已奉准照拨接济，约下月三日可返校云云，关于本校同人生活之救济问题，经逐日各方奔走借款，迄尚未能获得款项，惟昨日会同查院长良钊访谒卢主席，得朱秘书长丽东接见，对两校请借款暂时维持一节，承朱君告，以用书面请求，当代转达等语。本人当已照书一便函，交由朱秘书长代转矣。此外有须提出报告者为中央银行来通知，谓本校五月份经费可照新调整案，以关元折合金圆券拨给，除去前借发百亿元外，可实借五百八十亿元等语，但以市面拒用金圆，不能换及半开，经于昨日召开五联会讨论，结果决定不再领用，另接五联会来函称：（1）请将本校全部存米借给员生工警临时救济，分配办法由福利委员会决定。（2）请速向昆明中央银行交涉，暂借半开三十万元，以解决员生工警生活问题等语。关于第（2）点，本人已约同诸总务长向中央银行商借，央行方面答复毫无办法筹借，关于第（1）点提请本会予以讨论，是否可以动用。

二、全主任报告会计账务及学校存米数量及购米款项之来源。

乙、讨论事项

一、五联会请求动用学校全部存米，如何办理请公决案。

议决：以二百四十担配借同人食用，余数作准备，工警借领伙食办法由福利委员会决定办理，修缮事项暂行停止。

二、本校五联会业已自由发表，请求中央动用央行"八·一九"以后兑存金银。学校方面应否向政府作一致之请求，请公决案。

议决：应由学校分别备文呈函教育部及财政部、中央银行请即动用该项兑存金银，并由学校函请省府以地主之谊代向中央请求动用，对于省参会自动提请省府转呈中央动用央行存金，应致函表示谢意，并请力为争取，俾解决同人生活。

散会。正午十二时。

1949年6月7日会议

日期：六月七日上午九时

地点：会泽院三楼

主席：熊校长

出席人：熊庆来　陈延隆　李光溥　李吟秋　陈云浦（列席）　王树勋　段永嘉　叶日葵　王志民　李德家　张福延　胡宗璞　李莘农　诸宝楚　王景贤　宋玉尘　赵崇汉　蒋同庆　蒋蕙荪　郭文明　顾建中　范锜　原颂周　方国瑜　全云寰

列席：刘谦　邓建国　苏经文　舒昕　杨德森　杨堃　李丹　唐永权　黄国瀛　王士魁　杜棻　刘崇智　萧子凤

记录：王绳尧

甲、报告事项

校长报告：略谓此次赴广州接洽经费，经一再请求，蒙教育部杭部长允准，先后拨港币一万五千元，本人先带回一千五百元，其余一万三千五百元因未能同时领到，托由教部视察本校参事刘求南先生带昆，刘参事大约明日可以抵达。关于动工央行存金，教部已咨商财部办理，惟因牵涉太大，尚须再加努力，至本人辞职一节，教部未予允准本人，仅允暂再负责一短时期。

乙、讨论事项

关于教部拨发港币一万五千元，应如何分配，请讨论公决案。

议决：

一、已带回之港币一千五百元应先换成半开，除付仪器运费外，余款发放学生公费。

二、未到之一万三千五百元，俟款到后，再讨论分配。

1949年6月10日会议

时间：六月十日上午九时

地点：会泽院三楼

出席人：熊庆来　张福延　段永嘉　蒋同庆　胡宗璞　顾建中　李光溥　赵崇汉　郭文明　陈云浦（列席）　李莘农　王树勋　蒋蕙荪　叶日葵　陈逎隆　王士魁　杨元坤　杜棻　范锜　秦秉中　萧子凤　马耀先　安宇明

系级代表会常委会：王润裳　薛瑛

讲助会：杨金森

先修班：冯金碧　唐式棠　唐积光

甲、报告事项

主席报告：关于上次会议报告教部允拨之救济金港币一万三千五百元，托由教部派来视察之刘参事求南就便携来，迄尚未到，昨日已去电催，请速来矣。至对省府方面进行接洽事，本人抵昆之次日已与卢主席晤面，卢主席允尽量设法，同时云南省参议会推派代表五人晤卢主席，提出具体办法，即本校月拨半开三万元，师院二万元，本校支给标准与省级待遇同，倘获此款尚可勉强维持，惟卢主席对参议会代表所提办法未作具体决定，是本校问题尚不能谓为得到解决也。对本校在财政上应组织财务委员会监督财政之收支一节，本校五联会业已组织成立，惟五联会之财务委员会系处于超然地位，从旁协助学校财务之办理，对外绝不负责，是则学校在整个财政之开源及其管理稽核似有另组学校财务委员会对内对外负起实际责任，此为本日会所应提出讨论者也。

乙、讨论事项

一、本校应否另组织一财务委员会，以便对外办理筹划经费事宜，请公决案。

议决：本案出席委员意见分歧，暂行保留下次会议提出讨论。

二、五联会所拟财务委员会案是否通过，请公决案。

议决：通过。

散会。下午一时。

1949年6月13日会议

日期：六月十三日下午三时

地点：会泽院三楼

主席：熊校长

出席人：熊庆来　诸宝楚　王士魁　杨元坤　胡宗璞　马耀先　王绍曾　纳忠　段永嘉　原颂周　赵崇汉　方国瑜　黄国瀛（李代）　李吟秋　李光溥　秦仁昌　杨堃　朱肇熙　张福延　范锜　顾建中　蒋同庆　郭佩珊　冯竞　安宇明　丘勤宝　宋玉生　萧子凤　陈迺隆

甲、报告事项

一、主席报告开会意义，并欢迎刘参事致词。

二、刘参事致词，略谓此次奉命来校视察，首要任务为慰问云大、师院两校教师，关于两校经费困难情形，中央因改币关系，尚须相当时日方能有较安定的办法，在此青黄不接之际，希望云南省政府予以维持，本人今晨拜会卢主席，请求协助已蒙面允，惟具体办法尚须与林厅长商洽，再请主席决定，末对本校教师艰苦情形表示敬佩与感激云云。

乙、临时动议事项

一、秦仁昌先生提议：为校务会议召集不易，拟组织校务会议常务委员会帮助校长解决困难，加强行政效率案。

议决：本案保留仍照前次议决案恢复行政会议，俟有困难再提校务会议解决。

二、刘参事求南带来教部拨给本校港币一万三千五百元，应如何分配，请讨论公决案。

议决：除提百分之十作办公费外，余款发员工薪津及学术研究费、特别办公费，发给办法照各员役薪津、学术研究费、特别办公费应领总额比例分配（发半开五角以上之整数）。

1949 年 6 月 20 日会议

日期：六月二十日下午七时半

地点：会泽院三楼

主席：熊校长

出席人：熊庆来　丘勤宝　段永嘉　黄国瀛　昝维廉（诸代）　李吟秋　宋玉生　王绍曾　赵崇汉　杨元坤　金琼英　诸宝楚　全云寰　姚瞻（马代）　叶日葵　陈迺隆　王志民　张福延　秦仁昌　马耀先　蒋同庆　刘崇智　朱肇熙　顾建中　李德家　杨堃　胡宗璞　唐永权（李吟秋代）　李丹（叶日葵代）　范锜　郭佩珊　蓝瑚（朱代）

列席：工警会　职联会　讲助会　系级代表会常委会

甲、报告事项

熊校长报告：洽领五月份省政府借发半开维持费尾数三赒经过情形及六月十七日在省府会同林厅长、央行赵经理、刘参事及师院查院长等对本校及师院二校解决经费会商情形，经最近数日向各方接洽之结果，综合如下：

一、省府允许照五月份标准发给六月份半开救济金一月；

二、本校已领到五月份员工薪饷计美元七万余元，央行作为记账，待银元运昆后再拨付，惟为应济本校急需起见，允照五月份标准借支一个月，作为六月份薪饷；

三、本校已到五、六月份，经常费即可照发；

四、财厅林厅长允准照省级标准借支学生公费一个月。

乙、讨论事项

一、教部来款港币一万三千五百元，业经上次校务会议议决分配办法在案，兹因执行时发生困难，应如何办理，请公决案。

议决：电教育部请示该款系属何项费用后再办。

二、本学期毕业生毕业问题应如何办理，请公决案。

议决：于复课后再行召集会议讨论。

散会。

1949 年 6 月 24 日会议

日期：六月二十四日下午三时

地点：会泽院三楼会议室

主席：熊庆来

出席人：熊庆来　王士魁　诸宝楚　朱肇熙　方国瑜　李德家　胡宗璞　王志民　郭文明　蓝瑚（朱代）　王景贤　秦仁昌　段永嘉　李吟秋　马耀先　王绍曾　张福延　蒋同庆　顾建中　叶日葵　丘勤宝　李光溥　宋玉生　周阴阿　陈洒隆（丘代）　蒋蕙荪（张代）　李丹（叶日葵代）　李莘农（蒋同庆代）　赵崇汉（宋玉生代）　唐永权（李吟秋代）　姚瞻（马耀先代）　昝维廉（诸代）

列席：职联会　讲助会　工警会

记录：雷光汉

甲、报告事项

主席报告：

一、领到款项发放情形。

二、教授会来函建议原则上复教后上课一周，考试一周即行结束，若技术上有困难时，此项时限可略为变更云云。讲师助教会亦表赞同，是否照此办理，当于下面提出讨论。

三、财务委员会来函建议改进事项四点。

四、存米交福利委员会配借情形。

乙、讨论事项

一、本学期结束问题。接教授会来函建议上课一周，考试一周，即可结束，讲师助教会亦表示同意，如何办理，请公决案。

议决：学期结束，即照上课一周、考试一周之原则通过，惟所缺功课宜由授课教员设法令学生补习。

二、政治系二年级学生解宝和假借学校及梅院长名义私造印章向外募捐，应如何惩处，请公决案。

议决：依照训导处签拟处置办法：（1）学校登报声明并未向外募捐，以免误会；（2）饬解宝和将捐款退还，原捐款人并取得原捐款人收据以示信用；（3）根据训导处签呈由校长予以惩处，就可能略予自新之路。

散会。

1949年7月2日会议

日期：七月二日下午四时

地点：会泽院三楼

主席：熊校长

出席人：熊庆来　张福延　赵崇汉　赵宗璞　秦仁昌　朱肇熙　周荫阿　王志民　郭文明　顾建中　蒋同庆　范锜　秦秉中　原颂周　蒋蕙荪　宋玉生　李光溥　诸宝楚　蓝瑚（失代）　方国瑜　纳忠（方代）　李莘农（蒋代）　陈酒隆（李代）　黄国瀛　马耀先　朱彦丞（秦仁昌代）　丘勤宝（诸代）　昝维廉（段代）　郭佩珊（王绍曾代）　冯竞（周荫阿代）

列席：工警会　学生系级代表会

记录：王绳尧

甲、报告事项

主席报告：

一、刘参事前带来港币（13500元），教育部已电告，内（10 640.40元）系五月份学研费，（2 859.60元）系五月份学生膳贷，即可遵照发放。

二、部拨六月份薪饷已向央行交涉折发银元，央行允于下星期一答复。

乙、讨论事项

据学生系级代表会请求，为本学期大考因时间仓卒，准备不及，请延期于暑假后举行。

议决：仍维持上次校务会议议决案，考试日期不予变更，考试办法由校务会议授权各系自行处理，学生因事请假不能参与大考者应具申请书，先呈示主任审核，再转送教务、训导两处登记，至暑假期间补课办法，亦由各系自行决定。

散会。

1949年7月15日会议

日期：七月十五日下午三时

地点：会泽院明远厅

出席人：熊庆来　蒋蕙荪　张福延　赵崇汉　宋玉生　方国瑜　纳忠　王绍曾　李吟秋　段永嘉　黄国瀛　胡宗璞　原颂周　马耀先　安字明　蒋同庆　杨堃　王士魁　诸宝楚　秦秉中（张福延代）　李德家　丘勤宝　王志民

列席：系级代表会

记录：雷光汉

甲、报告事项

主席报告：前于五月六日领到金圆券，经费项下支发五万倍薪津，余款245 160 000

元，以每元价720 000元购得半开银币140元，当时以此数甚少，不易分配，留待以后决定其用途，现计上款如分配与同人，则每人尚不能得到1元，决将全数移作为福利基金，今日会议如无人提出反对意见，即照此办理。

乙、讨论事项

一、本学期结束照校历规定应自七月九日起放暑假，但以罢工事件之影响，故延期放假，现拟自下周一（七月十八日）起放假，至放假期间职员方面办公及值日时间似应由各处自行酌定，请公决案。

议决：通过。

二、下学年度招生问题如何办理，请公决案。

议决：由校长、三处处长、各院系科主管人、注册组主任组织招生委员会主持办理。

三、下学期开学日期定于何日，请公决案。

议决：定于九月十九日开学。

四、福利委员会请将校医室拨归福利委员会管理，是否照办，请公决案。

议决：本案关于学校体制问题，多数意见以为由附属医院管理为善，宜先请校长召集各有关方面商讨后，再作决定。

散会。下午七时。

1949年7月29日会议

日期：七月二十九日

地点：会泽院三楼

出席人：熊庆来　郭佩珊　宋玉生　胡宗璞　郭文明　蓝瑚　王绍曾　诸宝楚　冯竞　蒋同庆　张福延　原颂周　王志民　丘勤宝　马耀先　黄国瀛　杜棻　朱肇熙　全云寰　王树勋　顾建中　李莘农　昝维廉　纳忠　方国瑜　王士魁　杨堃

甲、报告事项

一、校长报告上次招生委员会会议情形。

二、又报告部令饬还省政府借款情形。

三、又报告法国捐款拟作奖学金情形。

四、又报告蒙化奖学金一案情形。

五、总务长报告电灯公司催索电费情形。

乙、讨论事项

一、秦瓒先生提议：组织法规委员会草拟行政及校务会议章程草案，明定两会职权案。

议决：通过。委员会人选暂定七人，由校长聘任之。

二、宋玉生先生提议：校务会议以每月一次为原则，应于开会前三日通知各部分，所有提案应书面提出，以昭郑重案。

议决：通过。

三、专任教员兼职应于聘任规程内加入“不得负其他政府机关主管名义”一条，以示限制案。

议决：通过。

散会。

1949年8月30日会议

日期：八月三十日下午三时

地点：本校会议室

主席：张院长梅秋

出席人：张福延　李吟秋　黄国瀛　安宇明　丘勤宝　叶日葵　杨元坤　朱肇熙　王绍曾　段永嘉　纳忠　蒋同庆　张友铭　李德家　马耀先　诸宝楚　全云寰　杨堃　胡宗璞　杜棻　王志民　赵崇汉（王志民代）　李丹　李光溥（黄国瀛代）　秦秉中（张福延代）　王景贤　李莘农（杨元坤代）　郭佩珊（王绍曾代）　昝维廉（段代）　蓝瑚（杜棻代）　唐永权（李吟秋代）　姚瞻（马耀先代）　方国瑜　秦瓒

记录：王绳尧

甲、报告事项（略）

乙、讨论事项

一、关于本学年度招生考试日期及收费数目应如何改订，请讨论公决案。

议决：校长全权处理。

二、员工子弟学校是否继续办理，请讨论公决案。

议决：函学生服务处收回房舍作为校址继续办理，并筹组董事会积极进行，董事会人选由校长聘任之。

散会。六明三十分。

（三）国立云南大学行政会议记录

1938年11月25日会议

日期：十一月二十五日下午四时

地址：本校会泽院接待室

主席：熊校长

出席人：熊庆来　徐绳祖　伍纯武　萧蘧　杨克嵘

记录：张孝机

讨论事项

一、各课各院办事人工作效率增进案。

议决：

（一）办公时间上课后改自上午八时至十一时五十分，下午一时十分至四时，星期六下午是否办公，俟课程表排定后再为决定。

（二）由秘书处通知各课主任切实负责考核，以杜冒请他人签到流弊。

二、免费学额暨公费学额之决定案。

议决：由文书课备文呈教部请准由本年度起实行免费暨公费学额规程，惟公费之给予改为每年每人由一百元至二百元，免费学额及公费学额所占全校学生数之百分比按照教部规程，以本年为实行之第一年度。

三、学生请求贷金案。

议决：由秘书处翻查旧案，即照原案办理，同时由校备函国际学生救济基金管理委员会（负责人：杭立武，通信处：重庆两路口玉川别业中英庚款管理委员会）请求补助贷金。

四、校徽式样之决定案。

议决：由校长请江小鹈先生设计。

五、上课点名问题案。

议决：训导处增添训育员二人负责，人选由校长考虑后再为决定。

六、军事训练处之隶属案。

议决：由校长条谕军事教官以后应辅助训导处办理一切训育事务，并受该处主任之指挥。

七、再开一城墙洞及避免空袭之一切设备案。

议决：由事务会议讨论决定。

1938 年 12 月 21 日会议

日期：十二月二十一日午后四时

地点：院长办公室

出席人：熊迪之　何奎垣　程仰秋　林同济　杨季岩　郑荣庐

讨论事项：

一、本校临时教室、学生宿舍建筑应如何筹备进行案。

议决：函催工程监督龚移之，以凭自行办理，一面由建筑委员会从速决定建筑地点及招标监工办法。

二、新市场铺面地价现未准财厅估定交来，应如何进行以便建筑办公室案。

议决：函催财厅速照市府估价交校，以凭移作建筑办公室之用。

三、教育部令饬本校教职员举行从军保国宣传大纲，应如何进行案。

议决：

（一）参加宣传教职员，请自行签名。

（二）宣传地点指定昆明市县及呈贡、晋宁、昆阳、宜良、开远等县。

（三）宣传日期暂定为廿七年一月一、二、三三日。

（四）宣传办法，本市公开演讲并播音，外县请省府令知各县届期召集保甲人员到县治听讲。

（五）宣传费用，来往食宿、旅费统请各教职员自备。

四、本校女生应如何组织指导案。

议决：组织女生指导委员会，推举曾恕存夫人、林同济夫人、朱驭欧夫人为委员，备函聘请。

五、抗敌后援会函请捐助冬衣，应如何办理案。

议决：捐册分发募集，由女生指导委员会筹商进行。

1939年4月11日会议

日期：四月十一日

地点：校长住室楼下

主席：熊校长

出席人：熊庆来　伍纯武　张在实　路祖焘　徐绳祖　李季伟　张用之　陈鸿藻　彭恺丞　张孝机

讨论事项

一、如何增进办事人员工作效率案。

议决：各处部课主要负责人遇及特别事故于规定办公时间内不能在校，须向校长报告，所属各级职员每日严格按时划到。

二、学生宿舍管理职权划分案。

议决：宿舍管理概归训导处负责，宿舍内器物设备购置等概归庶务课负责，于每学期开学前先由庶务课设置完备后点交训导处，于学期终了学生迁出后再由训导处点交庶务课，本学期尽三日内由庶务课调查后列表开单点交总务处。

三、学生伙食应如何办理案。

议决：由训导处布告学生，限本星期内产生膳食委员会，若仍不能产生或则停顿或则由校代觅伙食办理人代办，主办理人之工资由学生所缴伙食费负担。

四、因避免空袭，应如何更改上课时间及办公时间案。

议决：自下星期起改为上午七时至十一时，下午四时至六时及七时至九时，升旗暂缓，图书馆仍旧。

五、如何进行防空设备案。

议决：在庶务课后墙下掘凿地洞，以备放置各部重要单据、卷宗、表册等，暂时不需要之单据、卷宗、表册等则送海源寺保存。

1939年9月8日会议

日期：九月八日下午三时

地点：校长室楼下

主席：熊校长

出席人：熊庆来　伍纯武　徐绳祖　李季伟　马鹤苓　张善继　张用之　张森

涂文（张用之代）　路祖焘　杨克嵘　陈鸿藻（王代）

讨论事项：

一、集中办公地点应如何决定案。

议决：总务处集中现在图书馆内，训导处集中现在先修班教室，教务处仍旧，尽开学前由庶务组布置就绪并迁移集中办公。

二、学生宿舍应如何分配案。

议决：尽东西两寝室应用，不足则应用土木工程系实习工厂，其灯水及一切卫生设备由庶务组从速计划装置，至女生宿舍仍照旧。

三、教职员宿舍应如何决定案。

议决：因学生宿舍不敷，所有住学生宿舍教职员须一律让出，至教职员住宿可由学校代在外租屋，其租金由住宿教职员自行负担。

四、需用物品应如何计划整购案。

议决：纸张、油墨、印刷品统由出版组计划购备（仅一学期所需），单据交庶务组向会计室报销，零星物品亦由出版组自行购置，单据交庶务组向会计室报销，其他应用物品统由庶务组计划整批购置。

1940年1月31日会议

日期：一月三十一日下午四时

地点：校长室楼下

主席：熊校长

出席人：彭元士　张善继　张森　张在实　伍纯武　虞唐　徐绳祖　李季伟　涂文（张在实代）　熊庆来　宋瑞贤　刘治中　陈鸿藻　路祖焘　张孝机

记录：张孝机

讨论事项

一、出纳组提议：因国币及新滇币补水情形，关于发放薪饷应如何办理，请公决案。

议决：

（一）省内支付款项概用新滇币。

（二）发放薪饷以国币及新滇币各展半数为原则。

二、总务处提议：关于战区学生缓缴学杂费者多于发给贷金时要求缓扣，究应如何办理请公决案。

议决：

（一）学生请求缓缴学杂费，自下学期统归训导处审核。

（二）请求免缴学杂费者由训导处审核后请校长决定。

（三）学生膳食统由学生膳食委员会会同厨工经理。

三、总务处提议：寒假期间各部分办公时间应如何规定，请公决案。

议决：每星期一、三、五上午八时至十一时为办公时间，每星期二、四、六上午八时至十一时轮派值日人员，下午一律休息。

四、总务处提请审查校徽案。

议决：先令学生王茂山将其原设计图持回，另制交来后再提校务会议审查决定。

1940年3月20日会议

日期：三月二十日上午十时

地点：校长室楼下

主席：熊校长

出席人：涂文　李季伟　彭元士　张善继　虞唐　张森　徐绳祖　张在实　熊庆来　宋瑞贤　刘治中　伍纯武　路祖焘　陈鸿藻

记录：王汝训

讨论事项

一、校长提议：本校举行月会应如何办理案。

议决：本校月会每月举行一次，所有职员一律参加，同时停止办公一小时。

二、校长提议：教育部发下教职员研究图书补助费一万二千二百元应如何分配，请公决案。

议决：月得实支数（连米贴在内）在五十一元以上照部令发一赗，五十元以下发实支数两赗，实支薪金在五十元以下而加米贴后超过五十元者仍得补助二赗。

三、校长提议：已离校教职员应否补助，请公决案。

议决：不补助。

四、校长提议：矿冶系应否得领此项补助费，请公决案。

议决：薪俸在五十元以下者照本校办法补助。

五、校长提议：此项补助费如照以上标准分配后尚有余款，应如何分配，请公决案。

议决：如有余款，由校长全权分配为附中补助及本校职员工警奖金暨补助费。

1940年9月14日会议

日期：二十九年九月十四日午前九时

主席：熊校长

出席人：熊庆来　张福延　虞唐　沈秉彝　魏巍　伍纯武　李季伟　张友铭　陈鸿藻　李继先　张森　刘绍中　路祖焘

记录：刘惟聪

甲、报告事项

一、校长报告：

（一）时局严重，各校均已准备局部迁移，本校亦不能不积极准备，其地点暂决定迁移会泽，已派赵鸿勋教官、尚学仁先生于本月前往实地查看。并于嵩明、寻甸两处接洽，为初步疏散物资地点。

（二）逐步迁移，拟先迁理、工两院，次及文法学院，医学院及农学院暂行留省。至行政部分，应讨论再为决定。

（三）汽油业已分头购买，以备疏散时应用。

二、各处组报告：

（一）文书组卷宗方面，拟将过去历年卷宗先行疏散，约有两箱。至最近及重要者约有四箱，因随时需要查考，现在尚不能疏散，应请讨论收藏办法，又关防一项，如遇空袭，应如何派人保管，亦请讨论决定。

（二）会计室现存簿记单据，因随时登记查考，不能疏散，每日下职，均捡放防空洞内。

（三）出纳组报告同前。

（四）工务组现存玻璃二十五箱，应否疏散保存，请讨论决定。本校全校房屋门窗所嵌玻璃，应否拆下收存，亦请决定，以便办理。

（五）庶务组各处办公桌椅用具，笨重太多，是否随同迁移。

（六）出版组现存石印机一具，油印机五架，纸张多件，应如何办理，请讨论决定。

（七）注册组本组簿记表册，随时应用查考，现时无法疏散。关于本校学生人数，连附中新生约共千余人。

乙、讨论事项

一、各处组卷宗及本校关防，遇有空袭，应如何收藏案。

议决：卷宗暂决定以铁桶收藏在会泽院地下室内，利用本校现存材料钢条等防护，至本校关防另于总务处防空洞内用砖泥砌穴收藏，由各处组会同工务组办理，

二、本校迁移会泽，行政部分人员应否随同迁移案。

议决：行政部分人员，因便利于办公起见，暂行留省，其会泽方面仅设办事处，酌调一部分人员前往办理。

三、关于随同迁移之教职员、学生，其迁移旅费如何发给案。

议决：教职员、学生均拟向部请求每人发给一百五十元，教职员直系家属每人发给六十元，但须事前调查确实随往，方能照发。共须旅费若干，应由庶务组计算，交文书组向部请求。

四、关于随同迁移之教职员，其所携物件应否规定重量，以资限制案。

议决：学生每人限定三十公斤，教职员限定每人五十公斤，教职员家属每人限定二十公斤。

五、本校迁移时，职员中有不愿意随往者，应如何办理案。

议决：事前由各处负责人分别调查，若有不愿意随往者，一部分在此地物色，一部分在会泽物色，以利工作。

六、前教部核发之贷金一万元，指定存储公米，应如何办理，附中是否可以分发案。

议决：教部系指定国立大学及国立中学，附中系附属本校，未曾规定，不能分发，并应函知附中杨主任知照。至所发一万元，以八千元在会泽购存食米，二千元在此地购存。

散会。

1944 年 2 月 10 日会议

日期：二月十日下午三时

地点：校长室楼下

主席：熊校长

出席人：何衍璿　杨家凤　张友铭　李怀　张用一　杨桂宫　王绳尧　苏蓁　王鹤轩

记录：王绳尧

甲、报告事项

校长报告召开行政会议情形，略谓本校经费据拮，迩来愈甚，三十二年度办公费一项超溢在四十余万元之巨，预算有限，维持深感困难，亟应从紧缩方面节约人力，撙节开支，以资补救。兹举欠荦荦大者，如裁减人员、水电供给、文具使用各项，请分别加以讨论。

乙、讨论事项

一、关于热水供给案。

议决：制备大号茶壶若干个以蓄开水，放置公共处所五处或六处备用，并指定衡鉴堂为学生茶室，学生饮水可径往茶室，所需水饬由校工每日午前七时半及十一时、午后三时分三次送往装入，俟备足水量后，限制学生一律入茶房取水，以节薪炭。在未制备水壶以前，学生开水暂定每日分三次烧煮供给，并为免学生与工役冲突起见，应请军训教官每晨到茶房视察一遍，以免纠纷。

二、关于电力供给案。

议决：照以前办法，学生宿舍每晚九时半关闭电灯，并禁止偷用电炉，违则没收，教职员宿舍每晚十二时关闭，不得使用电炉。学生方面由军训组负责办理，教职员方面由总务处负责通知。

三、关于文具节约案。

议决：各处组需要文具应由主管人员各就每月所需数量于每学期开始拟具预算，由校组织审查委员会审查决定，凡价值高昂者，应尽量采用代用品、廉价品，以节消耗，至价值高昂之特殊需要物品，处组方面应由处长审核盖章，院系方面应由院长审核盖章，方能领取。

四、关于裁减人员案。

议决：本校员工人数已超过规定，应由各主管人就现有人员、职务开具考核名单，由校组织审查委员会审查裁减。

五、张主任友铭提议：办公时间改为上午八时至十一时，下午一时半至五时，并将早餐时间改订，以免影响办公案。

议决：照办。职员早餐时间应改至午前十一时，以免影响办公。

散会。午后六时十分。

1945年8月24日会议

日期：八月廿四日下午三时

地点：校长室楼下

主席：熊庆来

出席人：熊庆来　蒋蕙荪　李怀　杨桂宫　张用一　苏蓁　邹景荣　顾建中　何衍璿　丘勤宝　全云寰

甲、报告事项

校长报告：

一、现奉部令教职员米贷金发给实物，同仁多感不便，现已呈请仍发贷金，结果如何容后报告。

二、现因战事结束，物价呈下跌趋势，原日因恐物价上涨，购存材料拟即变价，以免折损。

三、学期行将开始，关于行政方面应加联系，请各位提出意见。

乙、讨论事项

蒋总务长提议：

一、关于学生移动情事，应请由注册组随时通知，以明实情案。

议决：由注册组于本学期开始注册时学生每人填件五份分别送交训导处、总务处、会计室、出纳组、庶务组检查以后，遇有移动随时由注册组分别通知上述各单位。

二、学生贷金之发给方法应如何整顿案。

议决：由教务处催收学生成绩，训导处召开贷金审查委员会，早日决定名额，送交总务处、会计室核发。

散会。

1947年10月24日会议

日期：十月二十四日

时间：下午三时

地点：校长室楼下

主席：熊校长

出席人：熊庆来　蒋蕙荪　张福延　彭元士　杨元坤　张友铭（王少钦代）　邹景荣　李怀　周耀　王绳尧　全云寰　丘勤宝　张用一

记录：王绳尧

甲、报告事项（略）

乙、讨论事项

一、关于各部分工作应如何联系案。

议决：

（一）文书方面。为便利各部分公文密切联系起见，嗣后各单位收到有关机关公文，涉及行政及经费者应通知总务处登记查考，至会核文件应视其性质，先处室而后组馆，俾资沟通处与组馆室间之隔膜。

（二）财产整理方面。本校财产现已整理登记，以前工务组添制及以修缮名义制备之器物应分别通知会计室、庶务组补办登记手续，俾便查考，嗣后更应切实照办。

（三）会计方面。凡收付款项应先经过簿记手续方能付款，其有特殊情形经校长或总务长批交出纳组垫现者，应于垫现后送会计室登记备查。

二、奉令力行节约，应如何实施案。

议决：

（一）文具纸张方面。组织审定领用物品数量委员会审查各单位所需数量标准，呈请校长核定实行。

（二）电力方面。严格取缔电灯，并提交校务会议研讨办理施行。

（三）学生热水供应问题。学生热水供应由训导、总务两处会商拟具办法公布施行。

三、关于本学期职员加薪案。

议决：将各部分考核名单交由总务长、训导长、会计室主任会同审查签具意见，呈请校长核定施行。

散会。六时五十分。

1948年9月3日会议

日期：九月三日下午五时

地点：校长室楼下

主席：熊庆来

出席人：熊庆来　张福延　张其濬（秦仁昌代）　丘勤宝　全云寰　蒋蕙荪　梅远谋

记录：雷光汉

讨论事项

一、奉教育部高字第四六九七号训令饬知收费标准一案，本校收费应如何规定，请公决案。

议决：本校规定为每人收学费金圆二元，宿费三元，体育费二元，讲义费二元（多退少补），试验费二元（理、工、医、农四院照收试验费，文法学院除外）。先修班生收学费十元，杂费十元。本校在职教职员工子女就学本校攻读者予以免费优待。

二、补考日期及上课日期如何决定，请公决案。

议决：旧生入学应重具保证书，填保日期订自九月十一日至二十四日，二十五日起至三十日考试，十月十一日起开始注册，十月十五日开始上课。新生于十月十一日至十五日填具保证书，十六日开始注册，十月二十一日正式上课。

三、学生保证书内容应否修改，请公决案。

议决：照修正稿通过。

散会。下午七时。

1948年9月16日会议

日期：九月十六日下午三时

地点：校长室楼下

主席：熊校长

出席人：熊庆来　张其濬　梅远谋　张福延　蒋蕙荪

记录：雷光汉

讨论事项

一、本年度教职员生、工警应另制证章，将旧证章作废，已制就图案四种，请公决制用案。

议决：教员用白底蓝字，职员浅蓝底白字，学生深蓝底白字，工警证章不着色，即照设计图样定制。

二、奉教育部九月二日会字第四七七九六号代电，三十七年上半年度分配本校结汇美金三千五百元，本校应如何分配使用，请公决案。

议决：全数作为购置仪器之用，文法学院急需之仪器亦应酌予列购。

三、本校教职员不能为本校学生之保证人，又转学生必须呈缴转学证书及最后学期之成绩单。请公决案。

议决：即请校长条谕教务处、注册组、训导处遵办。

散会。下午六时。

1948年9月23日会议

日期：九月二十三日午后三时

地点：校长室楼下

主席：张院长海秋

出席人：丘勤宝　梅远谋　蒋蕙荪　张其濬　王士魁　全云寰

讨论事项

一、附设医院生活补助费结余应如何拨发案。

议决：由会计室函请教育部指示解决标准。

二、宿舍分配问题。

议决：照下列办理

（一）教授应一人一间。

（二）副教授应一人一间。

（三）讲师一人一间，可能时应两人一间。

（四）助教必须两人一间。

（五）若有空闲房间应封锁保管备用。

（六）房间之取用、封锁、分配由行政会议负责办理，交由庶务组保管。

（七）应严格清理占用房间而不使用各情。

（八）房屋分配由庶务组拟具详细办法，交行政会议通过执行。

三、如何管制电灯案。

议决：命令电匠严格查明使用电炉之教职员生，查明属实，即停止电流供给。

四、如何加强校刊出版案。

议决：增聘出版组主任参加，并由校长室及各单位供给材料，由出版组负责主持，定为周刊。

五、教职员加薪复议案。教职员因名义更改，而薪给上下不一及职员加薪多少不一者，应如何解决案。

议决：由各院系主管暂时给予安慰，并搜集有关各员之资历、成绩之材料，俟年终再作整个调整。

散会。六时半。

1948年9月30日会议

日期：九月三十日上午九时

地点：校长室楼下

出席人：张福延　王士魁　杜棻　黄国瀛　张其濬　蒋蕙荪　全云寰　丘勤宝

列席：马光辰　李怀

甲、报告事项

一、马光辰先生报告代表教授会及学校向教育部接洽情形。

二、全主任报告本年度经常费情形及各附属单位收支情形。

乙、讨论事项

一、应否组织图书及仪器两购买委员会案。

议决：特拟请张文渊、梅一略两先生拟具办法，提下次行政会议讨论后，再提校务会议议决。

二、电专录取新生萧强中请求转入化学系，应否照准案。

议决：因该生招考时志愿书第一志愿为电专，第二志愿为化学系，今该生耳既失聪，应准予转入化学系。

三、越南留学生（该国国民党海外部）请求入大一各系就读，应如何办理案。

议决：准为特别生，报部核定。

四、请求入先修班附读学生人数过多，应如何办理案。

议决：每班以六十人为限，如某班人数过多，学校将拨入他班，请求期以十月二日为限。

五、如何树立本校行政制度案。

议决：推举张文渊先生拟具规程，提交下次行政会议酌议，再提交校务议决实施。

六、器具分配问题如何决定案。

议决：由庶务组拟具办法，提交下次会议讨论。

七、附中理化仪器如何分配案。

议决：物理仪器拨归物理系，化学仪器拨归农学院。

八、师范博物系地皮房屋收归问题，如何进行案。

议决：请张文渊、秦子农两先生代表学校前往洽商。

1948年10月2日会议

日期：十月二日午前九时

地点：校长室楼下

主席：张福延

出席人：黄国瀛　王士魁　杜棻　丘勤宝　全云寰　梅远谋　张福延

记录：梅远谋

主席报告（略）

讨论事项

一、蒋总务长坚决请辞，新聘总务长王源璋先生不就，现届开学上课时期，总务极关重要，应如何办理，请公决案。

议决：由本会议推派黄国瀛、王士魁两先生代表前往请蒋总务长再维持两周，以免总务停顿影响开学时期，一面电请校长刻日聘定新总务长接替。

二、过去学生壁报往往有任意诋毁政府、抨击学校及侮辱个人情事，今后应如何取缔，请公决案。

决议：由训导处拟具办法，交训导会议讨论，再提校务会议通过施行。

1948年10月7日会议

日期：十月七日

地点：校长室楼下

主席：张海秋

出席人：张福延　王士魁　黄国瀛　张其濬　杜棻　丘勤宝　全云寰

甲、报告事项

一、张院长报告校长来电谓总务长一职仍请诸宝楚先生暂代。

二、张文渊先生报告草拟本校行政系统及各委员会组织及职权大纲。

三、主席报告师院保留房舍收回问题，经招待查院长等商谈，据悉该项房舍于本校与师院尚妥，由该院保留时，该院即电呈教部备案，本校似不便再谈收回。

四、庶务组报告购米情形。

乙、讨论事项

一、食米问题——省田赋处允照需要代为采购。

议决：由福利委员会会同庶务组详拟代购手续及管理办法。

二、石毓澍先生主编《内科病学讲义》，请借款金元二百元作出版用。

议决：先由本校借垫金圆二百元，俟出版委员会组织就绪后再定是否由校负担此项费用。

三、单身教职工借用本校器具分配管理办法业经庶务组详细拟具，请审查公决案。

议决：照原拟定办法通过，由庶务组严格执行。

四、双十节参加省府纪念问题。

议决：由代校长代表学校及训导、教务、总务三处各派职员二人参加，本校补假一天。

五、开学上课注册时间问题。

议决：旧生注册日期，改定十五、十六两日选课，十八日上课，十二日起始注册，并通知总务处布告及登报公告。

六、本校法规起草案。

议决：推梅院长起草本校法规。

七、转学转系学生考试案。

议决：准予照学则办理。

散会。

1948年10月14日会议

日期：十月十四日

地点：会泽院校长室

出席人：张福延　黄国瀛　杜棻　王士魁　丘勤宝　全云寰

甲、报告事项

一、购米情形——本校自购者一百石，已购妥，并已运回一部分。

二、同仁请求房租津贴。

三、电教部及主计处、财政部请求改善教职员待遇事项。

四、理学院张院长文渊函请辞职。

乙、讨论事项

一、食米运到，福利委员会人员不敷应用，请调派人员补充案。

议决：调矿冶系郑锦贤一人，体育组一人，丁仲英、李毓华等三人协助办理。

二、总务长交替，订下星期一（十八日）移交，应派员监督案。

议决：请教务长及训导长监交。

三、张院长文渊辞职案。

议决：代理校长及行政会同仁代表校长前往挽留。

四、食米分配应如何办理案。

议决：计口售粮为核定标准，详细办法由福利委员会拟具。

五、职员三十余人申请房租津贴案。

议决：交福利委员会办理，本校无专款津贴教职员房租，如福利基金内有款可付，即请由该会核办。

六、实验室应否加强准备案。

议决：由各部分负责人就目前急需事项增办，以二千元为限度，并限理、工、医、农支用。

七、学生范焕文请求三十五年度上学期化学成绩与三十六年度下学期成绩合并平均计算案。

议决：所请与学则不符，不予准照。

散会。

1948 年 10 月 20 日会议

日期：十月二十日

地点：会泽院校长室

出席人：梅远谋　丘勤宝　张福延　张其濬　黄国瀛　诸宝楚　王士魁

讨论事项

教部配发本校紧急援助捐款美金二千八百元，应如何分配案。

议决：其购图书之五百六十元，全数提归文法学院，其他各院各分配五百六十元，购仪器限于三日内开单交校长室。

1948 年 10 月 21 日会议

日期：十月二十一日

地点：会泽院二楼校长室

主席：张代校长

出席人：张福延　王士魁　梅远谋　黄国瀛　丘勤宝　全云寰　诸宝楚　杜棻

记录：诸宝楚

甲、报告事项（略）

乙、讨论事项

一、校务会议出席教授代表，各院系选出名单，有与规定不符者，应如何办理，请公决案。

议决：各院系科出席教授代表仍照上次议决案，每系科除主任当然出席外，另推一人为代表出席会议，医学院以科为单位另各推代表一人，医学院另推代表二人出席会议。

二、奉教育部令准云南省政府保送边族学生和自超、李启敏等两名升学，准予分发本校，依照《边疆学生待遇办法》规定于该生到校时验证照章办理一案，应如何办理，请公决案。

议决：查该生等未参加本届入学考试，特准先行注册为特别生，俟下届补行参加入学考试，其成绩按照《优待边疆学生办法》办理。

三、本学年学生奖学金在成绩未发表前应如何发给，请公决案。

议决：上年度有奖学金资格学生得由各该系教员一人担保领取，如该生因成绩不良丧失奖学金资格，应由担保人负责赔还。

散会。

1948 年 10 月 28 日会议

日期：十月二十八日

地点：会泽院三楼会议室

主席：张代校长

出席人：张福延　王士魁　诸宝楚　黄国瀛　梅远谋　丘勤宝　杜棻

记录：诸宝楚

甲、报告事项（略）

乙、讨论事项

一、本校教职员宿舍不敷分配，前定以西宿舍为助教（南排）及讲师（北排）宿舍，映秋院为教授及副教授宿舍，现由庶务组拟表将应移动各教职员列明，应如何执行，请公决案。

议决：依照九月三十日行政会议之决案，由庶务组切实执行，如有困难，由总务处会同各院系办理。又外语系助教仲跻鹍另觅房舍迁移，映秋院三楼碉堡应拨作女生宿舍。

二、本校泥木水工工资因物价增涨，屡次请求增加，应如何办理，请公决案。

议决：目前工资准每工增加为金圆券二圆至三圆，由总务处于此范围内斟酌办理。

三、各院系教授于负担应授钟点以外，超出之额外钟点，应当付钟点费，如何办理，请公决案。

议决：由教务处将各院系教授授课钟点总数开列清册，按照上次校务会议议决案，最低授课钟点作计算标准，将超额钟点费核算后交总务处办理。

四、教务处提：近有教授及系主任来函称，以有学生成绩优良而未能参加考试者请特准免考通融，由教授酌给分数，或以上学期成绩为本学期成绩，送请教务处予以承认登记，应如何办理，请公决案。

议决：所请与规定不符，并影响本校考试制度，应予否决。

五、人民企业公司拨赠本校购置仪器、图书美金，应如何办理，请公决案。

议决：通知各院系每院以美金二千元以内，尽于五日内（十一月三日以前）开单汇送校长室办理。

六、近日以来本校经费困难，兼以物价高涨，同人生活困苦，应如何设法改善，请公决案。

议决：刻日成立消费合作社，向合作金库贷款，并由实习工厂向交通银行，附属农场向农民银行贷款，交由总务处会同员工福利委员会统筹办理本校员工福利事项，以资救济。

散会。

1948 年 11 月 4 日会议

日期：十一月四日

地点：会泽院三楼会议室

主席：熊校长

出席人：熊校长　杜棻　张福延　黄国瀛　梅远谋　全云寰　诸宝楚　王士魁　丘勤宝

记录：诸宝楚

甲、报告事项

一、熊校长报告赴京出席联合国文化科学教育中国委员会会议及向各院部接洽本校经费与增加员工待遇情形。

二、全主任报告教部尚未发领各项经费情形。

乙、讨论事项

一、本校各院扩充系科前经议决呈请教部准予设置，现尚未实现，应如何办理，请公决案。

议决：查照前次议决案迅速呈请教部办理。

二、农学院蚕桑专修科学生因学校派往外县实习，未能如期回校参与补考，应否准予补考，请公决案。

议决：仍准予于下年度补考，该生曾于上学期学潮前将大部功课如期考毕，奖学金仍准照发。

三、准昆明市警察局（卅七）行特字第二九二号代电，各机关自设警卫。奉内政部代电应予取消，另行遵照《驻卫警派遣办法》统筹办理等由一案，应如何办理，请公决案。

议决：学校由警察局派遣驻卫警，应否照办，应请示教部办理，并交由训导处、总务处、会计室会商办法，与警察局先行接洽，并派员会同昆明师范学院进行磋商。

四、本校同仁以最近生活高涨，在外住宿，房租激剧增涨，纷纷请求入校住宿，以致房舍不敷分配，应如何解决，请求公决案。

议决：请求教育部增拨建筑费，以资兴建。

散会。

1948年11月11日会议

日期：十一月十一日

地点：会泽院三楼会议室

主席：熊校长

出席人：熊庆来　张福延　诸宝楚　王士魁　梅远谋　丘勤宝　黄国瀛　全云寰　张其濬

记录　诸宝楚

甲、报告事项（略）

乙、讨论事项

一、各院系教员任课钟点应如何严格规定，以增教学效率，请公决案。

议决：教授、副教授任课钟点照聘约办理，专任讲师前曾以鼓励研究工作，每周得将授课钟点减为六小时，兹以本校员额有限，任课钟点无法分配，专任讲师授课钟点应即依照副教授例办理。惟为鼓励学术研究，每周得减为九小时，院长、系主任授课钟点仍照前次议决案，以每周授课六小时为原则。

二、本年度第二次转学生考试录取标准应如何规定，请公决案。

议决：总平均分数在四十分以上者录取，四十分以下三十分以上者降级录取，三十分以下者不予录取。又降级录取之转学生在原校所修之学科，其学分应与本校规定者至少相等，并须全年成绩在八十分以上者，始准予免修，否则应即重修。

三、本校各院系学术研究团体应如何加强指导，请公决案议决：本校各系最多只能设立一个学会，发行一种学报，并由该系全体教授担任导师，系主任为主任导师，嗣后各学会发布布告或其他文件，应由主任导师核阅后交学会正式加盖图记及负责人名章，然后发布，否则由训导处严加取缔。

四、公费生、奖学金生及本校同人子弟应缴入学各费如何规定，请公决案。

议决：公费生、奖学金生准免缴学费及宿费，本校同人子弟入学应缴各费一律准予免缴。

五、本校教职员住宅每月消耗电费甚大，应如何弥补，请公决案。

议决：由住户酌出宿费，其征收办法由总务处拟具标准后提交下次会议讨论。

六、近月来本校教职员工借支频繁，对于正常经费之支付影响甚大，应如何补救，请公决案。

议决：嗣后非有婚丧、疾病及重大事由，一律不准借支。

七、外语系助教仲跻鹍患病甚深，应如何设法疗养，请公决案。

议决：查该员疾病非短期内所能医治痊愈，该员于昆市又无亲友，应即函请该员同乡会设法遣返原籍，以资长期疗养而利健康。

八、训导处鉴于迩来生活日趋高涨，影响学生伙食至大，享有公费待遇学生纷纷来处申述苦况，请求垫拨公费，俾能预先购存食米，以安定生活。拟请预借十一月份奖学金生、救济金生、公费生膳食费，每人金元十元，连同九月份起新增奖学金生六十八名，共计金圆券四十四万六千三百零八元，能否发放，请公决案。

议决：如请，于下星期一发放。

散会。

1948年11月18日会议

日期：十一月十八日午后三时

地点：会泽院三楼会议室

出席人：熊庆来　梅远谋　张福延　丘勤宝　全云寰　张其濬　王士魁　诸宝楚　黄国瀛

讨论事项

一、化学奖学金问题应如何解决案。

议决：由校委托律师办理，并将关于此项案件全数检出交律师。

二、委托本校办理之各项奖学金，现因币值贬价，为数甚微，应如何处理案。

议决：讯问原捐助人应如何处理。

三、学校公私物件不时被盗，校警责任心不足，应如何整饬案。

议决：本校警卫原则上应予取消，详细办法由总务处制定，提交校务会议决定。

四、人企公司捐赠本校美金购置仪器，除一万元已分配外，其余一万元应如何分配案。

议决：其余一万美金全部集中购置物理仪器及化学仪器，限于三日内（下星期一以前）函复人企公司，否则作放弃论，归工学院应用。

1948年11月26日会议

日期：十一月二十六日

地点：会泽院三楼会议室

主席：熊庆来

出席人：熊庆来　张福延　全云寰　杜棻　王士魁　梅远谋　诸宝楚　丘勤宝　黄国瀛

记录：诸宝楚

甲、报告事项（略）

乙、讨论事项

一、本校本年下半年度教部拨配美金三千五百元，应如何分配，请公决案。

议决：按照五院平均分配，每院应配美金七百元，尽下星期二由各院开列清单送交总务处汇办。

二、本校各项奖学基金因受币制改革、国币贬值及物价上涨影响，为数已微，无法配奖，应如何办理，请公决案。

议决：为达成各项奖学金创设原旨，并实际鼓励优秀用功学生起见，决由本学期将入学费项下提出一千金圆作为本学期奖学金，名额定为十至十五名，由奖学金审查委员会依照操行及学业成绩评奖之。

三、查本校学生有旁听生、试读生、特别生，先修班有附读生等，是否仍照正式生给予证章，请公决案。

议决：该生等证章应与正式生略有区别，证章式样规定正面与正式生证章同，惟应加有色横格一条，反面旁听生铸一“旁”字，试读生铸一“试”字，特别生铸一“特”字，先修班附读生铸一“附”字，函总务处照制后，照成本售给该生等佩戴。

四、本校向昆明银行团贷款一十八万金圆券，以作本校员工生活救济之用，应如何妥善处理，请公决案。

议决：照教授会建议，按照十月份旧案借给本校员工薪津及学生公费、奖学金三个月一金圆以上之整数，约合一十二万圆。其余六万圆分别购置布匹、麦粉、毛巾、肥皂、煤、盐、塘、茶等，由员工福利委员会会同总务处购买并配借之。

五、总务处会同教务、训导处暨会计室拟具校警改编办法三项，提付讨论，请公决案。

议决：照案通过，惟先行函复昆明市警察局，已呈教部标示，俟奉指复后，再行办理。

散会。

1948年12月2日会议

日期：十二月二日

地点：会泽院三楼会议室

出席人：熊庆来　张福延　梅远谋　全云寰　诸宝楚　杜棻　丘勤宝　张其濬　黄国瀛　王士魁

讨论事项

一、月考问题应如何办理。

议决：由教务处通知各科教师于下星期内分别举行。

二、省外来滇学生因时局不稳，纷纷请求来校借读，应否准予借读。

议决：因目前情形特殊，由校长会同教务处酌予收容。

1948年12月9日会议

日期：十二月九日

主席：熊庆来

出席人：熊庆来　张福延　王士魁　黄国瀛　丘勤宝　诸宝楚　全云寰

记录：诸宝楚

讨论事项

一、员工福利委员会现存米面应加分配，其款项应如何收回，请公决案。

议决：查本校十一、十二两个月份生补费增加数即可照数发放，福利委员会米面分配后，而由各同仁依照分配数量，缴款取货，以凭福利会周转采购，而利进行。

二、员工福利委员会面粉分配问题应该如何决定，请公决案。

议决：教职员有眷属者每户先行分配一袋，单身教职员每五人分配一袋，工警每二十人分配一袋，于分配后剩余面粉再作第二次分配，惟家属在五大口以上者得分配优先权。

三、教务处提议：查借读、试读、旁听等办法，于战后教部已明令废止，本学期开始后他校学生络绎来昆请求借读者为数甚多，处理甚感困难，前经行政会议决定临时补救办法，经有关院长、系主任同意后得暂准旁听，俟证件缴齐后，可核改为借读生。兹特拟定实施办法，提请会议公决案。

议决：依照学则第十六条之规定，旷课达授课时数六分之一者，不得参加学期考试，应令停学一年，本学期本校授课时数为十五周，六分之一应为二周半。上项旁听生应于本学期结束以前呈缴原校委托借读书，并须注明该生在原校本学期上课之起讫日期，经核计其旷课时数未达三周者，始得准其参加学期考试，并将此办法先行报部核实，俟奉核准后，即改为借读生，若教部不准及不合上列办法与标准者，下学期不准继续旁听。

四、本校近日来经费愈形困难，各系签请添置家具设备者甚多，应如何办理，请公决案。

议决：凡添置家具设备估值在三百金圆券以内者，酌量批购，三百元以上者，提请行政会议决定。

五、查本校清寒优秀学生，值此冬令，衣着单薄，无力御寒，状实可怜，应如何设法补助救济，请公决案。

议决：商请云南供应局酌量捐助棉衣及罐头食用品等，以凭转发救济。

散会。

（注：第一项及第二项通告，第三项布告，第四项通知各院系，第五项函供应局，均由总务处办。）

1948年12月16日会议

日期：十二月十六日

地点：会泽院三楼会议室

主席：熊庆来

出席人：熊庆来　张福延　全云寰　王士魁　黄国瀛　诸宝楚

讨论事项：

一、案据上学期因学潮被处分学生李德钰、庞士超、张震远等因特刑庭宣判无罪，请求减轻处分，恢复学业，应如何办理，请公决案。

议决：提请校务会议讨论。

二、据省保安第七团张团长请求借用本校前附中龙头村校舍，为期三月，应如何办理案。

议决：龙头村后山上校舍准予借用，山下现存房舍四幢，因本校校舍不敷分配，应拆回二幢移盖，本校其余二幢准予借用，如该团必需四幢而另有建筑费者，可于本校建二幢，附中校舍即全部借予应用。

散会。

（注：第一项校务会议下星期一下午三时开，第二项函张团长经由总务处办理。）

1948年12月24日会议

日期：十二月二十四日

地点：会泽院三楼会议室

主席：熊校长

出席人：熊庆来　梅远谋　张其濬　王士魁　全云寰　张福延　黄国瀛　诸宝楚　丘勤宝（黄代）

记录：诸宝楚

报告事项

主席报告：

一、准云南供应局来函，以本校函请配发救济清寒优秀学生棉衣及罐头食品，已允赠旧军毯一百床，廉价配发旧棉衣二百件，每件四元八角，已由训导处派员前往接洽。

二、震旦大学及山东省立农学院函请收容该校等学生南来借读。

三、昆明邮政储金汇业局前来本校设置服务处，以便利本校教职员生寄递函件汇兑，并可代办发薪事宜。

讨论事项

一、校医务室迩来诊病人数激增，药品开支浩大，本校经费困难异常，应如何弥补，俾药品不致中断而利诊治，请公决案。

议决：应由校医室视诊疗情形，酌收医药费，以资弥补。

二、云南供应局允赠本校旧军毯一百条，廉价旧棉衣二百件（每件四元八角），应如何处理，请公决案。

议决：旧棉衣一百件由校筹款如数购置，连同赠送之旧军毯一百条借给本校清寒优秀学生应用，于用后可由校收回，其分配及收回办法，由训导处拟具后呈校长鉴核。

三、昆明邮政储金汇业局拟于本校设置服务处，办理邮政及汇兑，并可代办教职员工发放薪饷事宜，其办事地点应如何决定，请公决案。

议决：邮政储汇局来校设置服务处，应表欢迎，其办事地点因现时房舍不易分配，暂将邮政代办所原有房屋拔充，俟后觅得相当房舍再行扩充。

四、教务处提：陈复光先生教授"西洋政治及外交史"一科，三十六年第二学期学生成绩前准函请照第一学期成绩计分，当经呈奉批示，未便照准，兹又接陈先生交来该科成绩报告单，并核与第一学期成绩不相同，应否准予登记或如何办理之处，请公决案。

议决："西洋政治及外交史"一科，既未经学期考试及补考，所送成绩核与规定不符，登记一节应毋庸议。

五、教务处提：准医学院函请五年级学生因课程繁重，除上午来校上课外，下午须至医院见习，无法选修体育一科，闻本校各院系学生体育一科只修四年，自本学年度起，五年级学生拟请准予免修，以利见习等由，应如何办理，请公决案。

议决：提请校务会议讨论。

散会。

1948年12月30日会议

日期：十二月三十日

地点：会泽院三楼会议室

主席：熊庆来

出席人：熊庆来　梅远谋　黄国瀛　全云寰　丘勤宝　张福延

记录：张福延

主席报告经费收支及透支款发生周折并交涉情形。

讨论事项

一、经常费不敷应用，如何办理。

议决：请求教部由十一月起增加五倍。

二、教部对于学术研究费增加久未核定，应如何办理。

议决：仍请求教部增加五倍。

三、学校工人不敷应用，另雇工人十名，本年度工资不敷一千六百八十九元五角二分，应如何办理。

议决：

（一）应由总务处饬令庶务组切实督促各部分工人负责整理各办公室、教室、公共场所道路整洁等，久其不敷，实由农学院昆明、呈贡、弥勒及作物试验场分摊。

（二）请求教部增加名额（以开办林场为理由）。

四、越南特别生朱龙、边疆特别生董爱平有冒充伪借等事，应如何办理案。

议决：均予除名处分，并由训导处追究保证人应负之责任，且由学校布告。

1949 年 1 月 6 日会议

日期：元月六日下午三时

地点：会泽院三楼会议室

出席人：熊庆来　张福延　梅远谋　黄国瀛　王士魁　全云寰　诸宝楚

列席：陆忠义列席报告

报告事项

一、总务长报告最近经费收入情形。

二、全主任报告截止一月六日经费收支概况。

讨论事项

一、查本校三十七年十一、十二月份员工之薪津追加数业已奉发到校，应如何发放，请公决案。

议决：照十二月份新案支发一月薪津，惟为顾念阴历年关在迩，同人生活用费浩大，前向银行团借款一月份应扣部分，暂行缓扣，应付利息并由员工福利金项下发支。

二、教务处、训导处提议：查学生朱龙、董爱平犯冒名混充、伪借等情事，经前次行政会议议决，交训导、教务二处审讯属实，后予以除名在案。兹经审讯结果，董生须候补缴证件后再行核办，朱生直认不讳，应予除名。由训导处追究其保证人应负之责任，并由校报部及公布，当否，提请公决案。

议决：照案通过，并即报部与公告。

三、员工福利委员会前次向田粮处购入白米，于配发后尚有剩余，应否配发学生膳团应用，请公决案。

议决：学生膳团食米即以上次田粮处购入食米分配，余额低价配发应用，米价由福利委员会拟定之。

1949 年 1 月 13 日会议

日期：一月十三日午后三时

地点：会泽院三楼会议室

主席：熊校长

出席人：熊庆来　梅远谋　全云寰　丘勤宝　王士魁　张其濬　诸宝楚　张福延　黄国瀛

记录：全云寰

甲、讨论事项

一、经费问题

（一）查一月份生补费据报载增加十二倍，并加发一月薪津，惟款尚未拨到，应如何解决，又经常费超支约五万元，应如何解决案。

议决：（1）电呈中央催拨，比照教育部田次长在沪对沪各大学发言，一次拨发六个月生补费及经常费。（2）派员向中央银行接洽借垫，并请李吟秋先生代表商洽。（3）催请经费应将生补费及经常费分开，并应用电报催拨。

（二）教育部拨美金一万四千三百元，应如何分配案。

议决：工学院分配七千九百元，农学院分配二千四百元，文法学院分配三千二百元，理学院分配八百元。

二、学生组织团体问题。

（一）学生组织系级代表会案应如何解决案。

依据部令，凡学生团体活动均不准许，惟事实上若强制阻止，亦不可能，但若在无政治活动及宗教活动之原则下，似可准许有所组织，并须在学生康乐福利范围内活动。组织章程应先送学校核定后始可开始活动，已组织之系级代表会准补办呈核手续。

议决：照案通过。

（二）开除学生请求复学问题。

议决：照校长批示办理。

三、如何利用校工警使其工作合理案。

据庶务组签呈，本校校工于分配各处后，庶务组即无法调动支配工作，每于发生临时事故时无法应付，即平时各区清洁问题指挥监督亦不统一，为加紧督促、提高工作效率起见，拟请将全校校工警统归庶务组指挥、监督、统筹调整而利进行，当否，敬祈公决。

议决：照案通过。

四、旁听生期考案。

据教务处提议，旁听生暂准先行参加期考，后补缴证明文件，其成绩及格、与规定符合者得改为借读生，否则成绩作废。

议决：照案通过。

五、教职员请求打灶案。

查本校各处教职员住宅近以燃料价涨，纷纷请求改装焦煤灶，本校修缮费有限，是否准予装置，或修筑费用由福利金项下开支之处，敬请公决。

议决：学校负责装灶一次，若须改建，概由各人自费办理。

六、教职员宿舍分配执行问题案。

查本校教职员宿舍分配困难，每次由总务处调度分配后，均无法执行，应如何办理，请公决案。

议决：提校务会议讨论。

散会。

1949年1月22日会议

日期：一月廿二日下午七时

地点：校长室

主席：熊校长

出席人：熊庆来　王士魁　丘勤宝　黄国瀛　李吟秋　张福延　全云寰　诸宝楚

记录：诸宝楚

讨论事项

一、本校用水亟应装置抽水机，利用现存水管及滤水机供应全校。惟水源问题，现查勘有实验农场后面水塘尚敷应用，兹据向莲花池村水塘业主接洽，约需金圆券一万至二万元，始能将业权让与，应如何办理，请公决案。

议决：照办，所需金元券一万至二万元，于福利金项下拨支，由试验农场蔡主任克华负责办理。

二、兹值年关，本校同人生活需款甚急，除学术研究费及特别办公费已奉校座条谕办发外，应否再提前酌发二月份薪津，以应急需，请公决案。

议决：除学术研究费及特别办公费外，另再提前预发二月份薪津，照十月份标准之三倍。俟发薪后，如有结余，酌提一部购储食米以凭作发给修缮工资之用。

散会。

1949年1月27日会议

日期：一月二十七日下午三时

地点：会泽院三楼

主席：熊校长

出席人：熊庆来　张福延　全云寰　梅远谋　杜棻　黄国瀛　诸宝楚　王士魁　丘勤宝

记录：诸宝楚

甲、报告事项（略）

乙、讨论事项

一、奉教育部令拨发结余美金六千七百二十五元，以作购置图书、仪器之用，应如何分配，请公决案

议决：文法学院分配八百元，农学院六百元，工学院一千一百元，理学院一千二百元，医学院三千零二十五元，共计六千七百二十五元，由各院开具购置清单，送熊秘书汇办。

二、查时局日趋紧张，本校经费困难，滇省政府机关业已奉列一至十二月新案经费一次拨汇，本校经费应如何催发，请公决案。

议决：除已由校电请教育部将本校一至十二月份全部经费一次汇拨来校以资维持外，另请教授会电请李代总统转饬拨发，并请校长将本校经费情形访卢主席请电李代总统代为催拨。

三、本校教职员住宅不敷分配，市区房租激涨，同人负担过重，纷纷请求住校，应如何筹拨房舍，请公决案。

议决：由教务处注册组将各教员授课时间严密配合分配于上下午授课，尽量减少教室，将腾出教室改作教职员住宅之用。

散会。

1949年2月3日会议

日期：二月三日下午三时

地点：会泽院三楼

主席：熊校长

出席人：熊庆来　王士魁　张福延　诸宝楚　黄国瀛　丘勤宝　全云寰

记录：诸宝楚

甲、报告事项（略）

乙、讨论事项

一、奉教育部高字二二〇〇号令饬尽量收容寄读生，全校学生名额应增至一千五百名，呈先汇补助费二十万元等因，并接准山东省秦主席来电，山东省立农学院寄读生六十五名业由督学王玉衡率领首途来滇等由，关于该生等来校，宿舍、课程及设备等问题应如何处理，请公决案。

议决：山东省立农学院寄读生六十五名来校，住宿问题由训导处筹划办理，课程问题由农学院设法办理。至教育部令饬尽量收容寄读生，扩充名额至一千五百名一案，本校校舍现时已不敷应用，如尽量扩充，学生宿舍、教室及教职员住宅等实难应付，应即迅电教育部请将前次本校呈请拨发之建筑费迅予核定，并照现时物价指数比例增拨，并增加员额，同时代电山东省秦主席代为催促。

二、总务处提：据学生代表来前请求将本校理发室、沐浴室、合作社等交由学生办理，应如何处理，请公决案。

议决：查理发室、沐浴室、合作社等关系全校员生工警之福利，应即将合作社扩充改组，由教职员、学生、工警各派代表参加组织，其组织章程及筹备事宜由总务处会同训导处办理之。

三、员工福利委员会剩余面粉，应如何继续分配，请公决案。

议决：五口以上者每户分配一袋，三口以上者每二户分配一袋，价格二等粉一律每袋定为一百元，统粉每袋定为九十元，即由员工福利委员会办理分配之。

散会。

1949年2月10日会议

日期：二月十日下午三时

地点：会泽院三楼会议室

出席人员：熊庆来　诸宝楚　黄国瀛　丘勤宝　张福延　全云寰　王士魁

主席：熊校长

记录：诸宝楚

甲、报告事项（略）

乙、讨论事项

一、本校校舍不敷应用，原有预定校舍建筑工程亟待进行，惟建筑经费，应如何筹措，请公决案。

议决：建筑经费于学校原有经费之外，其不足之数由校将现存废弃旧料酌提一部出售，以资补助，其详细办法留待下次行政会议讨论。

二、教务处提议：兹拟定本学年度下学期寄读办法，凡欲于第二学期在本校寄读者须于学期开始注册期间内连同原校寄读证明书及三十七年度第一学期成绩单呈缴请求书，如逾规定期限三周以上者应于证明书上附注该生第二学期在原校上课之起讫日期，经核算其旷课时间未达三周者，始准寄读，其仅有寄读证明而无第一学期成绩者，本校不能代负补考之责任。其不能完全符合上述规定时，为免荒废学业起见，得经系主任、院长同意后，暂准注册为旁听生，俟证件及成绩单缴齐可改为正式寄读生，是否可行，应请公决案。

议决：照案通过，除通知各院系查照及公布学生知照外，并拟撰新闻稿送各报馆揭载。

散会。

1949年2月17日会议

时间：二月十七日

地点：会泽院三楼会议室

主席：熊校长

出席人：熊庆来　张福延　黄国瀛　梅远谋　王士魁　丘勤宝　朱肇熙　段永嘉　诸宝楚　张其濬　全云寰

记录：诸宝楚

甲、报告事项（略）

乙、讨论事项

一、本校学生近以教授会电教育部呼吁调整待遇事，有集会商讨支援，并访问各教授有所行动，值兹戒严期间，深恐滋事，应如何处理，请公决案。

议决：请校长访谒卢主席陈述校中情形，并商讨转嘱中央银行昆明行借垫经费，以资维持。

二、熊锡之先生因鉴于本校教职员生活清苦，特捐助五万元金圆券，以资补助，应如何办理，请公决案。

议决：熊锡之先生补助金五万元，即交由员工福利委员会作为福利金购米存储，并由校备函申谢，同时叙明补助金用途。

三、教务处提：各院系所有未经装订之法文书籍，应送回图书馆加以登记编号装订，以免遗失损坏，各院系需要时，再由其主管人负责领出，当否，请公决案。

议决：照案通过，通知各院系及图书馆照办。

四、教务处提：各院系定购书籍杂志应交由图书馆负责办理，或加打书单一份送图书馆存查检对，以臻划一，而免凌乱、重复、缺漏，当否，请公决案。

议决：照案通过，通知各院系及图书馆照办。

五、查福利委员会此次配发面粉发现有虚报随住任所之人口，多领面粉者，应如何处理，请公决案。

议决：由福利委员会切实查明后依照前次议决案办理。

六、查本校教职员待遇在此学期更新之际似有调整之必要，应如何办理，请公决案。

议决：由总务处制发全校教职员履历调查表分发各教职员填写，教职员于收到调查表二日内填交各系主任，职员填交各组主任，均签注意见后汇交各院处主管，提行政会议审核调整之。

散会。

1949年2月24日会议

日期：二月二十四日下午三时

地点：会泽院三楼

主席：熊校长

出席人：梅远谋　全云寰　丘勤宝　杜棻　王士魁　黄国瀛　张其濬　张福延　熊庆来　诸宝楚

记录：诸宝楚

甲、报告事项

主席熊校长报告：查本校开学在即，部款尚未到校，为应急计，业向昆明银行团商借借款一千四百万元，由银行团向中央银行转质押，利息定为月息三十六分。此款即可提取到校分借同人、员生、工警，以利开学。

乙、讨论事项

一、银行团借款一千四百万元，应如何借发，请公决案。

议决：

（一）教职员薪津照旧标准以二百倍加发借支，利息由借款人负担。

（二）教职员学术研究费及特别办公费照一月份标准加二百倍息借之。

（三）公费生、奖学金生、救济金生，每生照借一千五百元，本息由各该生三月以后公费项下扣还。

（四）工警工饷照一月份标准以二百倍照借，其参加伙食团者即以是款购存食米储备应用。

（五）学校筹备开学费用，由本款提用一百万元以利开学。

（六）其余未分配之数全部购存食米储备应用。

（七）教职员借款有下列情形者照下项办法办理：

（1）不在校者不借。

（2）休假尚不在住所者不借。

（3）在国外者不借。

（4）兼任者不借。

（5）在借款期限内到校者，经校长核准后始得借发。

（6）本人不在校而委托他人代课者不借。

二、查本校历次零星借支同人款项及伙食费等均尚未扣除，是否应由此次借款项下扣还，请公决案。

议决：应予照扣，并为免去扣除手续影响发薪时间起见，应尽先支发未借款者，以利办理。

三、查上次会议调整教职员待遇案，兹以各院处尚有多数未将履历表汇齐，应否另行定期集会审查，请公决案。

议决：各教职员待遇审核调整办法由各院处将履历表收齐后，先行分别汇集各系组主任作初步审议，然后提交下星期三召开临时行政会议审核调整之。

散会。

1949年3月2日会议

日期：三月二日下午三时

地点：会泽院三楼会议室

主席：熊校长

出席人：熊庆来　张其濬　张福延　梅远谋　王士魁　杜棻　丘勤宝　黄国瀛　诸宝楚　全云寰

记录：诸宝楚

甲、报告事项

主席报告：根据第二十六次行政会议，本校教职员待遇应予重新调整，曾由总务处制发调查表分发各院系及各处组同人填写，兹已汇集齐全，特召集临时会议商讨调整之。

乙、讨论事项

一、教职员待遇调整标准应如何规定，请公决案。

议决：调整标准规定如下：

（一）年资相同、在大学服务年限相同者，薪津应予一律。

（二）学历相同者，薪津一律。

（三）学术上有特殊贡献者，另予规定。

（四）助教待遇改为一百三十元起薪，查明后照加，但不能超过最高薪二百二十元。

二、本校教职员待遇，应向教育部请求普遍增加，如何办理，请公决案。

议决：向教育部请求助教最高薪增为二百二十元，讲师最高薪增为三百二十元，副教授为四百二十元，教授为八百元。

散会。

1949年3月3日会议

日期：三月三日

地点：会泽院三楼

主席　熊校长

出席人：熊庆来　黄国瀛　丘勤宝　张福延　张其濬　梅远谋　诸宝楚　王士魁　全云寰

记录：诸宝楚

甲、报告事项

主席报告本校员工子弟学校筹备情形。

乙、讨论事项

一、本校员工子弟学校业经开始筹备，应如何定名、聘定人员正式筹办，请公决案。

议决：本校员工子弟学校定名为“国立云南大学附设员工子弟学校”，设主任一人，由校长聘请，负责一切进行事宜，并先开办初中一班，于筹备就绪后，再行呈请教部备案。

二、教部最近二次配拨购置图书仪器美金，文法学院分配过少，应如何重新分配，请公决案。

议决：第一次部拨美金一万四千三百元，应分配工学院八千一百元，农学院二千四百元，医学院三千元，理学院八百元；第二次部拨美金六千七百元，分配文法学院六千元，理学院七百元，由各院依照分配数目，于一星期内开列书单，送交熊秘书汇办。

三、附属医院呈请核示，以迩来市场大多以滇铸半开计价，该院收费困难，能否收用半开，请示遵等情，应如何办理，请公决案。

议决：附属医院为迁就事实收用半开，原则可予照准，惟应由该院拟具详细收费记账办法，会商本校会计室后，呈校长核行。

四、接中和公司南昌分公司来函，本校前请托运仪器十二箱，业已运抵南昌，惟以公路火车运输费经一再调整，前汇运费已不敷用，请迅汇金圆券壹佰零伍万零伍百伍十贰元，以凭交运，又筑昆途中不靖，是否先运存贵阳，抑如何处理，请查照办理见复等由一案，应如何办理，请公决案。

议决：运费一百零五万余元设法照汇，惟以昆筑道途不靖，应函知该公司先将仪器运至柳州卸存，然后再俟机航运昆明。

散会。

1949年3月10日会议

日期：三月十日午后三时

地点：会泽院三楼会议室

主席：熊校长

出席人：熊庆来　张福延　全云寰　梅远谋　王士魁　黄国瀛　诸宝楚　丘勤宝　张其濬　杜棻

记录：诸宝楚

甲、报告事项

主席报告：

一、山东省立农学院学生业已到达贵阳，不日可以到校。

二、接教部唐司长来函，本校临时费教部可允拨一千万元。

乙、讨论事项

一、本校政治系教授赵恩巨先生愿意在本校建盖私人居住住宅，于将来不需要时可由学校收回，可否准予照办，请公决案。

议决：应准照办，并由赵教授商同总务处及建筑委员会办理。

二、农学院实验农场会计制度应予建立，应如何办理，请公决案。

议决：实验农场会计事宜由会计室指派一人专责办理，每日收支现金，由农场于银行设立往来户，并为维持币值起见，即以金圆券折作半开存储银行，关于会计账务及收支办法由全主任拟具后呈校长核行。

三、本校各项经费为免受币制贬值影响起见，拟折换半开存储银行，随时支用，可否照办，请公决案。

议决：照案通过，由总务处会计室会同办理。

四、接准教部唐司长来函，本校临时费可拨一千万元，山东省教育厅亦可拨款一部（约一千万元），补助山东省立农学院学生来校借读后学校所需经费，此项款项到校后，应如何处理，请公决案。

议决：利用现存建筑材料及新到经费，建盖文法馆一幢，落成后再由学校分配利用。

五、员工福利委员会现存食米应如何分配，请公决案。

议决：照员工福利委员会所拟分配办法通过，即由福利会配发。

六、本校员工生活补助费透支款及银行团借款结余，应予购储食米，以备应用，请公决案。

议决：照办，由总务处会计室会同员工福利委员会办理。

七、查山东省立农学院借读学生即将到校，本校宿舍不敷应用，应如何设法处理，请公决案。

议决：学生西宿舍每舍应居住四人，由训导处切实执行，以便腾出空位，居住到校学生。

八、查本学期注册日期早经结束，而各地来校学生以道途不靖，交通阻隔，不能如期到校注册，应如何设法补救，请公决案。

议决：本学期为迁就事实，准予将注册期满后，请假日期延长至本月底止，并于报端揭露消息。

九、教务处提：查本校经常费几达山穷水尽，出版组印刷所需纸张及油墨材料支出浩大，而本学期所收之学生讲义费且等于零，而上项物资之消耗以讲义为最多，兹特拟补救办法，凡需印讲义之学科，由授课教师通知全班学生自备纸张及印刷材料交出版组代印，是否有当，请公决案。

议决：照案通过，通知各院处系及出版组查照办理，并公布。

十、据校医室王医生拟具药品收费标准四项，应如何办理，请公决案。

议决：本校经费困难，校医室每日所需药费甚巨，实无法负担，以后除普通药品外，其有特殊及价值贵昂之药品一律开单由患者自备治疗。

十一、训导处提：为增进本校校工知识技能，拟开班授以小工艺技术，借以改善生活，可否照准，请公决案。

议决：原则照办，由训导、总务两处汇拟办法筹设之。

散会。

1949年3月11日会议

日期：三月十一日

地点：会泽院三楼

主席：熊校长

出席人：熊庆来　梅远谋　全云寰　张福延　王士魁　丘勤宝　诸宝楚　黄国瀛　张其濬

记录：诸宝楚

讨论事项

教职员待遇，此次调整最高增加薪额应定为多少，请公决案。

议决：此次调整增加最高薪应定为四十元，在本校服务不满一年者，不予调整。

散会。

1949年3月17日会议

日期：三月十七日

地点：会泽院三楼

主席：熊校长

出席人：熊庆来　黄国瀛　丘勤宝　全云寰　王士魁　诸宝楚　张其濬　梅远谋　张福延　杜棻

记录：诸宝楚

甲、报告事项（略）

乙、讨论事项

一、福利委员会鉴原教授颂周家属八口先迁居大理不随住任所，郑幼三先生报有养女一人，冯建纲、张继龄两教授业已身故，朱驭欧、吴文嘉两先生业已离校，周荫阿先生于本校系属兼职，此次配发食米，应否照发，请公决案。

议决：按照配发食米规则，应限于随住任所及直系亲属姑能配发，以上各员食米应不再发给。惟周主任荫阿因负有学校行政责任，特予致送食米一公石，由福利委员会分别办理。

二、本学期本校各项奖学金生十名，应如何颁发奖学金，请公决案。

议决：本学期奖学金即由此次员工福利会于配发食米余额内提拨食米奖给，其数量由训导处拟定后，呈校长核行。

三、机械系助教袁建坤于宿舍内使用电炉几至燃烧，经电匠发觉后始得免除危险，查本校各宿舍电炉早经禁止使用，此事应如何处理，请公决案。

议决：助教袁建坤不顾公众利益，违犯校规使用电炉，应予严重警告，并勒令迁离学校，至查获电炉应即没收，呈将禁止使用电炉规定再出布告，并通知住校各同人知照。

四、日昨衡鉴堂后学生膳团厨房失慎，火警救火得力员工应如何奖励，请公决案。

议决：由总务处查照列单拟奖，至学生膳团工友工作失检致酿火灾殊属不合，应由训导处查明严予惩处。

五、查迩来金圆券贬值，物价飞腾，生活高涨，教员学术研究费已有增加，而职员待遇过低，实难维持最低生活，应如何请求调整，请公决案。

议决：根据实际情形呈部核办，学校并于能力范围内对职员福利特别注意。

六、查学校各部分订阅各项报纸已达五十余份之多，每月报费支出巨大，值兹学校经费困难之际，实属难以负担，应如何设法，以资撙节，请公决案。

议决：为适应学校经费，今后本校各部分报纸，除图书馆现订各报仍予照旧外，会泽院教员休息室应置报三种，机电馆教员休息室置报一种，以供众览，校长室、训导处、总务处各订报一份，其余离校本部较远之农学院，订报二份，医学院订报一份，休息组订报一份，即由总务处查照办理，并通知各院系处组知照。

七、据出版组签以据上次行政会议议决，各院系讲义以学校经费困难，印刷支付浩大，纸张及印刷材料应由学生自备，特开列各项材料，请核示通知办理，并请示实行日期等情，应如何办理，请公决案。

议决：印刷讲义所需纸张（包括蜡纸、打字纸、转笃纸等在内）应由学生自备，印刷油墨等材料由学校供应，并即自通知日起实行。

八、查本校二十七周年校庆即将届临，应如何筹备纪念，请公决案。

议决：由行政会议全体人员会同校友会筹办，并决定于是日出版校刊，邀集校友通知由校长室办理。

散会。

1949年3月18日会议

日期：三月十八日

地点：会泽院三楼

主席：熊校长

出席人：熊庆来　张其濬　梅远谋　全云寰　黄国瀛　丘勤宝　诸宝楚　王士魁　张福延　杜棻

记录：诸宝楚

讨论事项

此次教职员待遇调整，应自何月起实行，请公决案。

议决：自本年二月起实行。

散会。

1949年3月24日会议

日期：三月廿四日

地点：会泽院三楼

出席人：熊庆来　丘勤宝　张福延　全云寰　黄国瀛　诸宝楚　王士魁　张其濬

梅远谋

甲、报告事项

一、全主任报告最近经费情形。

二、总务长报告：教育部新到扩充费一千万元业已领出，除归还透支二百万元外其余八百万元，奉校长条谕，以五百万元购存食米备作工资，三百万元购置建筑材料以备翻新学生东宿舍。又本校学术研究费奉教部令，一月份起调整基数，教授为二百元，副教授一百五十元，讲师一百元，助教五十元，照分区配津标准加倍支发；惟款尚未奉到，业经备函向中央银行昆分行接洽借垫支付；惟据央行称近日现钞缺乏，已到各款尚无法支付，此款允即急电总行催发。

三、校长报告最近员工福利会发米情形，学校电、煤等经费消耗，学生东宿舍年久失修，已有多处倾倒，急需翻修各情形。

乙、讨论事项

一、查近日物价飞涨，金圆券激剧贬值，学校同仁生活已陷绝境，教部历次调整待遇，杯水车薪，无裨实际，应如何请求追加，以安定生活，请公决案。

议决：迅电教育部请依照政府按月依照生活指数调整待遇之规定，迅即实行，并将增加数迅速拨汇以维生活。

二、原教授颂周请求补发员工福利会食米，应如何办理，请公决案。

议决：原教授眷属前已到校，因人口过多，学校房屋不敷，故迁居大理居住，情形特殊，应作为随住任所论，由福利委员会核计直系亲属人数，照规定配发食米。

三、查本校每月电灯消耗达一万一千余度之巨，现耀龙电力公司每度电费加价为二角，每月电费即达二千二百元，本校经常费有限，实难负担此项电费，应如何节省用电，以节经费，请公决案。

议决：本校此后各院及各部分供电于日间除实验室必须用电者外，一律停止供电，于入晚开灯后，学生宿舍至十一时熄灯，教职员宿舍住宅十二时熄灯，并严格禁止使用电炉，至学生宿舍规定每室点灯二盏，于外出时必须随即关灯，其有不照规定擅自装置电灯及外出而不熄灯者，由训导处拟具惩处办法（办法由训导处拟就后提下次会议讨论）严格执行。

四、查本校每月为供应热水及工警食堂所需燃料练煤达一万五千余斤，实不堪负担，应如何节省，以利维持，请公决案。

议决：值学校经费万分拮据之际，燃料一项应切实稽核节省，即由总务处详细查察各处用煤实际情形，拟具燃料分配办法，提下次会议讨论。

五、查本校各院处领用文具及办公用品，每月支出浩大，实非现有额定经常费所能负担，应如何节省，以节经费，请公决案。

议决：此后各院系及处组领用文具及办公用品，请各部主管人严加考核，如有不急要用品，一律暂缓发领，又请领信封、信纸仅能限于公用。此后无论何种用品，如遇有请领数量较大者，庶务组应随时呈请核准后始能照发。

六、据庶务组核转电匠余树清呈报体育组新建房舍于三月十八日装妥灯头十二个、花线三十六码后，当即点交杨主任元坤查收，于十九日即接杨主任通知电料被盗，应即重新装置，是否照装，请核示等情，应如何办理，请公决案。

议决：该处灯头、花线学校只能装置一次，其遗失责任应由保管人负责。

七、总务长提：据学校系级代表会代表前来请求将合作社由教职员工及学生共同组织管理机构办理，提出各单位代表人数，应如何办理，请公决案。

议决：查校合作社应由学校主办，按照合作社组织章程办理。

散会。

1949年4月7日会议

日期：四月七日

地点：会泽院三楼

主席：熊校长

出席人：熊庆来　梅远谋　丘勤宝　王士魁　张福延　诸宝楚　黄国瀛　张其濬

记录：诸宝楚

讨论事项

一、查本校第二十七周年校庆纪念即将来临，应如何筹备庆祝，请公决案。

议决：本校校庆纪念办法决定如下：（1）举行纪念会仪式并柬请昆垣中央驻滇及省市各机关首长参加，以示庆祝。（2）于校庆日（四月二十日）及四月二十一日停课两天。（3）举行教职员聚餐与校友会聚餐联合举办，除校友会聚餐已拟定校友何子荣、邹玉堂两先生负责筹办外，本校拟请李主任公策、冯干事洗、冯嘉葆先生、徐谦先生等负责办理。并由李主任负责召集教授聚餐，以本人为限，每人餐费半开五角，自由签名参加，并由农学院补助猪两头、羊两只、酱油、豆豉，视情形酌量补助，至学生膳食，于是日由学校加菜，每桌以猪肉一斤为标准，折发半开五角，以一百桌为限度。（4）出版校庆特刊与校友会会同办理，除校友会推定校友龙志钧、张福、邓经邦三先生负责筹备外，本校拟请熊秘书怡琴负责办理，并由熊秘书负责召集。（5）举办运动会，由本校体育组负责筹办，各项运动优胜锦标请校友会负责征集。（6）举办游艺同乐会，以电影或平剧为余兴，由训导处戏剧研究班负责筹办。（7）举办成绩展览，由本校各院系及各附属单位于是日分别开放展览。

二、本校校庆所需费用，应如何筹措与分配，请公决案。

议决：本校校庆费用暂定为半开四百元，其来源除枇杷估计约值半开一百元外，由农学院于生产收益项下拨助一百元，附属医院补助半开二百元，共四百元。其分配运动费用半开八十元，游艺一百元，津贴学生游艺杂费一百元，其他杂费支出（包括学生加菜费）一百二十元，共计四百元。

三、训导处提：经拟就本校电灯管理规则，是否可行，请公决案。

议决：照该法修正通过，除城外教职员新宿舍应另改线路改善照明后实行外，其余自即日起实施。

散会。

1949年4月14日会议

日期：四月十四日

地点：会泽院三楼

出席人：熊庆来　张福延　张其濬　黄国瀛　梅远谋　王士魁　丘勤宝　诸宝楚

讨论事项

一、教务处提：查本校学生于三月三十一日以前到校，适值教员总请假时期，应否准期补行注册，请公决案。

议决：准予补行注册。

二、据学生系级代表常委会呈，以筹备校庆需要聚餐、合作社信封纸、粘贴壁报板、D. D. T等，请求学校补助，应如何办理，请公决案。

议决：学生聚餐，应以学生为限，仍照上次议决案，每桌补助猪肉一斤，以一百桌为限，惟由学校另加羊二只、食米一项，以福利会现无余米，拟难补助。聚餐证以旧报纸印刷，校庆纪念信封笺由学校借给纸张，由出版组印就后，照成本发给合作社出售，其余交总务处酌办。

散会。

1949年4月21日会议

日期：四月二十一日

地点：会泽院三楼

主席：熊庆来

出席人：熊庆来　梅远谋　张其濬　丘勤宝　张福延　诸宝楚　黄国瀛　全云寰　王士魁　杜棻

记录：诸宝楚

讨论事项

一、本校顷接教部汇来款项六亿五千余万元，值兹金圆券激剧贬值，深恐领款及办发手续耽误时间，应如何办理并设法改善发款手续，请公决案。

议决：

（一）本校为顾全本校员生工警生活，除归还中央银行透支款到期银行借款外，一律提出分发员工薪饷、教员学术研究费、学生膳费、职员特别办公费，尽数尽速分发。

（二）领款后仍以金圆券发薪，为争取时间加速办理起见，此次发薪由各院、系、处、组、室及其他单位责任人（学生公费由训导处，工警薪饷由庶务组，体育组由训导处领）将所属教职员生、工警应领一个月基数列表，将总数抄送会计室。应发倍数若干，于所领到之款由总务处与会计室核定倍数计发，由各单位推荐代表到会计室出据领出，然后再分发各同人具领，各人图章亦由代表汇集后，交出纳组盖章。

（三）除员工薪饷、学生膳费、教员学术研究费照核定案二千七百倍计发外，特别办公费亦照二千七百倍计发一个月，于将来核定倍数后，再行多退少补。

（四）本款于发放后，如有尾数剩余，即由总务处、会计室会同教职员代表购存半开。

二、查上次向省府财厅借发同人每人半开十元、工警每人三元，曾依照省级公教人员将每元折合金圆券五千元送还财厅办法，出具支票送还，惟以财厅对本校折送金元券办法尚未决定，暂缓收，以致引发本校员工要求学校赔偿问题，应如何解决，请公决案。

议决：查财厅暂缓收领本校还款，系因折价标准尚未决定，并非拒收，且还款系中央银行支票并未提取应用，如要求赔偿损失，殊不合理，赔偿一节，应予打消，准财厅林厅长面告可将还款存入中央银行，然后再由财厅提取，应即于财厅正式公事到后，即将款送中央银行核收，存还财政厅。

散会。

1949 年 4 月 27 日会议

日期：四月二十七日

地点：会泽院三楼

出席人：熊庆来　张福延　丘勤宝　张其濬　梅远谋　黄国瀛　诸宝楚　杜棻

讨论事项

查本校业向昆明中央银行透支金圆券七亿六千万元，应如何发给，请公决案。

议决：此次向中央银行透借七亿六千万元，除去拟还以前向该行透借一亿九千万元外，实可分发五亿七千万元，除学生公费业已于上次发给，教职员工薪饷应加发五千倍外，其余学术研究费及特别办公费仍照上次以四千倍发给，剩余款项作为本校经常费。至支发办法，仍照上次发薪办法办理。

散会。

1949 年 7 月 15 日会议

日期：七月十五日

地点：会泽院

主席：熊庆来

出席人：熊庆来　张福延　黄国瀛　全云寰　杜棻　方国瑜　诸宝楚　丘勤宝　王士魁

记录：诸宝楚

甲、报告事项

校长报告法国领事馆赠送法政府补助本校前往越南及法国讲学及本校学生与青年教员前往法国留学或进修费美金二千零一十六元，业已接受，交会计室收账保管。

乙、讨论事项

本校前以第三十七次会议议决案第二项引起三联会误解，对本会有所不满，以致停开例会多时，旋经校务会议议决挽留本会出席人员，照常开会商讨行政事务，本会应否即行继续负责，请公决案。

议决：此次会议改为座谈，不作正式议决，本会是否继续负责，俟职权确定后，再行决定。

散会。

1949年10月25日会议

日期：十月二十五日上午十时

地点：本会办公室

主席：任泰

出席人：王士魁　黄国瀛　全云寰　李树藩　诸宝楚　刘钟明　任泰

甲、报告事项

奉教育部代电，本校九月份经费已汇发，职工遣散费应由经费内开支，先垫发五千元，惟款尚未汇到，现正设法借款，俾日内可将十月份薪金发出。

乙、讨论事项

一、规定本学期收费标准案。

决议：除照部令规定收学费五元，杂费五元（不住宿者减收三元），体育费一元，试验费暂收五元（文法学院不收），讲义费、医药费不收，公费生免收学杂费。

二、开学及上课日期案。

决议：明日公布学生甄别结果，即日开始报到、请保、对保等手续，十一月一日开学，二日至四日缴费注册，五日至八日选课，九日上课。

三、办理转学生考试日期案。

决议：由教务组拟定呈核。

四、应否举办先修班案。

决议：照案办理。

1949年11月29日会议

日期：十一月廿九日

地点：会泽院明远厅

主席：姜主任委员

出席人：姜寅清　王士魁　杜棻　黄国瀛　李吟秋　全云寰　张福延　诸宝楚

记录：王绳尧

讨论事项

一、姜主任委员提：本校经费各院处应有其个别之预算分配，既定后由各院处自行支配，其员额之分配亦应按定章及实际需要自行决定，以加强各院系职责，增进行政效率案。

议决：

（一）关于经费由各院按实际需要，分别为员工名额与实验消耗等先行会商提出，下次行政会议讨论。

（二）各院处员额按定章拟定提会统议，其公共所修科目、所设员额一并分别提出。

二、关于学生请求缓缴、免缴学杂各费，应如何办理案。

议决：缓缴学生应缴各费限十二月十日以前缴清，免缴学生由训导处拟具免缴办法提出下次行政会议决定。

三、关于此次申请就读先修班学生已登记有二百，应否收学，请公决案。

议决：已登记者准收做附读生。

四、关于健全人事制度案。

议决：由总务处拟具办法提下次会议决定。

附录行政会议建议：此次参加考试之寄读生，凡已及格者即改为正式生，此后再有请求寄读者应定期考试，考试及格者仍准改为正式生，不及格者参加二次考试，二次考试及格再改正式生，即录送教务处参考。

散会。六时零分。

（四）国立云南大学教授会会议记录

1939年7月19日会议

日期：七月十九日下午四时

地点：图书馆阅览室

主席：熊校长

出席人：田　渠　闻　宥　李季伟　萧　蘧　邹恳泳　熊庆来　伍纯武　杨克嵘　饶季华　张永宽　沙玉彦　楚图南　陶天南　罗仲甫　崔之兰　李颂鲁　赵诏熊（闻宥代）　吕叔湘（闻宥代）　赵雁来（李代）　严楚江（崔之兰代）　林同济（萧蘧代）　吴文藻（萧蘧代）　张正平

甲、报告事项

一、教务长报告本届合格毕业生情形。

二、邹恩泳先生报告毕业成绩审查委员会审查结果。

乙、讨论事项

一、各系毕业生名单应如何通过案。

议决：

（一）文史系马昭铭曲学无学分，但据文史系主任声明，词学及曲学仅有一门为必修，该生于词学成绩已及格，即可仍准予毕业，其他方如兰、李瑞华、李庭莲、赵师淑等四名各科及论文均及格，应准予毕业。

（二）法律系除马宗骏、张汉骞二名须尽本晚将论文交到后方准毕业，其他李毓清等十名（名单附后）各科成绩及论文均及格，应准予毕业。

（三）算学系除陈元龄一名因学籍问题尚未得教育部批复，留待下届提出外，其他何凤舞等六名（名单附后）各科成绩及论文均及格应准予毕业（论文以“椭圆函数”及“级数论”二门代替）。

（四）土木系除王用九一名有“钢架构造设计”及“钢筋混凝土设计”二门不及格，须补修及格后留待下届再提出外，其他林祖尧等八名（名单附后）各科成绩及论文均及格，应即准予毕业。

二、推举毕业典礼致词代表案。

议决：公推顾颉刚先生代表致词。

附准毕业学生名单：

（一）文法学院文史系五名：李瑞华、赵师淑、李庭莲、方如兰、马昭铭。

（二）文法学院法律系十二名：马秀娜、段绍武、杨世雄、李毓清、高家训、蔡岳麓、杨秉谦、马宗骏、张汉骞、许尔寿、陆伯林、熊道骞。

（三）理学院算学系六名：何凤舞、杨发苑、陈湘芸、姚嘉璧、白世俊、倪瑞。

（四）工学院土木工程学系八名：董变川、陆子朋、林祖尧、杨正义、邓守为、黄暸、李村鹏、李崇本。

1940年6月29日会议

日期：六月二十九日

出席人：熊庆来　崔之兰　严楚江　陶天南　饶重庆　伍纯武　王伯琦（何襄明代）　何襄明　楚图南　庄圻泰　陈定民　沈福彭　费孝通　田渠　赵雁来　王树勋（赵代）　张瑞纶　朱肇熙　姚碧澄　范秉哲（姚代）　王敬立　张福延　徐茂先（张代）　李季伟　林同济（李代）　孙利彬　朱驭欧　吴文藻　李炽昌

甲、报告事项

校长报告：略谓本届毕业生已于日昨召开校务会议讨论，决定准予毕业学生计二十人，照案应提请教授会议通过。

乙、提议事项

一、朱驭欧先生提议：本校本届毕业生名单可否照校务会议议决案通过，准予毕业案。

议决：通过。

二、校长提议：本日举行毕业典礼，应否推举代表致词案。

议决：推举吴文藻先生代表。

三、张福延先生提议：时局严重，空气紧张，本校应否讨论迁移办法，以谋安全案。

议决：组织委员会推举委员进行办理。

1940年10月31日会议

日期：十月三十一日午后七时

主席：熊庆来

出席人：熊庆来　胡小石　袁昌　林同济　张耀曾　沙王彦　张福延　李季伟　王士魁　丘勤宝　朱驭欧　王赣愚　朱肇熙　楚图南　张世禄　饶重庆　赵雁来　王树勋　张瑞纶　何永佶　杨克嵘　赵明德　杜棻　王庸　王玉章

记录：刘惟聪

甲、报告事项

校长报告：

一、本校十月十三日惨遭敌机轰炸情形及损坏物品仪器情形。

二、本校理工学院迁移会泽学生步行团出发情形。

三、本校二十八年度经费已亏欠十二万元，本年度尚可撑持，至三十年度预算，教部原拟七十三万元恐不成问题，可以得有增加。

四、本校被炸房屋亟须修理，以免将来雨水，继续倒塌，现正拟向教部请求发款修理。

五、近因警报频仍，各同人间有不假离职，致影响学生课业，应请负责维持上课，集中精神，俾免学生不安定。

六、本校被炸后，清理各项仪器、物品，颇承各同人襄助，实深感谢！

乙、讨论事项

一、本校各教职排课次序，可否改为每星期一、二、三，以利各教授疏散案。

议决：通过。

二、近日警报频发，影响上课，应如何改订办法案。

议决：决在野外物色相当房屋，改作临时教室，每日由教授率领学生到该处上课，以免旷阙课程。

散会。

1941年5月28日会议

日期：五月二十八日午后四时

主席：熊庆来

出席人：熊庆来　何衍璿　楚图南　伍纯武　王玉章　袁昌　朱驭欧　杜棻　陈定民　赵明德　朱肇熙　方国瑜　张福延　王伯琦　王赣愚　林同济（王赣愚代）　徐嘉瑞

甲、报告事项

一、熊校长报告：

（一）本校复遭二次轰炸损失情形。

（二）本校此后对于各教师之住房及粮食等问题，拟尽量予以解决及便利。

（三）本校师生接触机会较少，嗣后对于学生问难应予以机会，并切实推行导师制，加紧讲学制度，提起学生读书兴趣。

（四）本校本年度应自行招生，其简章已呈部核准，因被炸及各种关系，困难较多，应请各同人群力为助，以利进行。

二、王贡予先生报告：

（一）毕业生审查委员会审查二十九年度上学期毕业生经过情形。

（二）上学期政经系修业期满学生共十二人，除不合于毕业标准者外，计应予毕业者六人，即李承宗、廖有伦、杨钟祥、田拮新、郑赓员、曾淑贞等。

乙、提议事项

本校二十九年度上学期毕业生经审查委员会审查及格者六人，可否通过准予毕业案。

议决：通过。

丙、临时提议

一、张训导长提议：

（一）本校因空袭关系，所缺少之授课教材，应如何补足案。

议决：以教授会议名义通知各教授自行设法补足。

（二）近来本校师生接触机会较少，应如何提起学生研求兴趣案。

议决：各院系教师应于授课外，对学生多予接触机会，其办法由各院系决定之。

二、各教授对于教学多予学生以接触机会，以提起学生研求兴趣一案之办法，提议如下：

（一）王伯琦先生提议：由各教授自行于每星期指定日期、地点召集学生谈话一次，若有问题，即可提出讨论，务期逐渐使学生每人均有问题提出，以资策励，但各生每次均须到会，否则即作缺席论。

（二）袁昌先生提议：以较有兴趣之办法，由各教授领导学生组织讨论会，预拟题目，于每星期或每月举行一次，以便讨论，而资策励。

（三）杜棻先生提议：就各教师上课先五分钟内予学生问难机会，接受学生问题，约期答复。

议决：照前项议决案，由各院系自行决定办法办理。

散会。

1941年8月15日会议

日期：八月十五日

地点：校长室楼下

出席：熊庆来　柳灿坤　崔之兰　王伯琦　王贡予　赵雁来　何衍璿　杨克嵘（柳代）　范秉哲（熊代）　丘勤宝　吴传颐　林同济（王赣愚代）　徐仁（崔代）　汤惠荪　张福延（汤代）　王树勋（赵代）

内容（缺）

1941年10月15日会议

日期：十月十五日下午四时

地点：校长室楼下

主席：公推袁昌为临时主席

出席人：熊庆来　柳灿坤　饶重庆　伍纯武　何襄明　袁昌　王伯琦　瞿同祖　黄崑岑　何衍璿　张福延　王玉章　朱驭欧　林同济　曾炳钧（朱代）　楚图南（袁代）　陈逵（吴代）　陶云逵　吴传颐

甲、讨论事项

一、主席提议：本校全体教授、副教授总人数共七十三人，教授会议必须有三十七人以上之出席始满法定人数，惟本校理、工、农三院疏散在外，同人出席不易，上次开会以不足法定人数改为谈话会，今日出席人数共二十人，仍不足法定人数，是否仍改谈话会或有其他办法，请提出公决案。

讨论意见：

（一）熊校长：教授会议当以全体教授人数二分之一以上之出席为法定人数，自不待言，惟在此非常时期，本校疏散各院同仁之出席，在事实上势所难能，则教授会议因人数不足而流会，将为不可避免之结果，拟以留昆任课教授总数二分之一以上之出席为法定人数，至于疏散各院教授能来出席最所希望，不能亦不致流会。

（二）柳总务长：照这样办法则决议案是否有效？

（三）何襄明：不妨将会议记录通知疏散各院同仁，如有异议，得请复议，如无异议，自然有效。

决议：本年度教授会议出席者之法定人数暂以留昆任课教授总数之二分之一以上计算，惟决议事项应通知疏散各单位之教授会议，如有异议，应予复议。

主席：本年度留昆任课教授总数为三十九人，开会法定人数当在二十人以上，今日出席人数为二十人，已足法定数，应宣布今日会议为正式会议。

二、前次谈话会提议：教授会议过去似嫌松懈，今后应如何加强组织，请公决案。

讨论意见：

（一）王贡予：上次谈话会本人担任临时主席，当时陈养材提加强教授会议组织案，其办法：举常委会三人处理经常事宜，并定每学期开全体例会两次，以期联络教授间之感情，增进大多数之福利，并协助学校推进教育之任务，由吴传颐附议及若干同仁之赞同。

（二）熊校长：教授会议自有其精神，当与校务会议之性质不同，惟设置常委会是否即可加强组织，似宜在精神上加强其表现，拟请改委员制为主席制，即委员三人，改为主席一人，秘书一人，总务一人。

（三）朱驭欧：拟请在常委会下加设小组委员会，分办各种事宜，例会拟请改为一月一次，教授会议之组织与任务，拟请推举若干人先行详细起草。

决议：

（1）教授会议设常务委员会。

（2）常务委员之人数为三人。

(3) 常委之选举方法由本校全体教授以通信方法办理之，每选举人记名选举三人。

(4) 推王贡予（十一票）、张海秋（十票）、王伯琦（六票）三人为司选委员，办理选举常委事宜，并限期于四星期（十月十六起）内完毕之。

(5) 常委选出后，应请其起草教授会议之工作纲要。

乙、报告事项

柳总务长：本年度出席教务会议之教授代表业已选出，计袁昌十二票，伍纯武十二票，朱驭欧十二票，楚图南十一票，陈植十一票，徐嘉瑞九票，饶重庆九票，林同济八票，何襄明八票，上九人得票最多，当选（被选举人五十一人，选举人二十四人），特此报告。

丙、临时动议

熊校长提：奉教育部令饬办“教授号”飞机捐一案，应如何办理，请公决案。

议决：

（一）推选五人在昆明组织“教授号”飞机劝募委员会办理之，疏散各单位组织劝募分会分别推动之。

（二）推涂文、袁昌、朱驭欧、姚碧澄、王伯琦为昆明方面劝募委员，柳总务长为顾问，以袁昌为召集人。

散会。

1941年12月30日会议

日期：十二月三十日

出席人：熊庆来　方国瑜　楚图南　陈逵　王赣愚　伍纯武　吴传颐　陈植　朱驭欧　姚碧澄　郑万钧　陶云逵　何衍璿　瞿同祖　张福延　王伯琦　王世中　曾炳钧　王树勋　汤惠荪　涂文

议决事项

一、主席王赣愚报告成立教授会议常委会经过。

二、伍纯武提议分别向教部及学校请求增加薪俸，安定生活案。

议决：通过，并推定王赣愚、汤惠荪、张福延、楚图南为起草委员。

致教部代电要点：

（一）生活补助费应就实有人数计算，不能仅限六人。

（二）以战事初起时最低生活费五十元作为标准，按照以后生活指数比例增加。

致学校公函要点：

（一）教职员薪俸一律增加百分之四十。

（二）警告总务处认清总务处应有之责任，并尊重教授在学校地位。

（三）设备、住校教授宿舍，并给予一切必要的生活上的便利。

（四）提高学校地位，养成学生对于学校发生信仰及自尊心。

（五）本校各系基本功课应由本校专任教授担任。

致学校公函：

附：敬启者：窃同人等服务本校历有年所，于本校前途至为爱护，于本校现状遂不能不时时注意其改进。现经教授会议议决下列各案，理宜奉告。

本垂察长：

第一，政府近有安定人民生活之决议，他校亦有增加教职员薪水至百分之三十以上者。诚以枵腹讲学，势不可能。欲图学校前途之发展，不能不先图教职员生活最低限度之维持。爰请就现有教职员薪水酌增百分之四十。

第二，总务处各部对于教授态度似有欠诚挚之处，既属同仁，理宜互敬互助，敢请转告，晓以此义

第三，给教职员以生活之必须之便利，似为学校应有责任之一。同人等在校工作，拟求学校代为设置宿舍，代办伙食，并供给茶水，此事已一再恳请，务祈切实采纳，迅即施行。

第四，对于教授之延聘，似应从速组织教授聘任委员会，以昭郑重。

第五，本校各系基本功课，以后务望延聘专任教授或由本校专任教授担任，庶不致影响学生之学业及社会对于学校之观感。

凡此五点，为发展学校前途计，实有不能已于言者。谨此奉达，务祈鉴其至诚采纳施行，则受惠者非仅同人已也。谨上　熊校长　钧鉴

云大教授会议全体同人谨启　三十一年　月　日

致教育部代电

重庆教育部部长陈钧鉴：窃同人等从事教育历有年所，勤勉服务未敢后人。抗战军兴以后更在政府督导之下，苦力支撑，虽在暴敌轰炸之中，而弦歌不辍，诚以外患虽亟，而国本亦不能不固也。惟近顷物价飞涨，同人等日维计盐数米，救死不赡，长此以往，虽欲枵腹奉公亦不可得。月前九中全会曾有安定人民生活之决议，是同人等生活困难情形亦早在政府洞鉴之中矣。爰本此旨，揭橥两点代电奉呈祈垂鉴者：

第一，同人等薪给请仍照战事初起时最低生活费五十元之标准，依物价指数之上涨比例增加。

第二，同人等家庭人口不少，有超过六人者，而钧部所发给膳食补助费仅限六人，于情于理实不公平。故以后膳食补助费，拟请按照直系亲属实有人数发给。

在国难期间，军用浩繁，纵有困难，亦当忍痛，同人等非不知之。唯此两点实为维持最低生活所不能已于言者。至恳采纳施行，则同人等幸甚！教育前途幸甚！

国立云南大学教授会议全体同人　叩印

1942年1月16日会议

日期：一月十六日下午三时

地点：校长室楼下会客厅

主席：王赣愚

出席人：朱肇熙　袁昌　何衍璿　朱驭欧　吴传颐　王伯琦（吴代）　伍纯武　熊庆来　王赣愚　沈来秋　林同济（朱代）　楚图南（袁代）　曾炳钧（王贡予代）

齐祖諿（伍代）　张海秋　杜棻　赵明德（杜棻代）　沈福彭（朱代）　陈植　陆星垣　常宗会（陆代）　郭文明　王世中　杜修昌（涂文代）　涂文　李淏　汤惠荪（张福延代）　徐季吾（王代）

讨论事项

一、对于学生越轨行动教授会议应否要表示。

陈植、袁昌提：应有表示。王世中附议。

议决：全体二十一票通过。

二、表示应向何对象。

（一）袁昌提：（13 票）只对学生。伍纯武附议。

（二）陈植提：（4 票）对学生又对教部。王世中附议。

议决：只对学生表示。通过。

三、对同学应如何表示。

（一）陈植提：（9 票）组三人委员会，三日内修正底稿。伍纯武附议。

（二）袁昌提：（10 票）当场修正。

议决：先推陈植、袁昌，当场修正。

四、伍健一提议：关于提高教职员待遇，仍请学校照上次建议增为百分之四十。吴传颐附议。

议决：赞成者十九票。

五、本会常委提议：教授会议组织案。

伍健一提议：由常委及候委起草提交。

议决：十六票。下次会议通照伍先生提议通过。

六、沈来秋提议：请学校对教员宿舍应通盘筹划加以改善案。

议决：通过。

1942 年 8 月 5 日会议

日期：八月五日午后三时

地点：本校中山室

临时主席：熊庆来

出席人：熊庆来　何衍璿　丘勤宝　饶重庆　王伯琦　蒋固节　方国瑜　楚图南　朱驭欧　费孝通（朱驭欧代）　石充　汤惠荪（张代）　王钦仁　赵雁来（柳代）　柳灿坤　范秉哲（熊代）　姚碧澄（何代）　曹国琦（丘代）　王仲桓（琦代）　徐庆麟（楚代）　蒋导江（石充代）　王炳章（王钦仁代）　庄圻泰　张福延

甲、报告事项

主席报告本届毕业学生成绩审核及部定章则初行时限制严格情形。

乙、讨论事项

一、本年本届毕业生成绩审查委员会提出审查合格准予毕业学生名单，应否通过案。

议决：通过（名册存注册组）。

二、本年毕业生“党义”、“军训”、“体育”缺成绩，或不及格者应否设法补救。

议决：准予补救，其补救办法如下：

（一）党义成绩以《三民主义》及《建国方略》为主要书籍作报告送校评定。

（二）军训及体育成绩由各院系及体育组、军训教官酌定补救办法。

三、凡本届应届毕业学生未及格科目得补考，而误逾补考期限，经授课教授准补给成绩者准予承认该项成绩，但以本届能毕业者为限，请公决案。

议决：通过。下列两生依此办法准予毕业：陶文广、赵光斗。

四、凡本届应届毕业学生成绩有一科目一学期不及格，而在五十分以上者得与第二学期成绩平均计算，但以本届毕业者为限，请公决案。

议决：通过。杨生若兰依此办法准予毕业。

五、规定本届毕业生成绩不合格补考办法案。

议决：林日源照审查委员会意见通过。杨学闵、徐正标二名应补交不及格科目报告，经评定后准予承认该科目成绩。

六、规定补修课程办法案。

议决：应于三十一年度上学期补修课程学生得由系主任酌定办法办理。

七、下学期开始选课时应请各系主任查照学则要点，令学生选修一切缺少课程，以昭注意，而免学生受学则限制之影响，请公决案。

议决：通过。

八、本校学生各期成绩应由注册组开列送请各系主任查照，请公决案。

议决：通过。

九、毕业成绩审查委员会应审查次届预备毕业生成绩，以免临毕业时发生困难，请公决案。

议决：通过。

十、由本校教授同仁联名吁请教育部将现住昆明大学教职人员待遇就实地生活情形特予调整，以期安定，请公决案。

议决：通过，并推定王伯琦、徐梦麟、石充三先生为起草员。

1942年10月5日会议

时间：十月五日

地点：校长室楼下

主席：张福延

出席人：范锜　张福延　何衍璿　司徒尹衡　庄圻泰　瞿同祖　丘勤宝　姜震中　赵雁来　郃子博　涂奇峦（子博代）　王伯琦　吴富恒　徐嘉瑞　楚图南　钱令希（丘代）　王仲桓（琦代）　费孝通（瞿代）　方国瑜（楚代）　王士魁（庄圻泰代）　崔之兰（徐代）　汤惠荪（张代）　鲁冀参（司徒代）　姜亮夫　蒋固节　石充　熊庆来

记录：戴铨苍

提议事项

一、上次教授会议议决吁请教育部增加教职待遇一案，其内容应如何决定案。

议决：仍请王、徐、石三先生为起草委员，由徐梦麟先生主笔，以代电呈报，并分呈蒋委员及行政院。

二、三十一学年度本会常务委员及出席校务会议教授代表改选，应如何办理案。

议决：用票选，由前届常务委员办理。

1943年6月19日会议

日期：六月十九日

主席：张福延

出席人：楚图南　丘勤宝　王伯琦　朱驭欧　潘大逵　何衍璿　徐梦麟（丘代）　于振鹏　柳灿坤　张福延　崔之兰　范锜　姚瞻　熊庆来　姜亮夫　瞿同祖　许烺光（瞿代）　李有义（朱驭欧代）　吴富恒　鲁冀参　齐祖諵（鲁代）　周新民（王代）　方国瑜（楚代）　高錤　范秉哲（熊代）　庄圻泰　郑万钧

议决事项

一、校长报告在渝请求增加学校经费经过。

二、讨论改善本校教职员生活待遇办法。

议决：

（一）派代表向教部请求。

（二）决定派代表二人。

（三）代表所需旅费（八千元）。

议决：由教授会议会员各捐助一百元，即由薪水项下扣除，不足之数，请由学校津贴。

（四）代表人选议决推举朱驭欧、范捷云两先生。

（五）代表向教部请求事项：

（1）教职员待遇之整个地调整。

（2）请求补助著作费。

（3）请求补助子女教育费。

（4）举办学校托儿所。

（5）举办学校合作社。

（6）请增给房贴。

三、范捷云先生辞代表职。

议决：另推举汤惠荪先生。

四、向教部请求事项书面起草人。

议决：推举范捷云、朱驭欧两先生。

1943年9月18日会议

日期：九月十八日

主席：熊校长

出席人：熊庆来　何衍璿　崔之兰　陈美觉　周家炽　陶光（周代）　沈嘉瑞　刘玉素　饶重庆　杨元坤　司徒尹衡　鲁冀参（司徒代）　伍纯武　吴富恒　赵康节　王伯琦　蒋固节（王代）　范锜　朱驭欧（赵康节代）　张福延　王世中（张福延代）　凌达杨（吴代）　潘大逵（司徒代）　王士魁（何代）　柳灿坤　章辑五　姜亮夫

甲、报告事项

校长报告：

一、本校经费概况。

二、本校筹办合作生产事业情形。

三、关于本年度训教方面工作，将严格实施导师制，加严平时考试，以收督促学生读书之效。

四、《中国之命运》一书之批评文字，望能人撰一篇交校，以便汇寄教部。

乙、议决事项

本校三十一年度第二学期毕业生成绩审查因少数院系尚未作初步审查工作，全额毕业生名单本次会议无法提出，可否由本会授权毕业生成绩审查委员会定最后限期，再予审查，其经审查合格准予毕业者，本会予以承认案。

议决：通过。

1944年3月18日会议

日期：三月十八日

地点：校长室楼下

主席：张海秋

出席人：陈美觉　冯式权　朱肇熙　于振鹏　王树勋　张福延　陈植　王善佺　何衍璿　熊庆来（何代）　杨元坤　蒋同庆　蒋固节　方叔度　朱驭欧　章辑五　杨家凤

谈话会议录：①

记录：蒋固节

甲、报告事项

主席报告谈话会宗旨：

第一项：选举教授会议常务三人，教授代表除院长、系主任为当然代表外，其他代表应如何选出，留待谈话会讨论。

第二项：向孔副院长表示同仁等生活艰苦，应如何请政府设法改善案。

乙、讨论事项

---

① 因不足法定人数，三十三年三月十八日的教授会议改为谈话会议。

一、选举事项：

（一）教授会议常务委员先由到会者投票选举，未到会者用书面通信选举，但书面选举限于三月二十五日之前送交总务处或校长秘书室。推举何教务长、杨总务长及章秘书任收票、监票之责。

（二）参加教务会议代表人数事。陈植先生提议：增加一人为十人，每院二人，议决通过。由各院院长负责选出，限于三月二十五日以前送交总务处或校长秘书室。

二、改善同仁待遇事项：

（一）朱驭欧先生提议：改善问题已事过境迁，应否仍须书面表示。

（二）陈植先生提议：仍须表示。

议决：须表示。据物价指数增加待遇，与公务员待遇应一律均等。

（三）杨总务长提议：若要表示须以具体之方式表示，向孔副院长要求借款增加合作社基金。

（四）王善佺先生提议：应从根本着手要求稳定物价。照上述意见书面向孔副院长表示，陈植先生前以提议译成电文交中央银行发出。

（五）推举陈植、杨总务长及朱驭欧先生负起草及交涉拍发电报之责。

1944年5月4日会议

日期：五月四日

主席：朱驭欧

出席人：朱肇熙　陈植　冯式权　杨元坤　姚瞻　丘勤宝　姜亮夫　许烺光　杨家凤　范锜　张福延　王树勋　朱驭欧　姜震中

记录：陈植

甲、报告事项

主席报告：孔副院长复电准拨合作社周转金一百万元经过及合作社整理情形。

乙、讨论事项

一、利益分配范围：

许烺光先生提议：就所得利益中百分之二十供津贴之用（余均分配于全体专任职员）。

议决：通过。

杨家凤先生提议：

（一）职员分配标准以底薪为标准；

（二）由百分之八十中提百分之二十供补助负担较重者之需。

议决：通过。

朱驭欧先生提议：前由云南省政府借拨之一百二十万与此项一百万元合并办理。

议决：通过。

朱驭欧先生提议：职员福利基金委员会另加委员二人，公推杨总务长及陈植二人担任。

议决：通过。

朱驭欧先生提议：资金运用由委员会全权办理。
议决：通过。
王树勋先生提议：于七月底以前结账分配红利。
议决：通过。
许烺光先生提议：弥勒之米即日由委员会派员前往销售。
议决：通过。
二、米账改善问题：
杨家凤先生提议：仍照二日市价发给米贴案。
议决：通过。

1944年6月16日会议

日期：六月十六日午后三时
地点：校长室楼下
主席：朱驭欧
出席人：沈嘉瑞　王世中　张福延　丘勤宝　瞿同祖　何衍璿　杨元坤　朱肇熙　徐嘉瑞　朱驭欧　鲁冀参（朱驭欧代）　司徒尹衡　刘玉素　陈植（张福延代）　熊庆来　章辑五　高錤　林耀成（王世中代）　杜棻（朱肇熙代）吴富恒　周家炽（崔代）　凌达扬（吴富恒代）　崔之兰　王树勋　潘大逵（四体代）　范锜　范秉哲（熊代）
甲、报告事项
一、熊校长报告本校向花纱布管制局借款就弥靮县境内领荒地栽种木棉一案，现已大体成功，即日兴工办理情形。
二、朱常务委员报告分配购储食米经过情形。
乙、讨论事项
一、接受美国援华会补助同事应否再分配购储食米，请处议公决案。
议决：基金保管委员会决定分配办法内第一项应予删除。
二、夫妇同为教职员者拟照案一律分配食米案。
议决：夫妇同为教职员者照案每人分配一份。
三、食米分配办法略有变更，恐米不敷分配，应如何办理案。
议决：补助负担奇重各教授食米案，应俟食米分配完毕后，如有剩余再斟量分配。
四、在弥勒购储谷子应否出售案。
议决：予以出售。
五、保管委员人数案。
议决：定为七人，并加丘勤宝先生为委员。
六、陈永健君及司事六人请照案分配食米案。
议决：照案分配。
散会。午后六时。

1944 年 7 月 8 日会议

时间：三十三年七月八日午后三时

地点：校长室楼下

主席：朱驭欧

出席人：朱驭欧　熊庆来　崔之兰　冯式权　柳灿坤　张福延　饶重庆　姚瞻齐祖諆　陈植　范锜　何衍璿　章辑五　司徒尹衡　赵雁来　于振鹏　杨克嵘（柳代）　郑万钧（张代）　丘勤宝（姚代）　王士魁（章代）　王伯琦（饶代）　王树勋（何代）　姜震中（赵代）　潘大逵　姜亮夫

记录：陈植

议决事项

一、需现钱者之米由合作社代为销售。

二、弥勒存米即日售出。

三、分发该配存有余米，凡教授、副教授有未成年子女四人以向本人云①，兼代该米经营副业者按照子女人数分配之。

四、所有王金钟及张三识二人被人冒领之米作需耗论。

五、向财部所借之五十万元又系遵同由教员生活基金委员会金、保管委员会金相办理。

1944 年 10 月 5 日会议

时间：十月五日午后二时

地点：校长室楼下

主席：朱驭欧

出席人：熊庆来　张福延　丘勤宝　李达才　章辑五　蒋固节　何衍璿　陈植　饶重庆　司徒尹衡　姜震中　朱驭欧　朱肇熙　蒋蕙荪　王树勋　吴富恒

记录：陈植

甲、报告事项

主席报告弥勒购米及盈余分配子女较多教授经过暨合作社办理情形。

乙、讨论事项

前向省府所借之款拟用以在会泽购米。（校长提）

议决：通过。

---

① 原文如此。

1945年4月11日会议

日期：四月十一日

地点：校长室楼下

主席：何衍璿

出席人：范锜　伍纯武　姜震中　黄国瀛　陆忠义　张福延　李吟秋　王树勋　李慕白　蒋固节　蒋同庆　饶重庆　张文奇（黄国瀛代）　蒋蕙荪　李达才　孙逢吉　方叔度（范锜代）　丘勤宝　庄圻泰（姜代）　冯式权　章辑五　赵雁来　王士魁（王树勋代）　王世中（李慕白代）　熊庆来　杜棻　周新民　鲁冀参（伍代）　司徒尹衡　程一雄（朱肇熙代）　潘大逵（司徒代）　崔之兰　何衍璿　赵明德　周家炽（崔代）　陈养材　朱驭欧　费孝通　卢焕云　李宗海（卢代）　朱肇熙

讨论事项

一、昆明生活加成数，应如何规定，如何交涉，请公决案。

议决：根据主要粮食之价格（如米、面粉等），昆明与重庆之生活加成数至少二与一之比，应用教授会名义函请教部从三月份起增加昆明之生活加成数，并推定范捷云、蒋蕙荪、何衍璿三教授起草（学生副食费亦应照此比例增加）。

二、市政府规定昆明三月份之米价为每公担国币二万五千一百元，与实际价格相去尚远，应如何交涉，请公决案。

议决：先请总务处向本市各文化机关征求意见，以便取得一致进行步骤，切实交涉。

三、教职员合作社借贷周转金，本年度应否请求增加，请公决案。

议决：

（一）增加为国币五百万元。

（二）请陈养材、蒋固节、郑独步三教授负责办理。

1945年8月11日会议

日期：八月十一日

地点：生物系实验室

出席者：熊庆来　柳灿坤　何衍璿　李清泉　张福延　黄国瀛　章辑五　丘勤宝　杨元坤　司徒尹衡　蒋蕙荪　陈廪　王树勋　秦教中　崔之兰　潘大逵　冯式权　张之毅　周家炽　卢焕章　郑独步　杜棻（朱肇熙代）　朱肇熙　赵明德（何衍璿代）　姚瞻　杨克嵘（柳代）　王士魁（章辑五代）　伍纯武　姜震中　庄圻泰（司徒代）　于振鹏（陈廪代）　鲁冀参（伍纯武代）　费孝通（张之毅代）　殷之澜（丘代）　王士魁（卢焕章代）　曾勉（周家炽代）　蒋同庆　周则岳（黄国瀛代）　朱驭欧

内容（缺）

1945 年 9 月 15 日会议

日期：9 月 15 日

地点：校长室楼下

主席：何衍璿

出席人：饶重庆　丘勤宝　杨元坤　尚健庵　司徒尹衡　朱杰勤　张福延　朱肇熙　柳灿坤　黄国瀛　杨克嵘（柳代）　周家炽　赵明德　姜震中　蒋蕙荪　庄圻泰　程一雄　王树勋（姜代）　崔之兰　杜棻　王士魁（庄代）　许　杰　朱驭欧　徐嘉瑞　何衍璿　潘大逵　陆忠义　黄万杰　沈福彭　周则岳（黄国瀛代）　张文奇（许杰代）

议决事项

一、关于推举教授向联大教授接洽公米问题请公决案。

议决：公推蒋蕙荪、丘勤宝、崔之兰三教授前往接洽，接洽后由联合联大或单独发出快邮代电给教育部。

二、抗战期间教职员饱尝艰苦，待遇殊属不平，现抗战结束，应加改善待遇，以安教学，如何表示，请公决案。

议决：

（一）仍请上列三教授前往联大接洽，视接洽之情形以定第二步之表示。

（二）公推朱驭欧、潘大逵两教授起草提案，送本校转全国教育复员会。

1945 年 12 月 19 日会议

日期：三十四年十二月十九日下午三时

地点：校长公馆楼下会客厅

主席：张福延

出席人：周新民　李清泉　张其濬　赵崇汉　王士魁　姜震中　尚健庵　方国瑜　楚图南　朱肇熙　程一雄　冯式权　陈廪　张福延　许杰　杨铭鼎　段之润　马春平　白寿彝　张文奇　杨家凤　朱锡侯　庄圻泰　王树勋　于振鹏　陈久征　王世中　林成耀（王代）　潘大逵　柳灿坤　卢焕云　张之毅　赵明德　高镇　丘勤宝（高代）　朱驭欧　饶重庆　王绍曾　何衍璿　杜棻　刘学敏（赵代）　姚瞻　刘崇智　陆忠义　郑万钧（张福延代）　罗应荣（朱驭欧代）　刘文典　徐嘉瑞　范秉哲（赵代）　吴富恒　鲍志一（吴富恒代）　崔之兰　李达才　曾勉　段永嘉　蒋同庆　费孝通　黄万杰

记录：朱驭欧

推选临时主席案。

张福延以二十七票当选。

甲、报告事项

一、主席报告。

二、熊校长报告。

三、费孝通先生报告。

四、王绍曾先生报告。

乙、议决事项

一、费孝通先生提议关于惩凶问题，本校教授会应与联大取一致态度案。

二、陈久征先生建议就学生提出三点逐条讨论案。

三、庄圻泰提议由教授会保证惩凶案。

议决：通过。

四、赵崇汉先生提议由本会通知学生，本日地方军政当局面对本校校长对保证合法自由一节，表示之态度案。

议决：通过。

五、潘大逵先生提议由上次三位起草，将前次本会发表对此次事件经过情形原文再加补充印发。

陈久征先生提议修正，将本会前次发表之原文加以补充印发，并交由原有三位起草人负责办理。

六、庄圻泰先生提议由本会通知学生代表会，本会已接受学生所提出三项请求，即应由学生先接受本会之劝导，于本月二十日复课案。

议决：通过。

七、陈久征先生提议以本会全体名义挽留校长，并发表此项消息案。

议决：通过。

八、王树勋先生提议推举张福延、王绍曾、费孝通三先生代表本会通知本会意旨案。

议决：通过。

1947年10月17日会议

日期：十月十七日

主席：丘勤宝

出席人：柳灿坤　丘勤宝　方国瑜（丘代）　饶重庆　赵崇汉　阮曾佑　宋玉生　彭望雍　徐靖　陆忠义　李念秀（杜义代）　王仲彦（刘绍清代）　吴砚农（殷代）　姚瞻（丘代）　熊庆来　李莘农　杨春洲　赵明德（熊代）　马耀先　郭佩珊　张其濬　梅远谋　钱德富　刘文典（陆忠义代）　凌达扬　于振鹏（赵崇汉代）　蒋同庆　秦秉中　李清泉　叶日葵　王士魁　朱肇熙　郭文明　萧子风　崔之兰　秦教中　马光辰　陈迺隆　张燮　张正林　王志民　朱驭欧　胡宗璞　陈贺谷　韦及宇　王明贞　杜棻（张瑞纶代）　姚奠中（徐知良代）　王绍曾　杨桂宫　胡维义　张福华　杨怡士　杨家凤（杨春洲代）　狄霭光　唐永权　贾荣轩　范琦　顾建中　饶婉宜　王景贤　徐玉良　张自芳（蒋同庆代）　韩惠卿（李莘农代）　秦仁昌　蒋蕙荪　李吟秋　刘学敏（李吟秋代）　陈复光（朱驭欧代）　陈人龙（朱驭欧代）　杨克嵘（杨元坤代）　马奉琛　段永嘉　蔡克华　张福延　李枢（朱肇熙代）　王源璋（李清泉代）　徐永椿（秦秉中代）　诸宝楚　刘致清　张瑞纶　杨元坤　蓝瑚（郭文明代）　李丹（叶日葵代）　石玉澍（张瑞纶代）　孙建毅（秦教中代）

记录：马奉琛

改选常务——主席提出常委三人似嫌过少。常务无法律根据，只经过大会通过。

朱提——增多七人——五院长当然委员，只选举二人。

张——七人皆由选举产生——过去议决案。

宋——选九个委员抵常务委员。

张——加强教授会的活动与组织，提高云大学术地位，建议学校开教授会学期最少一次。

梅——教授会会章之起草委员九人，选举九委员。

朱——修正案，九委员即负责修改章程，此后选举九人，照章程选举九人。

张——通过修改章程——一次通过负责修改委员。

选举方式——议决——出席教授、副教授当场用记名投票选举委员九人，其未出席之教授、副教授另用专函通知，限期记名投票，逾期以弃权论。定于限期后开票公布选举结果，并通知九委员开会。

选举方式——“三十六年十月十七日决议案：出席今日大会之同仁，当场用记名投票，即选举委员九人。其未出席之诸同仁另专函通知，限期各记名票选委员九人，逾期以弃权论。定于限期后，由司选会同本会常委开票公布选举结果，并通知当选九委员定期开会。”当场选出张福延为司选委员，选举票请于二十四日以前交教务处张福延收。

附：

国立云南大学教授会章程草案

一、本会以加强教导效力、提高学术水准、协助学校发展及增进同仁福利为宗旨。

二、本大学现有专任教授、副教授、讲师皆为本会会员。

三、本会会员大会为最高权力机关，如遇有重要事件时，得由常务委员会召集大会解决之。

四、本会会员大会在每学期开学一个月内举行常会一次，于必要时经常务委员会之决议或会员四分之一以上之提议，得召集临时会员大会。

五、本会由会员大会选举九人组织常务委员会，常务委员之任期均为一年，连选得连任。

六、常务委员会由全体常务委员互推一人或二人分别担任下列职务：

(1) 主席一人，负召集会员大会及常务委员会之责并于开会时担任主席，主席缺席时，得由常务委员会另推委员一人担任临时主席。

(2) 学术委员二人，筹划学术讲演及出版事宜。

(3) 交际委员一人，办理关于本会一切对外交涉联络事宜。

(4) 文书委员一人，办理并保管本会一切文件及记录事宜。

(5) 福利委员一人，筹划本会同仁一切福利事宜。

(6) 会计委员一人，办理本会一切账务事宜。

(7) 出纳委员一人，办理本会经费收支事宜。

(8) 事务委员一人，办理本会采置、招待、布置及其他一切杂务事宜。

七、常务委员会每月初开会一次，于必要时得由委员二人以上之提议临时召集之。

八、本会经费之来源如下：

(1) 常年会费，由全体会员缴纳之，其全额由会员大会决定。

(2) 基金：由本大学福利金项下划拨一部分作为基金。

(3) 补助金经费不足时请由学校酌量补助。

九、本会会址设在本大学内。

十、本章程自会员大会通过之日起施行，如有未尽善处须经会员大会决议修正之。

1948年11月23日会议

日期：十一月二十三日下午三时

地点：会泽院三楼

出席人：张正林　秦仁昌　蒋蕙荪　梅远谋　朱肇熙　方国瑜　朱锡侯　赵崇汉　张瑞纶　李吟秋　张福延　杨堃　原颂周

照章改选结果如次

主席：李吟秋　文书：方国瑜　交际：李德家　秦仁昌　学术：杨堃

会计：朱肇熙　出纳：朱锡侯　福利：张正林　蒋蕙荪　张瑞纶

事务：原颂周

讨论事项

一、向银行团借款办理同人福利事已接洽有头绪，如何继续催促案。

议决：推李吟秋、秦仁昌两先生向兴文、中央两行接洽。

二、请学校续发薪津案。

议决：本校已收到十一、十二两月调整数，请由学校先行垫发，照十月标准数之二倍细账，容后结算。

三、请学校继续购米案。

议决：请学校将已扣回之米款尽数拨交福利委员会继续办理。

四、银行团借款收到后如何处理案。

议决：请学校照十月份薪津三个月之数垫发（教职员学生工警一律），余数交福利委员会采办日用必需品存储。

（五）国立云南大学教务会会议记录

1947年12月27日会议

日期：十二月二十七日午后三时

地点：校长室楼下

主席：熊校长（张教务长代）

出席人：熊庆来　黄国瀛　李吟秋　张瑞纶　张其濬　马光辰（张其濬代）　方国瑜　段永嘉　蒋同庆　梅远谋　王士魁（张瑞纶代）张福延　秦仁昌（张福延代）　朱驭欧　周荫阿

记录：方国瑜

甲、报告事项

张教务长报告（从略）。

乙、讨论事项

一、普通化学试验功课学生人数过多，应如何调整案。

议决：

（一）理、农两院及矿冶系学生以分组实习为原则，惟铁管、航空、土木、机械四系可用示教办法教学。

（二）实习教室择能容四十人之大教室。

（三）各院系原有之普通化学药品仪器归并于化学系，不足之数请由学校添置。

（四）如原有助教不足分配时，请校长添聘。

二、普通物理试验时间及分组如何改定案。

议决：待化学试验时间规定后，另行分组以避免时间冲突。

三、体育上课时间每与教室上课时间多有冲突，应如何调整案。

议决：体育课常在操场，非如他种学科因教室不敷，不能上课，由体育组改变时间，其因时间冲突而缺席之学生准予补修。

四、各院系科之课程纲要如何编订案。

议决：由各院系科负责人照教务处制定之表格填就，在三十七年一月十五日提交教务处。

1948年6月17日会议

日期：六月十七日下午三时

地点：会议室

主席：熊校长　王教务长

出席人：王士魁　丘勤宝　李德家　王绍曾　王志民　周荫阿　张福延　蒋蕙荪　段永嘉　蒋同庆

甲、报告事项

王士魁先生报告：本学期停学日久，全校各院系功课多受影响等情形。

乙、讨论事项

校务会议交议关于本届毕业生应如何办理案。

议决：应提校务会议决定原则后，本会始作商讨技术问题。

散会。

（六）国立云南大学校庆筹备委员会会议记录

1942年3月6日会议

日期：三月六日上午九时

地点：本校校长室楼下

主席：柳灿坤

出席人：孟立人（陈少铭代） 涂文 柳灿坤 伍纯武 徐嘉瑞（柳灿坤代） 汤惠荪（涂文代） 朱驭欧 张福延

记录：虞唐

甲、报告事项

主席报告召集开会理由。

乙、讨论事项

一、主席提议：扩大本会组织案。

议决：加入张福延及赵诏熊两先生，发函通知。

二、主席提议：各分校及附中应否请参加校庆案。

议决：除会泽分校因特别情形可就地举行纪念外，其他分校及附中应派运动员三十人，旅费由各分校办公费项下开支，非运动员得自由参加，旅费自备，运动员住宿由校预备，膳食自理。

三、伍纯武先生提议：关于会内之各种会，如展览会、游艺会、纪念会、运动会、联欢会等，应推定各负责人，计划下次开会提出，以便从速照办案。

议决：运动会由涂文及陈少铭两先生负责，展览会由朱驭欧、伍纯武、费孝通三先生负责，游艺会由张福延、赵诏熊两先生负责，纪念会由汤惠荪、徐嘉瑞、姚碧澄三先生负责，联欢会由孟立人、柳灿坤两先生负责。

四、主席提议：下次会议时期，应如何决定案。

议决：本月十三日（星期五）上午九时在原地点开会，仍发函通知。

1942年3月13日会议

日期：三月十三日星期五上午九时

地点：校长室楼下

主席：柳灿坤

出席人：孟立人（陈少铭代） 涂文 汤惠荪（涂文代） 柳灿坤 张福延 朱驭欧 伍纯武 熊庆来

记录：虞唐

讨论事项

一、各部预算应如何决定案。

议决：联欢会费五千元，运动会费四千元，游艺会费一千元，展览会费三百元，纪念会费七百元。

二、教职员、校友、游艺员、运动员及学生聚飧费用应如何决定案。

议决：教职员、校友每人出飧费十元，余由校方津贴，至学生方面，凡在校开飧者每桌由校津贴二十元，游艺员、运动员由校方于大会日下午五时招待一飧。

三、校长提议：如何建立纪念物案。

议决：除由学校筹建者外，希望校友会发动筹建，并请训导长发动本校学生本有着钱出钱、有力出力之方办理，最先须清理泽清堂前面之地面。

四、涂文先生提议：组织招待股案。

议决：由各组主任及组员（由各组主任指定）担任，教员方面推何教务长及其夫人、赵诏熊先生及其夫人、伍健一先生及其夫人、陶芳辰先生、汤惠荪先生及其夫人、陈养材先生、朱驭欧先生、熊太太。校友方面，孟立人先生、陈少铭先生、郑世昌先生、白世俊先生、李惠卿先生。学生方面，梅景畴、刘可亭、时佩锋、王茂山、甘永安、叶宏达、苏尔贞、姚金芝、孔合和、朱丹、刘鸿璧、徐芥瑜。以上各人均由何教务长召集办理。

五、请柬应早日付印案。

议决：由出纳组负责筹划。

六、大会应电林主席、蒋委员长致敬案。

议决：请徐梦麟先生拟电稿二通。

七、请教育部、龙主席颁发训词案。

议决：由文书组办理。

八、组织文书股、庶务股办理大会事物案。

议决：文书股由虞唐先生负责组织，并邀请诸宝楚先生参加及会同学生办理，庶务股由李怀先生负责组织。

九、纪念典礼仪式及纪念秩序应推定负责人筹备案。

议决：推定伍健一、徐梦麟、姚碧澄诸先生拟定仪式及纪念秩序，并请徐梦麟先生召集办理。

十、泽清堂、女生宿舍落成典礼应否于大会时合并举办案。

议决：应合并举办。

十一、大会应请何人演讲案。

议决：请联大蒋梦麟先生及董前校长雨苍先生莅校演讲。

十二、校长提议成立纪念刊物编辑委员案。

议决：聘姜亮夫、费孝通、崔之兰、朱驭欧、郑万钧、孟立人、诸宝楚诸先生为委员，并请姜亮夫先生负责召集，积极筹备。

十三、下次会议应如何决定案。

议决：除临时事件得随时召集外，订于三月廿七日（星期五）上午九时在原地点召开第三次会议。

1942年3月27日会议

日期：三月二十七日（星期五）上午九时

地点：校长室楼下

主席：柳灿坤

出席人：朱驭欧　伍纯武　柳灿坤　孟立人（陈少铭代）　熊庆来（何衍璿代）　王伯琦　张福延

记录：虞唐

甲、报告事项

一、报告上次会议记录。

二、朱驭欧先生报告：展览会已由本人及伍健一、费孝通两先生通知各院系办理。

乙、讨论事项

一、徐梦麟先生因病辞去筹备委员职务，关于大会仪式及纪念秩序应由何人召集商讨拟订案。

议决：请赵秘书康节秉承校长意见早日拟定。

二、徐梦麟先生因病辞去筹备委员职务，关于向国民政府林主席及蒋委员长致敬之电文二通，应推请何人拟定案。

议决：推请文法学院院长姜亮夫先生拟定。

三、张福延先生提议游艺会经费不足，应请增加并请建搭戏台案。

议决：应俟校长返校请示办理，至该会所需费用在不超过预算原则下可暂支用一部分。

散会。

1942年4月9日会议

日期：四月九日

地点：校长室楼下

主席：熊庆来

出席人：熊庆来　柳灿坤　赵康节　姜亮夫　王伯琦　李怀　霍家驹　何衍璿　涂文　张福延　陶芳辰　张友铭　张森　周维迅　孟立人（陈少铭代）　朱驭欧　王茂山

记录：虞唐

讨论事项

一、校长提议：讨论开会仪式案。

议决：照赵康节先生所拟修正后通过。

二、校庆致词应否加请其他机关案。

议决：请省党部及龚厅长并请校友致词。

三、校友会提议：应否举行学术辩论会案。

议决：举行学术辩论会一次，推请姜亮夫、赵述完、朱驭欧先生负责办理。

四、校长提议：刊物不及赶印，应先将纲要印出案。
议决：通过，并由校刊编辑委员会负责编出概况。
五、展览会办理情形案。
议决：请朱驭欧先生负责积极赶办。
六、运动会办理情形案。
议决：请涂奇峦赶办。
七、布置办理情形案。
议决：游艺会费追加经费一千元，建筑戏台一座，经费另行筹划，地点由校长选定。
八、教职员聚飧应如何办理案。
议决：通知各教职员，如愿意参加聚飧，应交国币拾元，去庶务组登记。
九、映秋院、泽清堂落成典礼应否任人参观案。
议决：通过。
散会。

附：

在国立云南大学二十周年校庆时致林森主席敬电

重庆国民政府主席林钧鉴：

钧座表率群伦，中外共仰。值皇农之阳厄，拯民族于垂危，而躬行道义，身服俭素，亦惟四民之望，耆硕在位，能不鼗抃，兹值本校二十周年纪念，谨率全体职教员学生向钧座致敬，恳祈垂鉴。国立云南大学校长熊庆来暨全体教职员学生同叩眘。

在国立云南大学二十周年校庆时致蒋委员长敬电

重庆军事委员会委员长钧鉴：钧座领导全国艰难奋斗，摧敌人之凶焰，振大汉之天声，为自由之先躯，昭正义于世界，丰功伟绩，民族之光，而惟几惟康，诞敷文教固百年之计，于履永之时征之史册，实所罕见，鲁城虽危，礼乐未坠，兹值本校二十周年纪念，谨率全体职教员学生向钧座致敬，恳祈垂鉴。国立云南大学校长熊庆来暨全体职教员学生同叩眘。

1944年4月11日会议

日期：四月十一日
地点：校长室
主席：杨瑞五
出席人：朱驭欧
列席：李怀　柳燦坤　杨维骏　章辑五　杨瑞五
记录：杨维骏
讨论事项：
一、四月校庆纪念应如何举行案。

议决：四月二十日上午九时举行校庆纪念典礼，下午一时举行运动会，七时举行游艺会，并欢送译员训练班同学，并于四月二十一日上午九时起继续举行运动会，午后一至三时及三至五时分别举行学术演讲。

二、纪念会应否延请外宾案。

议决：由总务处拟定邀请外宾名单呈请校长核定。

三、纪念会应否招待茶点案。

议决：四月廿日纪念典礼后酌备喜庆蛋糕、茶点招待外宾，并于廿日晚间及二十一日正午另备便餐招待运动会之帮忙外宾（共约四桌）。

四、校庆纪念特刊应推何人主编案。

议决：请校长主编。

五、经费预算案。

议决：特刊应采大报一张形式，酌印五百份，自印，一万元；游艺会，一万元；运动会，一万元；纪念会，一万元。共四万元。

六、运动会场应如何布置案。

议决：运动会场内搭司令棚一座，座之左右两方酌设座位招待上宾。

七、纪念会应否指定负专责人员案。

议决：纪念会由庶务组负责，运动会由章主任负责，游艺会由学生自治委员会负责。

八、游艺会应否备入场券案。

议决：本校教职员学生凭校徽入校入场，即先行通知布告，另备入会券一百张，秉承校长致送外宾，场内前座招待外宾，次为译员训练班同学，再次为教职员，后座为学生座，次均采先来后到入座。

九、四月廿日各院系应否开放案。

议决：知名院系级酌予开放。

十、校庆需用各物应请主办人员尽在十五日以前通知，以免购备不及案。

议决：通过。即通知查照。

散会。午后五时。

（七）国立云南大学聘任委员会会议记录

1943年9月17日会议

日期：九月十七日下午三时

地点：校长室楼下

主席：熊校长

出席人：熊庆来　蒋蕙荪　李吟秋（黄代）　丘勤宝　张福延　梅远谋　黄国瀛

记录：蒋蕙荪

讨论事项
一、体育副教授函请求升等案。
议决：通过。
二、训导处生活管理组主任周耀及课外活动组主任邹景荣请审查各讲师案。
议决：拟以讲师待遇并催补缴著作。
三、农学院蔡克华、黄邻宾两讲师请提升为副教授案。
议决：通过。

1944 年 2 月 23 日会议

时间：二月二十三日
主席：熊庆来
出席人：崔之兰　丘勤宝　杨家凤　熊庆来　何衍璿
记录：何衍璿
讨论事项
一、本委员会审查教员之资格应否以专任者为限，请公决案。
议决：应以专任者为限。
二、拟聘白寿彝先生为文中系教授，请公决案。
议决：照聘。
三、拟聘李吟秋先生为土木系教授，请公决案。
议决：照聘。

1944 年 7 月 11 日会议

日期：七月十一日上午九时
主席：熊校长
出席人：熊庆来　赵雁来　冯景兰　姜寅清　何衍璿　柳灿坤　张福延
记录：王绳尧
讨论事项
一、冯院长提议拟聘吴学兰、罗紫台、黄国嬴、董钟林等四员为矿冶系教授案。
议决：审查通过。
二、拟聘安子明为铁管系及经济系讲师请审查案。
议决：审查通过。
三、农学院张院长提议拟晋升讲师秦秉中为副教授案。
议决：应呈缴专门著作再凭审查。
四、拟聘孙逢吉为农学院教授，请审查案。
议决：审查通过。
五、拟晋升瞿同祖为文法学院教授，请审查通过案。

议决：审查通过。
六、拟晋升陆忠义为文法学院副教授请审查案。
议决：审查通过。
七、拟晋升丁则良为文法学院副教授请审查案。
议决：暂缓晋升。
八、姜院长提议聘郑永龄为文法学院教授提请审查案。
议决：资格通过。
九、张院长提议聘汪厥民为农学院教授请审查案。
议决：资格通过。
散会。

1945年10月24日会议

日期：十月二十四日下午四时
地点：校长会客室
主席：熊校长
出席人：熊庆来　费孝通　丘勤宝　何衍璿　崔之兰（何代）　柳灿坤　蒋蕙荪
记录：蒋蕙荪
讨论事项
一、丘训导长兼土木系主任提请聘任杨铭鼎先生为土木系教授案。
议决：因杨先生曾在其他国立大学或独立学院担任教授职，准予照聘。
二、校长提议聘任张其濬先生为物理系教授、马奉琛先生为文史系教授案。
议决：通过，理由同上。
三、校长提议聘任王绍曾先生、朱锡侯先生、李文庵先生、毛达庸四先生为航空系、医学院、农学院、工学院教授案。
议决：四先生均未在大学任过教职，暂以副教授，通过。如学校因事实上需要，得由校长全权办理，以教授发聘，但须通知各院系，以重各职。

（八）国立云南大学导师会议记录

1941年5月28日会议

日期：五月二十八日午后五时
主席：熊庆来
出席人：熊庆来　何衍璿　楚图南　伍纯武　王玉章　袁昌　朱驭欧　杜棻　陈定民

朱肇熙　方国瑜　张福延　王伯琦　王赣愚　林同济（王赣愚代）　徐嘉瑞

记录：刘惟聪

甲、报告事项

一、熊校长报告：略谓教部对国立各校导师制度异常重视，故迭经奉令饬切实推行，本校因空袭关系，前次导师会议未能按时开会，致推进办法未能讨论决定，现同人中主张导师分组，办法自属甚好，而欲求教授与学生打成一片，则应将院系藩篱分开，不仅本系教师指导本系学生，他系学生亦应分配予以指导，庶本校导师制度得收实际之效果焉。

二、伍前训导长报告：略谓关于导师分组问题，照现在情形而论，各院系多已离开，且各教师或住在乡间，或住在城内，多不一致，难于合作召集，故以单独指导为宜。至于学生分组问题，照过去经验，则以学生自行选择导师为佳。

乙、讨论事项

一、本校导师指导各生，是否即以单独指导办法办理案。

议决：照案通过。

二、本校导师指导学生分组，是否由学生自行选择导师案。

议决：照案通过。

散会。

1942年5月7日会议

日期：五月七日

地点：校长室楼下

主席：熊庆来

出席人：熊庆来　饶重庆　王逊　姜寅清　刘汉　司徒尹衡　柳灿坤　鲁冀参　楚图南　伍纯武　吴传颐（伍代）　陶光　涂文　何衍璿　徐嘉瑞（姜亮夫代）　范秉哲（熊代）　姚碧澄（何代）　方国瑜（楚代）　沈来秋（鲁代）　王赣愚（司徒代）

甲、报告事项

主席报告本校推行导师制情形。

乙、讨论事项

一、导师应否分组案。

议决：伍先生提议以各人指导为主，赞成者有四票，至赞成导师分组者，计有五票，以五票对四票，通过导师分组。

二、学生选择导师组办法案。

议决：先由学生自行选择导师组，其不自选者由学校分配，所有办法及日期均由训导处酌定。

（九）省立云南大学训导会议记录

1938年4月6日会议

日期：四月六日下午四时

地点：训导处

主席：伍纯武

出席人：伍纯武　李振华　张在实　林有光　王浩兰　甘师禹　武臣奭

记录：甘师禹

甲、报告事项

一、主席报告：赴中央受训经过及第三次全国教育会议议决关于训导方面之议决案。

二、主席报告教育部于三月三十一日至四月二日召开训育会议之议题：（1）导师制之切实推行案。（2）学生思想之训导案。（3）社会服务与劳动服务之推行案。（4）操行评定之标准应如何规定案。

三、主席报告中央及教育部对于教育意见：（1）导师制非彻底推行不可。（2）学生之散漫、冷漠等缺陷非从速纠正不可。

乙、根据第三次全国教育会议关于训育方面之议决案，主席提议本校训导处应办理事项有：

一、拟订训导计划。

议决：由训导会议决定。

二、推行导师制。

议决：由主任导师商请校长共同推行。

三、召集全校学生个别谈话及分组谈话。

议决：由主任导师负责办理。

四、计划学生之社会服务及劳动服务。

议决：由甘训导员负责拟订办法。

五、调查、登记及指导学生团体事项。

议决：登记、调查由武训导员负责，指导由主任导师负责。

六、办理党部及青年团委托事项。

议决：由主任导师负责。

七、学生宿舍之分配管理及学生起居之管理事项。

议决：男生部由各教授分别负责，女生部由王训导员负责。

八、关于学生之卫生及营业事项。

议决：由武、王、甘各训导员会同庶务科合作办理。

九、课外运动之提倡及组织事项。

议决：由体部负责。

十、请假及缺席之统计事项。

议决：由甘训导员负责。

十一、点名事项。

议决：由甘、武、王各训导员分区负责。

丙、临时动议

一、以后每隔二周于星期六下午开训导会议一次。

议决：通过。

二、采矿专修科住宿问题。

议决：由主任导师商请校长决定。

三、限制住宿生夜间外出案。

议决：住校学生因故请假外出，经教官或管理员许可者外，其余一律严限每晚八时以前返校。

（十）国立云南大学训导、训育会议记录

1945 年 1 月 24 日会议

日期：一月廿四日下午三至五时

地点：校长住室楼下

主席：熊庆来

出席人：熊庆来　杨家凤　何衍璿　张福延　范锜　柳灿坤　鲁冀参　丘勤宝　饶重庆　章辑五　顾建中　黄国瀛　安子明　张正林　吴藻英　王级兴　刘戟门　冯志葆　何丕承

记录：冯志葆

讨论事项

一、上次训导会议决定学生操行分数，训导处给七十五分，导师给廿五分，为最高分数，然后加为总分，译成等第，训导处已先行召集同人，公开评定，惟各位导师所应给之分数，仅有十二位交来，尚有廿四位未交，如何办理，统希公决案。

议决：先由汇办人将法律、土木、经济三系学生操行分数逐一念出，如有特殊情形者，即请今日到会该系主任或导师斟酌损益，再为决定结果，法律系学生曾云植、土木学生元逢介，均应予更改，其未及念出之学生，由训导处开送各院系召集有关导师开会评定，交处再为汇办。

二、本校从军员生定于一月廿八日上午九时入营，关于欢送慰赠，应如何举办，请公决案。

议决：

（一）定于一月廿六日午后三时布告从军员生，在至公堂前集合摄影，费用由教职

员捐集。

（二）一月廿六日下午六时半，就至公堂举办欢送会，请顾主任酌加余兴。

（三）慰劳品除农院赠军戒指外，校本部由学生自治会分送奖章手巾。

（四）由教职员捐款项下赠银戒指。

（五）校长提议由本校同人普遍捐输，建于从军题名碑，置于会泽院前面之东，与西边原陈大铁炮相配衬。

（六）校长提议每人再送手册一本。

（七）入营时用爆竹送至莲花池附近。

（八）鲁主任称云南大戏院送来戏票百张，每从军员生分送二张，余送征委会或教职员。

散会。

1945年9月11日会议

日期：九月十一日下午三时

地点：本处办公室

主席：丘训导长

出席人：邹景荣　吴汉英　李蕙卿　杨元坤　桂长生　冯志葆　王逸秋

记录：邹景荣

甲、报告事项

报告训导处过去不联系情形及会后整理计划。其余从略。

乙、讨论事项

一、关于学生宿舍分配清理问题，应如何决定案。

议决：女生宿舍处理。第一，先派人调查实际情形，再由本处斟酌情形决定之；第二，以后女生尚有要求住宿可酌量编入；第三，万一不能解决时由本处请求校长将数学系办公室迁让为女生宿舍。东宿舍由本处拟请总务处将八十八号房隔为二间，以资划一，楼上亦拟请总务处添置漏水管二只。西宿舍、南宿舍暂不议论。各宿舍均拟请总务处添置五十加仑桶各一只，以便学生用水。彻底清查宿舍，由训导长率领各宿舍管理人员一同赴各宿舍清理并登记。

二、关于本学期早操推进办法，应如何决定案。

议决：第一步请校长增聘体育教员一人或二人负责早操及点名；第二步将操场竖明标记，学生缺席由体育组拟定办法。

三、关于学生上课点名办法应如何决定案。

议决：三十名以下者只贴座位表，三十名以上除贴座位表外尚须将桌子编号以便点名。

四、关于各部系统手续应如何规定案。

议决：凡关于生活管理组之发文或呈文应由组主任签呈意见盖章后呈训导长，若请公假、公费、膳食、住宿等，凡发文应由上而下。至公费问题由李训导员按照下列方式办理，以资查考：（1）索引。（2）每月公费计算办法。（3）每院系公费生总数统计表。

（4）贷金公费清册名单。

1945年11月6日会议

日期：十一月六日（星期二）下午三时

地点：本处办公室

主席：丘训导长

出席人：丘勤宝　邹景荣　桂长生　丁月秋　冯志葆　杨元坤　王天祚　顾建中　王逸秋　李蕙卿

记录：邹景荣

甲、报告事项

训导长报告：二月来训导推行情形，所得效果尚佳，如早操、纪念周出席参加秩序极好。宿舍问题已解决一部分困难。自实行早操以来，许多挂名不住学生亦多来处申请不住，望各负责人点名切实负责，以期取得更圆满结果。至上课点名因各种困难，如桌凳无一定排列，且有学生自由搬移，故至今未开始。公费问题亦整理极有头绪，经与总务处联席会议决定定期发放，本处不零星批准，收得效果极佳，减少出纳组困难。一切管理较前进步，课外活动提倡音乐，以解决学生精神苦闷，由戴先生主持以来，秩序亦佳，刻正向外接洽乐器，预定每周开放一次。本处各部职责虽经划分，以后凡是本处事务彼此均须共同合作，求得迅速办理。宿舍问题，尚有挂名住宿，加之近来失窃事情太多，亟须清理，凡外人居住者一律勒令迁出；整理方式，预定携带本处卡片对照相片，教室桌凳学生多私自取用，清理宿舍亦顺便注意有无教室桌凳。过去本处与各处多不联系，以致许多事情无法接洽，本学期来本处特别注意与各处联络，以主动方式求其迅速解决。学生福利方面，经与救济会联络办理学生一切福利事情，如最近时发给学生服装、医药及药费，亦预定津贴。营养方面，已预定在校设备豆浆供给全校员生食用。课外活动，本处亦计划办理，如团体旅行等，增加师生情感。

乙、讨论事项

一、体育组杨先生提出体育用品不敷分配，可否添增案。

议决：由杨先生开列应用清单，由训导长商请校长从速添置。

二、杨先生提议：球场近来汽车太多，阻碍上课，拟请校长解决困难案。

议决：此案通过，请校长迅速办理。

三、丘先生报告：学生请求免早操、体育出具证明书情形及学生免费取药标准。训导长面示：以后发免费取药标准，以每一次发给，不宜发给长期免费证明，以杜流弊，学生非有特种病态而有碍早操体育者，一律不准出具免操证明书。

四、公费生已发公米，而不在校开膳往往携米出校，常来本处要证明单出校，应如何办理，请公决案。

议决：公费生携米出校，应由总务处、庶务组发给放行条子。

五、学生壁报是否限制，送课外活动组审查，请公决案。

议决：将刊印之本校学生壁报、刊物办法交顾主任转发各壁报负责人，但有无证据而漫骂者仍应惩处，所印办法第五、六、七、九条删去。

六、本校教职员、学生饮水，近因水池不洁，应如何办理，请公决案。

议决：通知总务处、庶务组勤加淘洗。

七、学生如有发生疾病，恐有传染，应设隔离室，但无相当房子，应如何办理，请公决案。

议决：如有患确实肺病学生，令其退学，若患急性传染，请学生救济会补助，慢性传染，请校长拨给一隔离室，俾资休养。

八、本校以后学生体格检查表应否送一份来本处备查，请公决案。

议决：应请附属医院汇送一份，交本处存查。

九、全国卫生委员会曾经发给学生体育检查用器一套，应否拨交校医室备用，请公决案。

议决：请校长通知附属医院，如已收到，应拨交训导处转交校医室备用。

十、美空军近日送来医药，大批已交附属医院，应否拨交校医室备用，请公决案。

议决：请校长通知该院拨出一部分交训导处转交校医室备用。

十一、学生操行标准，导师及训导处应如何分配赆数，请公决案。

议决：导师记予学生操行百分之五十，训导处给予学生百分之五十，合为百分。

十二、导师制推行不易，应如何办理，请公决案。

议决：以系为单位，由系推选导师，再为办理。

1946年3月2日会议

日期：下午三时

地点：本处办公室

主席：丘训导长

出席人：邹景荣　冯志葆　丘勤宝　杨元坤　桂长生（列席）　丁月秋（列席）

记录：邹景荣

报告事项

主席报告：过去导师制评定操行成绩情形，后因导师职务无法推行，操行成绩评定无形停止，上学期本处为评定标准公平起见，曾分送各系表格一全份，请负责填写该系学生操行成绩，所得结果送回表格者甚少，只得数系而已，惟本处又不得不加于评定，因召集本次会议目的在于征求各同事意见，而评定其本学期操行成绩，并将已送表格所评定成绩亦重新审查，评定结果另纸登记之。

散会。

1946年9月28日会议

日期：九月二十八日上午九时

地点：本处办公室

出席人：丘勤宝　周　耀　杨元坤　丁仲英　李蕙卿　丁月秋　王瑞茀　冯志葆

魏应栋

讨论事项

训导长：云大学生之德、智、群三方面，智由教务处主办，但师生因经济破产，各有兼差，以致上课不能一律合规。至于尊师及犯规等道德上的错观念，即有关训导处事项，校长出席南京教部会议，有组织训导会议以推动训导事项，但本处训导人员应各尽力由道德等项尽力推动。其次，关于体育，有正常功课及课外功课，上学期课内活动已能规律化、组织化，课外活动尚有球赛，比赛运动尚差，或因人事、器械、天候种种关系，不能如愿。近因校座商议向教部争求加强体育设备，庶以体育、艺术方面引导同学泻其胸中之郁闷，而免发非法之文章，或妄肆批评，希各注意。又早操问题，上学期各位辛勤劳动亦能克服困难，本学期因宿舍远近不同，关于早操之步骤如何办理，及体格检查之举行应如何办理，校医与附属医院有无合并之必要，此等阻力应如何讨论克服之法，均希各抒高见。学生宿舍问题，东宿舍向为学生霸居转让，拟行抽签，但阻力甚大，其他各舍又应如何办法，公费办理之困难应如何讨论，如何改善，希各抒所见。

议决：学生注册注意事件有关本处者，第一须检查体格，第二到训导处注册，第三到注册组注册，不紊乱秩序，但须注意注册单之次序。体格检查之地点先商校医及附属医院，每次检查均由体育组负责监视主持。体格检查步骤：第一，组织委员会，请校长核聘，校医为当然检查员，体育组监督协助。第二，检查地点由体育组商之校医及附属医院移到会泽院上。第三，请注册组在可能范围内酌予延长日期。第四，请杨主任元坤及周耀先生分别接洽。

议决：早操：（1）照旧办理。（2）体场分城内、城外两处。（3）日期以上课后一礼拜与体育正课同时举行。（4）负责人，城内、城外体育先生由体育组分别排定，城内点名人由本处派人协助点名。分配早操名单由周耀、丁月秋二先生办理，早操台子应添做一个，条知工务组。

议决：宿舍问题：1. 卫生打 DDT 二次，在注册完毕后，由十号开始布告，用注射器打，至廿号又打一次。2. 打 DDT 用具请总务处购置用具（十号以前置好），并预备五加仑即 DDT 液体（DDT 粉两磅），洋油适宜配合。女宿舍办法，有女职员住入者，请（6 号郝锡宏，生物系助教）校长条知迁出。统计男女宿舍间数可住人数及应住学生，由丁月秋先生会同冯先生办理。

散会。

1946 年 10 月 30 日会议

日期：十月三十日下午四时半

开会地点：训导处

主席：训导长丘

出席人：丘勤宝　刘配之　张用一　冯洗　屈维德　周耀　綦练峰

讨论事项

一、为避免学生窃电，不致影响照明起见，电灯线应如何从新计划。

二、屈先生云：应先调查每一宿舍（单位）需用电力若干瓦，然后分别电力之保险照外加保险锡印。

三、丘训导长云：凡公用之梁柱上电线应加木槽板钉好，如有某人破裂槽板即可查明其窃电痕迹。

四、各单位木槽板数为：女宿舍一个，东宿舍一个，南宿舍一个，新西宿舍两个，北宿舍一个，及教职员宿舍由总务处办理。

五、丘先生云：应请校长添加懂电良工一人整理电灯线，随时注意省电方法，则每月所省电费不小，余松青年可作助手，或请电灯公司前来审查（彻底审查），计划限期完成。

六、冯洗先生云：如请电灯公司来查，恐生枝节，而致停电，拟仍由内部整理。

七、偷电烧水，可用改良烧水机供给，热水量加多。

议决：

（一）由总务处速请良好电匠前来整理本校电灯路线。

（二）改良本校烧水机，由训导处绘图，总务处办理。

八、由电匠调查本校各单位所用电力，添加保险箱，内加合度保险丝，外加锡印，入舍路线通加槽板，限至下礼拜三办完。

以上三事抄送请总务处，照案签请校长核准照办。

散会。

1946年12月24日会议

日期：十二月二十四月上午九时

地点：本处办公室

主席：训导长

出席人：周鸿秉　李蕙卿　邹景荣　周耀　丁仲英　王瑞第　杨元坤　李榆征　冯志葆　綦练峰　丘勤宝

记录：冯志葆

讨论事项

一、宿舍规定则应从严制定案。

议决：

（一）已由生活管理组拟具宿舍规则请示。

（二）由冯先生拟鉴，于宿舍设会客室，以分内外男女。

二、各宿舍训导员报告应兴应革事项。

议决：由各训导员于每星期六报告应兴应革事项。

三、课外活动组拟具举办事项，请提议。

议决：原则新年同乐！白天举行本校学生院际田径会比赛运动，夜间请美新闻处放电影，其他事件由组主任分别接洽，请示办理，并商请校长转知各院院长各备锦标一帜以作运动奖品。

1947年2月17日会议

日期：二月十七日

主席：丘训导长

出席人：杨元坤　邹景荣　周鸿秉　王瑞箒　周耀　丘勤宝　褚伯高　綦练峰　钟玉麟　丁仲英　李蕙卿

记录：邹景荣

报告事项

一、生活组周耀报告

（一）各院系学生本学期操行成绩评定。

（二）拟请总务处粉饰办公室。

（三）拟请周鸿业绘制各种统计表。

（四）寒假期中轮流办公。

（五）拟请褚先生面催总务处出版组赶制缺席箱及印单。

（六）本学期早操全到者十六人，并拟奖励加分，并入体育总分，所扣体育分数是否由体育组负责。

议决：第一项，以上学期办法评定。第二项，由本处通知总务处办理。第三项，通过。第四项，照学校通知办理。第五项，通过。第六项，全无缺席者记功一次，并照章加分，并入体育总分，扣分仍由冯先生负责清查，若因扣分致不及格者，则由冯先生开列名单商请杨主任决定。

二、课外活动组邹景荣报告（略）

关于本校学会膳堂校外人参加开膳者应如何处理案。

议决：布告禁止校外人在校开膳，并由本处派人查阅学生膳堂，公布名单。

三、体育组杨主任报告

本校体育设备不够，拟请学校增加设备，充实课外活动，增加学生兴趣，并计划下学期早操科目，同时星期六下午不要派课，请训导长通知教务处。

1947年10月1日会议

日期：十月一日

地点：训导处

主席：丘训导长　杨主任代

出席人：綦练峰　周鸿业　李敏英　杨元坤　邹景荣　周耀　王瑞箒　冯志葆

讨论事项

周耀报告：学生操行分已送各系系主任核定汇办，但有未记分交来者，当由训导处核记，犹恐不正确，为集思广益核定正确起见，特请各位参加议见。

议决：照各系原定等级修正通过。

散会。

1947 年 10 月 2 日会议

日期：十月二日下午三时

主席：丘训导长（杨主任代）

出席人：周耀　邹景荣　杨元坤　周鸿业　冯志葆

一、继续修正通过至末。

二、矿冶系学生操行请训导长请核。

五时散会。（本日由文史系至土木系止，五时散会）

1948 年 1 月 5 日会议

日期：一月五日下午三时

地点：会泽院

主席：熊校长

出席人：张福延　王绍曾　丘勤宝　王士魁　蒋蕙荪　褚宝楚　蒋同庆　李吟秋　张瑞纶　杨堃　殷永嘉　朱肇熙　周荫阿　黄国瀛　熊庆来　梅远谋　方国瑜

记录：邹景荣

甲、报告事项

熊校长报告（略）。

乙、讨论事项

一、关于本校系级代表会送呈章程，是否准其成立，请公决案。

议决：系级代表会主持事务是学术、福利、康乐三方面，关于学术方面由教务处与各系系主任领导加强推动每系学会工作，福利、康乐方面则由训导、总务两处拟具办法公布学生办理。至请求成立系级代表会组织，因与过去学潮有关，须呈部核示后，再行决定，并由校长布告学生遵照。

二、关于联勤司令部云南供应局赠送毛毡及备储购买棉背心，应如何处理，请公决案。

议决：照训导处议定办法，供学生借用。

三、关于本校学生学术团体组织办法经训导处草拟办法十三条提请公决案。

议决：每系只准成立学会，草拟办法应修正再行讨论。

四、关于学生今后请求成立团体，应如何限制案。

议决：除每系学会外，其他不准成立，以后学生集会须事先呈报训导处核准后方得举行。

1948年1月15日会议

日期：一月十五日三时

地点：会泽院

主席：熊庆来

出席人：熊庆来　丘勤宝（黄国瀛代）　秦仁昌　黄国瀛　褚宝楚　王绍曾　王士魁　段永嘉　张福延　朱肇熙　梅远谋　宋王生　马光辰（王志民代）　张文渊（秦仁昌代）　蒋蕙荪

记录：邹景荣

甲、报告事项

熊校长报告：以去年学潮受处分学生经特刑室通告无罪，该生等来校呈请予以复学，惟处分案系经训育委员会议决提出，校务会议通过，因学生恳切请求，姑念青年失学痛苦，经本人批示准代转教部请求减轻处分，即减至三等处分，俟部令核示后再行转知。其原处分三等者亦同样请求减轻一等，但本人未答复许可，留待近日会议提出讨论。其系级代表会虽经上次会议议决不准成立，唯学生仍继续请求并愿受由学校指导，当时本人即告诫代表，章程须经训育会修正议决，提出校务会议通过，活动范围只能限于福利，不能牵动校外活动，代表表示他们愿意亦如此，希望各委员发表意见。

乙、讨论事项

一、关于系级代表会组织请求准予成立，在部会未核示前如何决定，提请公决案。

议决：在部令未核示前暂准成立，其组织原则：（1）以系级科为单位产生代表，常委会以五院为单位，不能有团体会员参加。（2）组织章程须经校务会议通过后，呈部核示。（3）该会一切活动须受训导处指导。（4）该会是校内组织，不许涉及校外活动。（5）开会日期及事由须先一日呈报，训导处派员参加指导。（6）该会每学期须改选一次。

二、关于学生操行成绩评定是否划分以系为评定单位，请公决案。

议决：以系为单位，由训导处将学生名单抄送各系，转发各系教授评定，操行分数汇送训导处平均，一年级生另推出人选负责评定。

三、关于上学期因学潮而受三等处分学生呈请减轻处分，如何决定，请公决案。

议决：查受处分学生均由训育委员会决定提交校务会议通过，未便更改。俟一二等处分请求教部减轻核示后再行决定。

四、关于各系学会组织暂行办法，训导处草拟提出，请公决案。

议决：将原办法第一、二、三条修正，其余各条仍由训导处根据第一、二、三条原则修改提出校务会议讨论通过后，公布施行。

1948 年 8 月 21 日会议

日期：八月二十一日上午十时

地点：电机室二楼

主席：熊校长

出席人：梅远谋　张福延　丘勤宝　张其濬　李吟秋　宍玉生　段永嘉　杜棻　熊庆来　王绍金　张瑞纶　赵明德　王士魁　方国瑜

记录：邹景荣

甲、报告事项（略）。

乙、讨论事项

一、关于本校学生自治会是否应行存在，请公决案。

议决：本校自治会所做工作概属越轨行动，今后不准成立，现有自治会应予取缔解散。

二、关于此次违犯校规、破坏学校秩序、滋生事端学生，应予如何处罚，请公决案。

议决：第一，情节重大者开除学籍；第二，情节较轻者勒令退学；第三，情节再轻者停学一年。

散会。

（十一）省立云南大学招生委员会会议记录

1937 年 8 月 20 日会议

日期：八月二十日

地点：本校会议室

主席：熊迪之

出席人：熊迪之　何奎垣　杨季岩　赵雁来　周粟斋　郑荣庐　秦稺蕃

记录：郑荣庐

甲、报告事项（略）。

乙、讨论事项

一、本校本届招收新生一百六十名，学额较多，应否推广向邻省招收，以宏造就案。

议决：函托贵州省教育厅，就高中及同等学校毕业生会考成绩在七十分以上者，择优保送五十名来滇，由秘书处办理。

二、考试日期已布告，定于八月二十七日至二十九日，所有应行准备事项，应如何规定，请公决案。

议决：

（一）函请命题人员尽八月二十五日正午十二时以前，将考试各科命题封送校长亲收，由秘书处办理。

（二）请何教务长就教务人员中指定三人，负责轮流监印试题，详细办法由教务长决定指示办理。

（三）考试日程表由秘书处照会议决定，科目时间列表先行通知有关各部分，并布告投考生知悉。

（四）试场规则，由注册课拟呈校长核定后，揭示于各试场。

（五）试场布置，分为四个试场。

第一试场：文法学院　第二试场：理学院

第三试场：工学院　　第四试场：医学院

上列试场中，应查明报名人数多少，酌设席号，每人编定一个席号，先行揭示校外，俾投考生知悉。按照席号入场，并将试题试卷预放于各人席号之上，不再点名，由注册课办理。

（六）试卷每种各预备两百份，加具密封，须精密注意密封内姓名，与卷面号相适合。请彭恺丞先生负责，帮同注册课主任监视办理。

（七）各试场监试人员请何教务长先行拟定，交由秘书处通知。

（八）体格检查请范院长秉哲、秦主任穉蕃负责办理，应需帮助人员由范院长及秦主任向医界商定后，通知秘书处函聘。

（九）口试人员及办法请何教务长决定办理。

（十）应考学生于考试日正午十二时，每人招待午点一份，由庶务课预备。

（十一）试卷收集及保管由注册课负责。

（十二）阅卷办法定于八月三十日起至九月一日止，每日午前八时至十一时半，又午后二时至五时，由阅卷员到校集中评阅，阅卷员午晚餐，由学校预备。

（十三）发榜日期定于九月六日。

（十二）国立云南大学招生委员会会议记录

1941 年 5 月 10 日会议

日期：五月十日

主席：何衍璿

出席人：熊庆来（杨克嵘代）　张福延　何衍璿　王赣愚　张友铭

记录：张友铭

议决：新生及转学生招生简章修正如左，俟提交校务会议通过后呈部备案。

附：

国立云南大学三十年度招生简章草案

（索取本简章须纳纸费一角，外埠函索并须附足回邮，欠资不收。）

（一）院别及名额：（男女兼收）。

1. 文法学院一一〇名。2. 理学院六〇名。3. 工学院七〇名。4. 医学院五〇名。5. 农学院五〇名

（二）修业年限：医学院六年（五年科目修毕后，实习一年），余均四年。

（三）投考资格：

1. 曾在公立或已立案之高级中学毕业得有毕业证书或升学证明书者。

2. 曾在公立师范学校或前高中师范科毕业得有毕业证明书或升学证明书，并于毕业后服务满规定年限得有证明书者。

3. 曾在公立或已立案之私立高级职业学校毕业得有毕业证明书者，但限于投考与原肄业学校性质相同之学院。

4. 曾在前公立或已立案之私立大学预科毕业得有毕业证明书者。

5. 曾受前未立案私立高级中学毕业生升学预试及格得有升学预试及格证明书者。

6. 具有高级中学毕业同等学力者，惟应受下列各项之限制：

甲、同等学力生录取人数不得超过录取总额百分之五。

乙、报考同等学力学生，以廿九年暑假前，修满高中二年级学业，因战事关系未能修毕高中学业，在家自修之学生，缴验原肄业学校成绩单，经审查合格者为限。

丙、高级职业学校及师范学校学生虽于廿九年暑假前修业二年级学业者，亦不得以同等学力投考。

（四）投考手续：投考学生须于规定日期内到报名处填写报名单二纸，并随缴下列各件。

1. 毕业证明文件。（师范生应缴验服务证明书，或展缓服务证明书。前项毕业证明文件及服务证件，除申请中正奖学金学生应缴存外，其余学生验毕加盖印章后，即行发还，但录取入学时仍应呈缴。）

2. 最近二寸半身相片三张。

3. 报名费国币二元（录取与否概不退还）。

（五）报名及考试地点：昆明青云街本校。

（六）报名日期：七月一日至十五日。

（七）考试日期：七月廿日起。

（八）考试科目：

甲、文法学院：公民、国文、英文、数学（高等代数、平面几何、三角）、中外历史、中外地理、理化、生物。

乙、理工学院：公民、国文、英文、数学（高等代数、解析几何、三角）、物理、化学、中外史地、生物。

丙、医、农学院：公民、国文、英文（医学院英法文任择一项）、数学（高等代数、平面几何、三角）物理、化学、中外史地、生物。

（九）成绩计算标准：国文、英文、数学三科目占百分之五十，其他五科目占百分之五十。

（十）录取：录取生仅在本校揭晓不另通知，入学后由校预先试行分系俾便指导，俟学年终了时由校考核各成绩、志愿及各系容量正式分系。

（十一）入学录取各生，由校于开学定期施行体格检查。未按期受检查或经检查不合格者，即取消其入学资格，经检查合格者，应按期报到入学，办理注册手续，逾期即

取消其入学资格。

（十二）纳费：每学期学费五元，讲义费八元（有余退还，不足补缴），赔偿费五元（有余退还，不足补缴），体育费五角。

（十三）中正奖学金：申请中正奖学金学生应于报名时填具申请书及家境调查表，并缴清寒证明书、中学毕业证书及原毕业学校成绩单。（详细办法及奖学金名额具载《专修科以上学校清寒优秀学生中正奖学金办法》，可向报名处索阅）

（十四）免费、公费及贷金

1. 家境清贫成绩优秀学生，得于入学后依照设置免费及公费学额规定，向学校申请免费及公费待遇。

2. 家在战区经济确属困难学生，得于入学后依照战区学生贷金办法，向学校申请贷金。

（十五）奖助学金及补助费：除十三、十四两项外尚有政府机构及私人所设之奖学金及补助费多种，以奖助成绩优良与家境清贫之学生。

（十六）公医生之待遇：公医学生名额暂定为十名，凡公医学生一律免收学膳费，若家在战区确属经济困难者得比照师范学院学生向学校申请特别贷金及零用贷金等待遇，毕业后其服务年限须照其修业年限加倍计算，其他悉遵照《公医学生待遇暂行办法》之规定办理之。

（十七）本简章经教育部核准后施行。

附：

国立云南大学三十年度招收转学生简章草案

（索取本简章须纳纸费一角，外埠函索并须附足回邮，欠资不收。）

本年度本大学招考二、三年级转学生，男女兼收（矿冶工程学系暂只收男生）。

（壹）投考资格：国立或已立案之私立大学正式肄业修业满一年以上持有正式证明书文件，经审查合格者及曾在本大学借读成绩及格准予应待学考试者。注意：（一）凡投考二年级转学其在原校所修第一年级科目与部定不符合者，其所缺科目应于入校后补修，应补修科目以二门为限，超过则不准报名。（二）凡投考三年级转学，其在原校所修第一、二年级科目与部定及本校规定不符合者，其所缺科目应于入校后补修应补修科目。

（贰）院系别及名额：

（I）文法学院

（一）文法学系文学组二年级十名，三年级五名。（二）法律学系二、三年级各十名。（三）政治经济学系二、三年级各十名。（四）社会学系系二年级五名，三年级暂不招收。

（II）理学院

（五）数学系二年级十名，三年级五名。（六）理化系二年级五名，三年级十名，（七）生物学系二名。三年级各五名。

（III）工学院

（八）土木工程学系二、三年级各五名，（九）矿冶工程学系二、三年级各五名。

（IV）医学院（暂不分系）

（十）二年级五名，三年级十名。

(V) 农学院

(十一) 农艺学系二年级五名。(十二) 森林学系二年级十名。

(叁) 考试科目:

共同必考科目:1. 国文;2. 英文。

各系专门科目:

(I) 文法学院

(一) 文史学系文学组二年级:3. 中国通史;4. 论理学。

三年级:3. 论理学;4. 西洋通史;5. 中国文学史;6. 文字学。

(二) 法律学系二年级:3. 论理学;4. 政治学、经济学或社会学(择一)。

三年级:3. 宪法;4. 民法总则;5. 刑法总则。

(三) 政治经济学系

(A) 政治学组二年级:3. 中国通史;4. 政治学。

三年级:3. 政治学;4. 各国政府或国际政治(择一)。

(B) 经济学组二年级:3. 中国通史;4. 经济学。

三年级:3. 经济学;4. 会计或统计(择一)。

(四) 社会学系二年级:3. 社会学或社会科学常识(择一);4. 经济学或中国通史(择一)。

(II) 理学院

(五) 数学系二年级:3. 微积分;4. 方程式论;5. 解析几何。

三年级:3. 近世代数;4. 高等几何;5. 高等微积分及微分方程。

(六) 理化系二年级:3. 微积分及微分方程;4. 普通物理;5. 普通化学。

三年级化学组:3. 普通物理;4. 有机化学;5. 分析化学。

(七) 生物学系二年级:3. 普通植物;4. 普通动物;5. 普通化学。

三年级:3. 普通化学;4. 植物形态;5. 比较解剖或无脊椎动物(择一)。

(III) 工学院

(八) 土木工程学系二年级:3. 图解几何;4. 微积分;5. 物理学;6. 化学。

三年级:3. 应用力学;4. 材料力学;5. 高等测量;6. 铁道测量及土方。

(九) 矿冶工程学系二年级:3. 测量学;4. 矿物学;5. 物理及化学。

三年级:3. 地质学;4. 普通冶金学;5. 定性及定量分析。

(IV) 医学院(暂不分系)

(十) 二年级:3. 法文;4. 物理;5. 化学;6. 生物;7. 解剖学。

三年级:3. 法文;4. 解剖学;5. 生理学;6. 组织学;7. 生物化学。

(V)

(十一) 农艺学系二年级:3. 农学概论;4. 普通植物;5. 普通动物;6. 普通化学。

(十二) 森林学系二年级(同农艺学系)

(肆) 报名日期及地点。

日期:七月一日至十五日。

地点:本大学注册组

(伍) 考试日期及地点。

日期:七月廿日。

地点：本大学。

（陆）报名时呈缴各件

A、校外者：1. 原校发给之转学或肄业证明书与成绩单。2. 最近二寸半身相片三张。3. 履历志愿书（报名处发给）。4. 体格检查书（检查地点：青云街230号王苏宇医师馆空白检验书存该处）。5. 报名费国币二元。

B、曾在本大学借读者：其于借读时所缴各件，如尚未领回，可即向注册组具领，缴报名处复验。其缴件应符合a项1款所定，否则不准报名，其余各件均同前。各件除a项1款所列证明文件验毕盖记即行发还，俟录取后，再行缴入外，其他各件，无论录取与否，概不退还。

（柒）转学生取录，应即依限定日期来校报到，逾期者学籍不予保留。录取名单在本校布告栏公布，不另通知。

（捌）其他各项悉依本大学简章办理之。

（玖）本简章经教育部核准后施行。

1941年5月15日会议

日期：五月十五日下午

主席：何教务长

出席人：熊庆来　柳灿坤（何代）　张福延　何衍璿　张友铭

议决事项

一、本届新生考试分为两试，第一试及格方得参加第二试。第一试科目：国文、英文、数学。第二试科目：其他五门。

二、考试时限，国文、英文、数学每科二小时（国、英排于下午三点至五点，五点至七点，数排于上午六点至八点），其他五门每科一小时。

三、重、广设立分招生处，应参照第七次校务会议呈部备案。

四、预计一年级新生报名人数为一千五百人，以准备一切。

五、命题员及阅卷员由校长聘任。

六、由校长指派各部分办事员及助教协助办理招生事宜。

七、缮印试题由委员会负责。

八、试卷用弥号办法。

九、招生广告刊登本市各报及重、广《中兴日报》。

十、本校座位不敷用，即向联合大学、中法大学或其他中学商洽（并于七月五日以前借妥）。

十一、设立招生办事处统办一切事宜，办事处组织及职务分配由注册组主任草拟后由会送呈校长核定。

1941年6月6日会议

日期：六月六日
时间：下午四点
地点：接待室
主席：何教务长
出席人：熊庆来　柳灿坤　何衍璿　张福延　张友铭
审查注册组主任草拟之招生办事处简则，修正通过之。
派定各项工作办理人员（见另表）

附：

国立云南大学三十年招考新生、转学生昆明办事处简则

（一）本办事处（以下简称本处）隶属于招生委员会。

（二）本处自报名之前一日起成立至揭晓之次日结束，此期间前后各事均由注册组办理之。

（三）本处秉承校长之命并受招生委员会之指挥监督办理本处一切事宜，设主任一人及办事员若干，主任负责分配并指导工作，由注册组主任兼任之。

（四）本处办事人员由招生委员会转请校长指派之。

（五）本处工作人员及分期职务分配如次：

负责人	协助人	报名时间	考试阅卷时期	登记核算成绩及揭晓
刘维聪	学生一人	拟缮函件，寄发简章	拟缮函件	拟缮函件（录榜）
王以忠	学生一人	购置物品，布置试场，督促工友工作	购置物品，照料阅卷室，督促工友工作	购置物品，督促工友工作
武臣奭	李荫嵩	答复考生询问事项，发报名表格及公医生办法、公医生志愿书	开拆试卷密封（全体职员抽暇参加）	监视登记考校成绩
马烈彦	张汉英	审查考生（新生）资格并编给考号	收发试卷及试题补准考证	（新生）发核成绩，负责揭晓呈报新生考试成绩
杨绩彦	李文蔚	审查转学资格，发转考生准考证，登记转学系别及选考科目	收发转学生试卷及试题	登记核校转学生成绩并负责揭晓
郭嘉宾		收报名费	支付	支付
梁宝慈	何琼如	发准考证，顺理存根，并统计每日报名人数	（办理成绩股事务不能全时参加）负责最大试场卷收发	登核校对成绩

续 表

负责人	协助人	报名时间	考试阅卷时期	登记核算成绩及揭晓
王治国	吴栋臣	（兼办毕业及学年考试事务）布置试场，公布考号、座号，表贴指路标	排转学生考试时间表	同
		印试题（繁复者不印，简章者油印）	夹试题（由招生委员会监督办理）	

杂务：李柱

工友：试场收发，每场一人

（1）白世俊 （2）朱德祥 （3）伍铁印 （4）武臣奭 （5）庄豪 （6）秦秉中 （7）李敬臣 （8）徐永椿 （9）袁同功 （10）王光正 （11）蔡克华 （12）陈远汉 （13）何祝铭 （14）刘荫鹄 （15）李光庭

监视并协助登记核算成绩。

（1）白世俊 （2）朱德祥 （3）徐永椿

六、本处办公时间应照规定严格遵守。

七、本处办事人员对所办事件须绝对负责并须严守秘密。

八、本简则经招生委员会通过实行。

1941年6月30日会议

日期：六月三十日

主席：何教务长

出席人：熊庆来 张福延 何衍璿 柳灿坤 张友铭

记录：张友铭

茶会

招考购买金额在百元以下由教务长签字照购，在五十元以下由注册组主任签字照购。

1941年7月16日会议

日期：七月十六日下午四点

主席：何教务长

出席人：赵明德 柳灿坤 张福延 何衍璿 张友铭

记录：张友铭

议决：考试仍按普通办法，前议决之一试、二试办法取消。

考试时间酌予延长，即国、英、算改为两点零四十分，其他五科日期为一点零二十分。

国立云南大学卅年度新生考试日程表

科　目	时　　间
	七月廿日星期日
国文	上午六点至八点四十分
法文	下午三点至五点四十分
英文	下午三点至五点四十分
	七月廿一日星期一
数学	上午六点至八点四十分
物理　理化	下午三点至四点二十分
化学	下午四点三十五分至五点五十五分
	七月廿二日星期二
生物	上午六点至七点二十分
公民	上午七点三十五分至八点五十五分
中外史地　中外历史	下午三点至四点二十分
中外地理	下午四点三十五分至五点五十分分

1941年8月2日会议

日期：八月二日（星期六）下午四时
地点：接待室
主席：何衍璿
出席：熊庆来　何衍璿　张福延　柳灿坤　张友铭
记录：张友铭
议决：
一、本校卅年度（第一次招生）新生录取标准：
A. 文法、理、工总平均在三十分以上而无零分者。
B. 医、农学院总平均在二十八分以上而无零分者。
依照以上定标准共录取一百七十五名计。
A. 文法学院六十七名。
B. 理学院十四名。

C. 工学院七十一名。
D. 医学院十三名。
E. 农学院十名。
二、本校乙组先修班未获保送学生所请应勿庸议。
三、第二次招考新生日期定为:
报名:八月廿五日至廿七日。
考试:九月一日至三日。
(决定不再补招第三次)
并由校聘请袁同功、朱德祥、王光正三先生负责襄助招生事宜,由八月十九日到至揭晓之日为度。
国立云南大学三十年招考新生录取名单。(略)

1941年8月28日会议

日期:八月廿八日下午四时
地点:接待室
主席:何教务长
出席人:熊庆来　张福延　杨克嵘　张友铭　何衍璿　柳灿坤　王彰志
记录:张友铭
议决事项
一、重庆试卷评阅员及第二次招生评阅员、监督员每人每日致送国币十元,不另备饭。
二、招生账目俟完全结束后由招生办事处报销。
三、第二次考试时间表规定为下表:

国立云南大学卅年度第二次招考新生考试日程表

日期 时间	九月一日(星期一)	九月二日(星期二)	九月三日(星期三)
上午6:00—8:00	国文	英文　法文	数学
下午3:00—4:20	物理　理化	生物	中外史地　中外历史
下午4:30—5:50	化学　口试(蚕专)	公民	中外地理

四、试场监试及收发员指定
朱德祥　袁同功　王光正　饶婉宜　沈晓春　陈远谟　杨绩奇　何祝铭　曾以厚　王治国
五、聘处长、院长为监试员。
六、招考先修班日期定为:
报名:九月十八日、十九日、二十日。

考试：九月二十二日。

昆明方面改称甲组，路南方面改称乙组，报名时得由考生选定考试地点，但录取后经指定组别者不得请求改组。

1941年9月6日会议

日期：九月六日下午三点

地点：校长室楼下

主席：何教务长

出席人：熊庆来　柳灿坤　何衍璿　王赣愚　张友铭　林同济（列席）　张福延　崔之兰　杨克嵘

记录：张友铭

议决事项

本校卅年度重庆区新生取录标准：

A. 文法、工学院总平均在四十五分以上而无零分者。

B. 理、医学院总平均在四十分以上而无零分者

C. 农学院总平均在三十五分以上而无零分者。

D. 报考工学院总平均在四十至四十五分而无零分者取录入理学院，但入校后永不准转院。依上定标准计取录。

A. 文法学院三十三名。

B. 理学院十六名。

C. 工学院三十一名。

D. 理学院一名。

E. 农学院十七名。

附名单如后。（略）

附：

重庆区录取新生报到须知

1. 录取各生统限于本年十月十五日以前报到，逾期不到者即取消其入学资格。
2. 工学院新生得于限期前径赴本校会泽分校报到。
3. 其他各院新生一律到昆明本校报到。
4. 报到时须受体格检查，未受体格检查或检查不及格者均不准注册。
5. 报到时须呈缴正式证明文件，所缴证件与规定不符或不能遵缴证件者均不准注册。

1941年9月8日会议

日期：九月八日下午三时

地点：校长室楼下

主席：何教务长

出席人：熊庆来　柳灿坤　何衍璿　崔之兰　张福延　赵明德　张友铭

记录：张友铭

议决事项

一、本校卅年度昆明第二次录取生成绩标准：

A. 文法、理、工学院总平均在三十分以上而无零分者。

B. 医学院总平均在二十八分以上而无零分者。

C. 农学院总平均在二十六分以上而无零分者。

依上定标准录取：

A. 文法学院五十二名。

B. 理学院十六名。

C. 工学院二十一名。

D. 医学院八名。

E. 农学院四名。

附名单（略）

二、蚕桑专修科考试成绩均甚低劣，全部不予录取。

三、此次考生未经取录入一年级者，其能满足下列任一条得取入先修班：

A. 文法学院、医学院学生各科目平均超过二十八分者，农学院学生超过二十六分者。

B. 国、英、数三科目平均超过三十分者。

C. 国、英、数三科目平均超过二十分而该三科目无零分者。

（注意：但同等学力者不得入先修班。）

依上定标准取录五十六名。

附名单（略）

1941年11月6日会议

日期：十一月六日下午三时

地点：校长室楼下

主席：何衍璿

出席人：熊庆来　何衍璿　柳灿坤　张福延　赵明德　张友铭

记录：张友铭

议决事项

本校卅年度昆明第三次录取生成绩标准：

A. 总平均在三十分以上而无零分者取为正式生。

B. 总平均过25分者，国、英、数总计过60分而无零分者或总计过90分者取为先修班学生。

C. 农学院总平均在廿五分以上卅分以下者取为蚕桑专修科学生。

D. 总平均在廿五分以下十五分以上者准再受口试，及格后录为先修班学生。

依上列标准录取。

（一）理学院十八名。

（二）工学院铁道管理系十一名。

（三）医学院十七名。

（四）农学院十四名。

（五）先修班。①

1942 年 6 月 24 日会议

日期：六月廿四日

出席人：熊庆来　张福延　姜寅清　柳灿坤　何衍璿

议决事项

一、校务处注册组提交本会一年级及转学生招考章程各一份，应如何审核，请公决案。

议决：照案修正通过（附修正章程略）。

二、招生办事处如何组织，请公决案。

议决：招生办事处照去年办法组织，仍请校长聘张友铭先生为主任，襄助本会一切事宜。

三、委托他区招考一年级新生应如何规定，请公决案。

议决：

（一）照校务会议委托下列各区代招一年级生：

A. 重庆区（中央大学）

B. 贵阳区（浙江大学）

C. 粤桂区桂林招考分处（中山大学）

D. 湖南区衡阳招考分处（湖南大学）

（二）请各召集学校选定下列一种办法函复本校：

A. 与各区第一次招考新生同时考试一切事项由各该区全权办理。

B. 照本校规定时间于七月廿日至廿一日考试，由本校拟定正副题两种寄奉备用报名日期请代定，试卷请代备制，一试毕即请将试卷寄奉、妥封，用最速方法寄下，由本校将录取结果寄奉揭晓。

四、本区招考一年级生及转学生考试时间与试题应如何拟定，请公决案。

议决：

（一）每科目考试时间定为一小时又四十分。

（二）每科目试题须拟定两份，每份正副两种。

（三）转学生各专门科目试题由属学系主任负责与教授商定，密封送交招生委员会办事处，至普通科目之国文请姜亮夫先生拟定，英文请赵诏熊先生拟定。

（四）一年级生各科科目试题请下列各先生拟定：

① 原文如此。

国文：姜亮夫
英文：赵诏熊
数学：庄圻泰（工学院及理学院数学、理化系）
陆子芬（其他）
公民：司徒尹衡
史地：历史　楚图南　地理　刘汉
生物：崔之兰
理化：物理　沙玉彦　化学：赵雁来

1942 年 7 月 3 日会议

日期：七月三日
主席：何教务长
出席人：熊庆来　姜寅清　赵诏熊　张友铭　赵明德　张福延　何衍璿　柳灿坤
记录：张友铭
议决事项
一、上次议决案（二）（乙）（B）经校长修改请予追认通过案。
议决：通过。
二、新生试题于七月五日前势难收齐应如何补救案。
议决：尽先催收外埠部分，下列各科外埠用题改请。
A. 历史：姜亮夫先生
B. 数学：（其他）王士魁先生
C. 物理：顾建中先生
三、医学院新生及转学生法文试题聘何人拟案。
议决：请胡可侣先生命拟。

四、转学简章：（1）科目与部定不付。（2）医学院英法文是否可选考一种。（3）检查体格可否改为录取办理。

议决：照附表修正通过。

五、转学考试是否增设外埠考区案。

议决：增设贵阳考区，代办人请校长函约。考期定八月一号至十号之间。报名表格（试卷除外）及广告稿由本校寄去，试题于七月底以前寄到考区，除各系专门科目仍照上次议决案办理外，其各系共同考试之专门科目改由本会转请学校聘请左列各先生负责命拟，以期按期寄出。

中国通史：楚图南先生
经济学：鲁冀参先生
政治学：朱驭欧先生
社会学：林耀华先生
微积分：王士魁先生
普通物理：顾建中先生

普通化学：赵雁来先生
图解几何：丘勤宝先生
普通生物：刘玉素先生
农学院全部试题请张训导长负责于期前收齐。
转学试题收齐限期：（1）外埠七月十日。（2）本埠七月廿日。
六、已由本校退学之学生准否再参加本校转学考试案。
议决：不准再参加。
七、本埠招生广告应如何刊登案。
议决：照上年刊登期限减短三分之一，各报轮流登载。

1942年7月24日会议

日期：七月廿四日
地点：校长室楼下
出席人：姜寅清　熊庆来（何代）　张友铭　柳灿坤　张福延　何衍璿
议决事项
一、蚕桑专修科本届不招生。
二、本校现有桌椅不敷应用，即由校备文向联大商借四百张。
三、本届考试需用至公堂、泽清堂及会泽院楼下各教室，应请学校先期令现在居住之学生迁出。
四、转学生报名以令其呈缴转学证明书为原则。
五、阅卷及监考员请校长酌聘。
六、阅卷员每日以两餐致送饭费，每餐十五元。
七、监考员每日致送饭费三十元。
八、阅卷定于八月十二、三两日举行。
九、学生助理每小时给酬两元。
十、请校长聘朱德祥先生协助报名、监考及核算成绩事宜。

1942年8月15日会议

日期：八月十五日下午两点半
地点：校长室楼下
出席人：熊庆来　张福延　柳灿坤　赵明德　何衍璿　张友铭
议决事项
新生录取标准（昆明区）
（一）文法、工学院总分数达220分者考录取为正式生。
（二）工学院总分数在220分以下，而英、数、理化三科总分数达120分者分别酌予录入学院为正式生。

（三）文法学院220以下180分以上，理化生物一科在40分以上者录入农学院，但入学后不得转院。

（四）文法学院学生在220分以上，志愿经济系而国文一科不满40分者录入农学院。

（五）理、医、农学院总分数在180分以上者录取为正式生。

（六）医学院总分数在170分以上，而理化、生物二科分数共计在55分以上者录取为正式生。

（七）文法学院总分数在220以上，工学院总分数在180分以上，理、医、农学院总分数在120分以上者录取入先修班。

（八）以同等学力报考者，文法学院录取0092、0134、0034、0341、0218、0410、0018、0009等八名，理学院录取1011、1013等二名，工学院录取2058、2036、2140、2079等四名，共计十四名。

以上八项议决通过。

附录取名单于后。

国立云南大学卅一年度昆明区录取新生名单（略）

1942年9月2日会议

日期：九月二日下午两点

地点：校长室楼下

出席人：熊庆来　柳灿坤　何衍璿　张福延　张友铭

议决事项

重庆区新生录取标准。

（一）第一组满300分者取录。

（二）第二组满250分者取录，但有一志愿为理、农、医者取入理、农、医院。

（三）第三组满225分者取录。

（四）第二组满225分未到250分之学生如有志愿为理、农、医者取入农、医学院，但志愿全为工学院者不取。

（五）第二组之学生满220分而有一科满80分者得取入相当学院。

（六）第三组之学生满210分而有一科满80分者亦得取入于相当学院。

（七）第一组之学生满270分而不足300分，如有一科满80分，其国文一科亦在三十分之上者取录。

（八）同等学力者取407、497、297、2214、2262等五名。

以上八项议决通过。

附录取名单（略）。

1943年6月16日会议

日期：六月十六日下午三时

主席：何衍璿

出席人：姜亮夫　张福延　何衍璿　熊庆来　柳灿坤　张友铭

记录：张友铭

议决事项

一、是否仍成立招生办事处案。

议决：照设，请张友铭先生为主任，襄助招生委员会办理一切事宜。

二、本届招生采取部定何项办法案。

议决：A. 新生兼采考试及审查办法。B. 转学生独采审查办法。惟应先行呈部备案。

三、新生审查标准应如何规定案。

议决：遵照教部规定对优良高中毕业成绩优秀学生采用审查办法。惟申请人应依照规定格式填具申请书，附贴相片，送由原毕业学校填明各学期成绩，径由原校于七月卅一日以前寄到昆明本大学招生委员会（以邮戳为准），逾期不予审查附申请表。申请人应备具左列两项条件始得请求审查：

A. 毕业总成绩在七十分以上者。

B. 毕业名次列全班人数前三分之一者。

经审查合格者专函通知，限于九月一日到校报到，参加复试，复试不及格者，按照成绩分别准予试读或编入先修班补习。

四、转学生审查标准应如何规定案。

议决：国立或已立案之私立大学修满一年以上得有正式转学证书（并载明教部核准学籍文号，师范学院学生并应注明公费送请字样），并合左列标准者：

A. 凡申请转学学生在原校所修科目应完全适合教部规定，其有缺修科目者：（1）转学二年级者，缺修部定一年级必修科目，以一门为限；（2）转学三年级者，以两门为限。（3）四年级不收转学生。

B. 因采行成绩不及格开除学籍学生，不予审查。转学生经审查合格者，应于九月一日到校报到参加复试。复试不及格者，予以降级试读。

五、新生考试日期应如何规定案。

议决：报名日期：七月卅一日，八月二、三日。

考试日期：八月六至七日。

六、注册组提交本会《新生及转学生简章》应如何审核，请公决案。

议决：照案修正通过。

七、所收报名及简章费应否改定案。

议决：报名费改收国币二十元，简章费每份改收国币二元。

散会。

1943年7月13日会议

日期：七月十三日上午十时

主席：何衍璿

出席人：吴富恒　何衍璿　张福延　熊庆来　姜亮夫　赵明德　柳灿坤　张友铭

记录：张友铭

议决事项

一、新生各科试题请何人担任命题阅卷。

议决：国文：徐梦麟

英文：吴富恒

法文：李慰慈

数学：高等代数：王士魁；三角、平面几何：朱德祥；解析几何：王士魁。

中外史地、中史：张宗和

西史：陆钦墀

中外史地：王乃樑

公民：司徒尹衡

生物：崔之兰

理化：物理　顾建中　化学　赵雁来

二、转学各科试题请何人担任命题阅卷。

议决：国文：陶光

法文：李慰慈

英文：吴富恒

其他科目由该科目所属学习系主任负责，请教师命拟评阅。

三、试题应限于何日期前交入。

议决：新生七月廿五日；转学生八月二十日。

四、吴富恒先生提议：文史系三年级复试科目：5. 中国文学史应与西洋文学史择考。

议决：改为中国文学史或西洋文学史择一。

五、本校因成绩不及格开除学生，应否准予援用成绩审查办法？

议决：不准。

六、新生复试科目。

议决：1. 国文；2. 英文；3. 数学；4. 史地（文法）、理化（理、工，生物系除外）、化学生物（医农及生物系）。

散会。

1943年8月2日会议

日期：八月二日上午十时

主席：何衍璿

出席人：熊庆来　柳灿坤　何衍璿　张福延　赵明德　张友铭
记录：张友铭
审查成绩
（一）新生成绩审查合格名单。（略）
（二）转学成绩审查合格名单。（略）
散会。

1943年8月5日会议

日期：八月五日上午十一时
主席：何衍璿
出席人：吴富恒　熊庆来　何衍璿　张福延
记录：张友铭
第二次审查成绩：
（一）新生名单。（略）
（二）转学生。

1943年8月14日会议

时间：八月十四月下午三时
主席：何衍璿
出席人：柳灿坤　熊庆来　张友铭　张福延　何衍璿
记录：张友铭
甲、录取新生标准
一、文法学院总平均在三五分以上者录取。
二、理学院总平均在三〇分以上者录取。
三、工学院总平均在三一分以上者录取。
四、医学院总平均在二八分以上者录取。
五、农学院总平均在二五分以上者录取。
六、各院考生总平均成绩已达上列录取标准而国文不及六十分，或英、数有一科零分者暂录为试读生（入学予以补习，俟学年所修各科成绩及格后准改为正式生）。
附录取名单。（略）
第三次审查成绩。（审查名单略）
散会。

1943年9月11日会议

日期：九月十一日上午九时
主席：何衍璿
出席人：熊庆来　吴富恒　张福延　赵明德　何衍璿
记录：张友铭
参加复试学生录取标准
一、各科总分数在八十分以上者录为正式生。
二、各科总分数在六十分以上不满八十分者录为试读生。
三、各科总平均在六十分以下者录入先修班。
附录取名单。（略）
录取转学生名单。（略）

1944年6月1日会议

日期：六月一日上午九时
地点：会客厅
主席：何衍璿
出席人：柳灿坤　崔之兰　丘勤宝　何衍璿　赵明德　张福延　吴富恒　张友铭
记录：张友铭
甲、报告事项
主席报告：
一、本校招生委员会增聘崔、丘二先生。
二、本年招考新生、转学生不用成绩审查办法。
三、本年新生考试分初试、复试，初试及格者准参加复试，复试及格者录为一年级生，不及格者除以同等学力报考者外列入先修班，此项考试办法，本校曾迭经考虑，本年决定实行。
四、本校学生人数不多，但亦不能将录取标准放宽，只能扩充先修班。
五、本年度生物系、铁道管理系招生。
张海秋先生报告：蚕专不招生。
柳灿坤先生报告：铁道管理系不收转学生。
议决事项
一、各院名额照去年暂定。
二、初试日期定于八月十日、十一日。
三、复试日期：本区八月廿、廿一日。桂林区九月十日、十一日。
四、曾参加第一次复试未经终场或不及格者不准参加第二次。
五、初试地点：（1）昆明。（2）桂林委托广西大学。
六、复试地点：均在昆明本大学。

七、试卷费五十元。

八、初试揭晓不分院，考生报名志愿可就考试科目相同之一组填选两个学院。

九、函请学校增置桌椅或清查学生宿舍内桌椅，至少应凑足一千二百人座位。

十、招生办事处主任仍推张友铭先生担任。

十一、转学生考试与新生同时举行。

十二、转学生不设外埠考区。

十三、修订简章通过之。（附简章二份）

1944 年 7 月 1 日会议

日期：七月一日（星期六）上午九时

地点：会客厅

主席：何衍璿先生

出席人：柳灿坤　丘勤宝　赵明德　崔之兰　姜亮夫　吴富恒　熊庆来　蒋蕙荪（列席）　何衍璿　张友铭

记录：张友铭

议决事项

一、本校附中保送毕业生前列百分之十五升入本校大学部，已经校务会议通过，本会是否应重加考虑案。

议决：既经校务会议议决由校直接办理，本会不予讨论。

二、桂林广西大学迄无回电，是否应另设考区案。

议决：增设贵阳区，委托贵州大学。

三、冯院长提议采专招生向于寒假办理，惟课程设置诸多不便，是否可改在暑假招生案。

议决：改为秋季招生呈部核定，如蚕专同意，改为秋季招生亦并案办理。

四、聘招生办理处职员。

议决：由招生办事处提出名单，由校方决定。

五、聘命题员。

议决：

（一）新生：

国文：姜亮夫

英文：吴富恒

法文：邵可侣

数学：王士魁（代数及解析几何部分）、朱德祥（三角及平面几何部分）

公民：司徒尹衡

中国历史：李埏

西洋历史：丁则良

中外地理：冯淮西

物理：杨桂宫

化学：赵雁来
生物：崔之兰
（二）转学生：
国文：姜亮夫
英文：吴富恒
法文：邵可侣
其他各科分别函请各系命拟。
六、座位及试场。
议决：座位再催学校清查凑足。

1944年8月8日会议

日期：八月八日（星期二）上午九时
地点：会客厅
主席：何衍璿
出席人：熊庆来　吴富恒　崔之兰　何衍璿　柳灿坤　丘勤宝　张福延　赵明德　张友铭
记录：张友铭
议决事项
一、农学院借读生赵儒林请求免予参加转学试验改为正式生案，由校长核定。
二、监考、阅卷员由校备饭招待，不另致酬。
三、新生考试分两日举行，同等学力生第二日考试。
四、转学生自十一日起考试。
五、奉令加双班院系须满五十人。
六、监考员分配照附表。（略）

1944年8月16日会议

日期：八月十六日（星期三）上午九时
地点：校长住宅楼下
出席人：熊庆来　崔之兰　赵明德　张福延　何衍璿　丘勤宝　吴富恒　柳灿坤　张友铭　姜亮夫
记录：张友铭
议决事项
一、高中毕业生平均在28分以上，同等学力生平均在40分以上者准参加复试。
二、有零分者不取。
三、复试分两日举行，每科两小时。
四、计录取。
新生录取名单。（略）

附初试及格学生应行注意事项：

（一）及格各生一律于八月二十、二十一两日来校参加复试。

（二）及格各生应于复试前一日（八月十九日）来校阅看复试座号表，认明座号。

（三）及格各生如准考证业已遗失，应于复试前呈请补发，如无准考证则复试时不准入场。

1944年8月25日会议

日期：八月二十五日（星期五）下午三时

地点：校长室楼下

主席：何衍璿

出席人：熊庆来　柳灿坤　吴富恒　张友铭　姜亮夫　张福延　何衍璿　崔之兰　赵明德　丘勤宝

记录：张友铭

议决事项

一、新生：（1）初试平均满50分者取录。（2）复试平均满35分者取录。

二、转学生平均40以上不满50分者可由各系主任分别决定是否取录，平均满50分者取录，其考试科目成绩不满40分者入校后应令重修。

三、监考员舞弊案。请学校从严彻查。

四、奉令开设双班，各院系加班招生及农学院名额不足续行招生事宜，由校长另聘负责人员组织招生办事处办理，以免影响注册组注册上课等工作。（附单略）

1944年8月31日会议

日期：八月三十一日（星期四）上午十时

地点：会客厅

主席：何衍璿

出席人：熊庆来　何衍璿　柳灿坤　丘勤宝　张福延　蒋蕙荪　吴富恒　姜亮夫　赵明德

记录：张友铭

议决事项

一、矿冶系遵部令招加班生。

二、复试科目一律改为乙组科目。

三、初试及格而复试不及格学生，得按照成绩由学校尽量酌收为先修班学生。

1944年9月15日会议

日期：九月十五日（星期五）上午三时
地点：会客厅
主席：何教务长
出席人：张福延　何衍璿　姜亮夫　吴富恒　赵明德　柳灿坤
记录：张友铭
议决事项
第二次招生初试平均满二十八分而无零分者准参加复试。
附：
招生办事处
主任：张海秋先生
副主任：陈廪先生
干事：蔡克华　李华农　王治国
庶务：冯洗
出纳：蔡克华（兼）
文书：陈廪（兼）
报名费：一百五十元
报名日期：九月五日至七日
考期：初试九月十一、十二日；复试二十日、二十一日
招考院系：医学院、农学院、铁道管理系、采矿专修科、蚕桑专修科。
招生委员会照旧。

1944年9月23日会议

日期：九月二十三日（星期六）上午十时
地点：校长室楼下
主席：何教务长
出席人：柳灿坤　何衍璿　姜亮夫　张福延　崔之兰（吴醒夫代）　张友铭　丘勤宝　熊庆来　吴富恒
记录：张友铭
议决事项
一、总平均在35分以上者录取。
二、奉令加班，各院系因考生成绩过低，决定成立补习班，称为加班生。补习一年成绩及格后，准直接升入加班各院系，即呈部请求。
三、总平均不及35分而在　分[①]以上者取为加班生。

① 原文空缺。

1945年6月7日会议

日期：六月七日上午九时校长室楼下

主席：熊庆来

出席人：熊庆来　章辑五　吴富恒　丘勤宝　姜亮夫　柳灿坤　蒋蕙荪　何衍璿　崔之兰（吴醒夫代）

记录：蒋蕙荪

招考事项：（从略）

讨论事项

一、招收新生名额。

议决：招收三百名。

二、分区招生问题。

议决：加重庆一处。

三、单独加招问题。

议决：单独加招一次，日期待定。

四、招收转学生问题。

议决：各系科共招收一百五十名。

1945年8月29日会议

日期：八月二十九日上午九时

地点：校长室楼下

出席：熊庆来　蒋蕙荪　黄国瀛　柳灿坤　姜亮夫　吴富恒　张友铭　丘勤宝　张福延　朱驭欧

议决事项

一、新生复试七十分以上者取为正式生，七十分以下系高中毕业者取为先修班学生。

二、先修班三科总分数在九十以上者取录，并准参加复试（惟应俟呈部核准）。七十分至于八十九分者取为先修班正式生。六十分至七十分者取为先修班备取生。

三、专修科。

1945年9月15日会议

日期：九月十五日

地点：校长室楼下

主席：何教务长

出席人：姜亮夫　张福延　黄国瀛　杜棻　丘勤宝　何衍璿　柳灿坤　张友铭

记录：王少钦

何教务长报告宿舍、教室及座椅不敷应用情形。

议决事项

一、文法理工总分105分以上者准参加复试。

二、医学院总分75分以上者准参加复试。

四、农学院总分65分以上者准参加复试。

1945年9月21日会议

日期：九月二十一日

出席人：张友铭　丘勤宝　蒋蕙荪　黄国瀛　何衍璿

议决事项

一、文法、理、工学院初、复试平均成绩在四十分以上者录取。

二、医学院初、复试平均成绩在卅分以上者录取。

三、农学院初、复试平均成绩在卅五分以上者录取。

四、上次招考先修班录取准参加复试各生，而复试未经录取者仍准入先修班。

1945年12月5日会议

日期：十二月五日下午七时

地点：农学院会客室

主席：张福延

出席人：张福延　蒋同庆　王世中　郑万钧

记录：陆裕淳

甲、报告事项（略）

乙、讨论事项

一、复试录取成绩标准，应如决定案。

议决：总分在二百分以上者取为正式生（各科总分均在五十分）。

二、昆华农校保送蚕专科名额较原定名额多一名，应如何办理案。

议决：查该保送学生复试成绩尚佳，合予本次取录标准，拟请呈部准予递补开远农校缺额。

三、成绩在二百分以下，不及格学生三名应如何办理案。

议决：请张院长会同何教务长商酌办理之。

散会。

1946日7月22日会议

日期：七月二十二日上午九时

地点：校长室楼下会议厅

主席：熊庆来（何衍璿代）

出席人：杜棻（陈曾甫代）　丘勤宝　张福延　熊庆来（何衍璿代）　何衍璿　张友铭　蒋蕙荪

讨论事项

一、关于复试科目变更于报名时公布。

二、远地不及参加初试学生，由招生委员会核定后得准先参加复试。

三、新生入学考试及转学生考试各科分数并未经学校规定，以百分以下若干分为最高分，所有未录取转学生关于成绩标准之请求不予受理。

四、农学院先修班合部定保送标准，因额满见遗者及文法、理、工未及保送标准而平均成绩在七十分以上者由校呈部酌予录取。

五、追认转学简章及录取标准。

六、农学院先修班从军学生闻超鹏姑准暂予收容。

七、学生程兰芬如于下学年开学前取得华中大学录取证明书准收入大一试读，否则可仍准入先修班。

1946年8月14日会议

日期：八月十四日上午九时

出席人：丘勤宝　蒋蕙荪　熊庆来（何代）　何衍璿　张友铭　王绍曾（张代）　柳灿坤

议决事项

一、录取标准暂以先修班标准三科平均三十分以上而无零分者准予参加复试。

二、复试予于八月廿八日举行。

1946年8月31日会议

日期：八月三十一日下午五时

出席人：丘勤宝　吴富恒　何衍璿　柳灿坤　张友铭　王绍曾

议决事项

一、初复试平均成绩达37.5分者取录。

二、农学院813号考生平均为37.34分，特予录取。

三、先行参加复试学生平均达30分者准予补行参加初试。

1946 年 9 月 26 日会议

日期：九月二十六日下午三时

出席人：丘勤宝　李达才　柳灿坤　何衍璿　王绍曾　张友铭

议决事项

一、先修班学生国文、英文、数学三科总分达 75 分者准予取录。

二、采矿、电讯专修科学生各科总平均达 25 分者取录，蚕桑专修科学生各科总平均达 20 分者取录。

三、远道学生初复试平均达 37.5 分者取录。

1947 年 6 月 4 日会议

日期：六月四日下午三时

地点：校长室楼下会议厅

主席：何教务长

出席人：丘勤宝　梅远谋　凌达扬　熊庆来　王士魁　何衍璿　柳灿坤　方国瑜　张友铭　黄士辉　黄国瀛　蒋蕙荪　秦仁昌　崔之兰（张友铭代）　施远渠

记录：施远渠

议决事项

一、本年度招考新生除昆明区外，并设南京、广州、重庆、贵阳等四考区。

二、昆明区招生办事处主任聘张友铭先生兼任。

三、初试、复试改称第一试、第二试。

1947 年 8 月 1 日会议

日期：八月一日上午九时

地点：校长室楼下

主席：熊庆来

出席人：熊庆来　崔之兰　方国瑜　梅远谋　蒋蕙荪　王士魁　黄国瀛　张福延　秦仁昌　张友铭

记录：施远渠

议决事项

一、函昆明师范学院借教室、桌椅。

二、重庆区招生复电重大另订办法。

三、名额。

四、毕业生转入其他院系用审查办法，由有关院系负责，及教务、训导两处审查合格后呈校长决定。

五、卅六年度新生报到自九月十五日起，九月二十一日上课，提校务会议作最后决定。

1947年8月16日会议

日期：八月十六日上午九时

出席人：熊庆来　丘勤宝　梅远谋　黄国瀛　柳灿坤　黄士辉　杜棻（赵明德代）　方国瑜　张友铭　崔之兰　张福延　秦仁昌　王士魁

议决事项

一、国、英、数三科平均30分以上者准予参加第二试，如第二试成绩不及标准，除以同等学力报考者外均准入先修班。

二、国、英、数三科平均在20分以上及平均30分以上而有一科零分者暂准参加第二试，如第二试成绩不及标准，不得入先修班。

三、第二试定于八月廿五日举行。

1947年8月30日会议

日期：八月三十日上午十时

地点：校长室楼下

主席：张福延

出席人：崔之兰　梅远谋　方国瑜　丘勤宝（黄国瀛）　黄士辉　柳灿坤　张友铭（王少钦代）　张福延　蒋蕙荪

记录：王少钦

主席报告（略）

讨论事项

一、张友铭先生提议：A. 教育部对提高标准三令五申，本届新生标准虽不能遵部令提高，亦不能较去年尤低。B. 教部限定录取名额不得超过本年毕业生人数，本年尚有外区及第二次招生决定名额，以上所提月份，两次均未通过。

二、方国瑜先生提议：录取标准以总平均30分以上者取录。崔之兰先生提议：录取标准以总平均35分以上者取录。经表决，以三票对五票照方先生所提议30分以上者录取通过，唯第一、第二试均有零分者不予录取。

三、以后任何人不得查考生成绩。

散会。

1949年9月2日会议

日期：九月二日下午三时

地点：三楼会议室

出席人：十四人（名略）

讨论事项

一、关于报名费及报名日期问题应请商决案。

议决：报名日期及报名费已经上次会议讨论决定，改期及减费问题，既由校务会议授权校长决定，本会未便再行讨论。

二、本年度是否招收转学学生，请议决案。

议决：决定招收转学学生，日期在新生考试之后，详细办法由招生办事处拟定。

三、关于转学寄读学生等问题，应如何办理，请决议案。

议决：照部定办法办理。

附：

部定办法：三十八学年度公私立专科以上学校招生办法第八条规定："公私立专科以上学校，除将原有寄读生尽先改为正式生后，尚有缺额时得酌招转学生，由各校拟定招生简章及招生名额报部备案。（原有寄读生原校证件齐全，寄读成绩及格者，准予改为正式生。原校证件不全，寄读成绩亦不及格者，应令退学。）

四、山东农学院寄读生请求改为正式生，请议决案。

议决：由教务处与农学院根据部令商定办法，再交本会讨论。

散会。

1949年10月11日会议

日期：十月十一日（星期二）

时间：下午三时

地点：本校会议室

主席：王士魁

出席人：王士魁　李德家　宋玉生　王绍曾　方国瑜　王志民　诸宝楚　黄国瀛　凌达扬（黄代）　段永嘉（智代）江应樑　张瑞纶　蒋蕙荪　赵明德　李吟秋　杜棻　蒋同庆　张福延　张友铭　周荫阿　张其濬

讨论事项

一、本年度新生考试是否不分两试举行案。

议决：第一、二两试科目一次考完。

二、阅卷员如何决定案。

议决：阅卷员由各系主任推荐，再由整理委员会聘请担任。

三、监考员如何决定案。
议决：由招生办事处照需要拟定名单，签请整理委员会聘请。
四、总续报名日期如何决定案。
议决：自十月十五日起至十七日总续报名。
五、报名地点如何决定案。
议决：报名点在本校农学院。
六、考试日期如何决定案。
议决：十月二十二、三两日。
七、本年度取录新生名额如何决定案。
议决：以后再定。
八、试题如何命拟案。
议决：命拟标准照旧。
九、命题先生如何决定案。
议决：命题由有关各系负责。
十、监印试题人选如何决定案。
议决：为慎重起见，请由整理委员会副主任委员任泰先生及黄国瀛先生、王志民先生监印试题。
十一、报名费收入因两试合并举行如开支费用不敷时，应如何办理案。
议决：请示整理委员会办理。
十二、本年度新生考试是否应举行口试案。
议决：由各院系自行决定。
散会。

1949 年 10 月 29 日会议

日期：十月二十九日上午九时
地点：会泽院三楼会议室
出席人：张福延　李吟秋　王士魁　方国瑜　王志民　蒋同庆　周荫阿　丘勤宝　殷永嘉　赵明德　张其濬　杜棻　江应樑　张瑞纶　王绍曾　宋玉生　秦仁昌　黄国瀛　诸宝楚　蒋蕙荪（黄国瀛代）
决议事项
一、请求借读学生应一律参加转学考试。
二、新生成绩因各院系注重之科目不同，由各系规定各科系数后，再按照系数计算法计算。

1949年11月1日会议

日期：十一月一日下午二时

主席：张福延先生

出席人：李德家　秦仁昌　张福延　蒋蕙荪　蒋同庆　方国瑜　江应樑　周荫阿　殷永嘉　张其濬　王士魁　王绍曾　赵明德　宋玉生（徐靖代）　李吟秋　王尧民　张瑞纶

主席报告（略）。

讨论事项

一、根上次会议决议，因各院系所注重之科目不同，本年度新生入学成绩应由各系规定，各科系数照系数计算法计算，刻各系各科系数业经拟定请由会通过案。

议决：照案通过各系各科系数如下表：

<table>
<tr><th></th><th></th><th>国文</th><th>英文</th><th>数学</th><th>历史</th><th>地理</th><th>物理</th><th>化学</th><th>生物</th><th>公民</th></tr>
<tr><td rowspan="6">文法学院</td><td>文史系</td><td>6</td><td>4</td><td>1</td><td>3</td><td>3</td><td colspan="2">1</td><td></td><td>2</td></tr>
<tr><td>外语系</td><td>4</td><td>7</td><td>1</td><td>3</td><td>2</td><td colspan="2">1</td><td></td><td>2</td></tr>
<tr><td>法律系</td><td>5</td><td>4</td><td>1</td><td>2</td><td>2</td><td colspan="2">1</td><td></td><td>5</td></tr>
<tr><td>政治系</td><td>5</td><td>4</td><td>1</td><td>2</td><td>2</td><td colspan="2">1</td><td></td><td>5</td></tr>
<tr><td>经济系</td><td>4</td><td>4</td><td>4</td><td>1</td><td>2</td><td colspan="2">1</td><td></td><td>4</td></tr>
<tr><td>社会系</td><td>5</td><td>4</td><td>2</td><td>2</td><td>2</td><td colspan="2">1</td><td></td><td>4</td></tr>
<tr><td rowspan="4">理学院</td><td>数学系</td><td>3</td><td>3</td><td>6</td><td colspan="2">1</td><td>3</td><td>3</td><td></td><td>1</td></tr>
<tr><td>物理系</td><td>3</td><td>3</td><td>6</td><td colspan="2">1</td><td>3</td><td>3</td><td></td><td>1</td></tr>
<tr><td>化学系</td><td>3</td><td>3</td><td>6</td><td colspan="2">1</td><td>3</td><td>3</td><td></td><td>1</td></tr>
<tr><td>生物系</td><td>3</td><td>4</td><td>4</td><td colspan="2">1</td><td></td><td>3</td><td>4</td><td>1</td></tr>
<tr><td rowspan="6">工学院</td><td>土木系</td><td>3</td><td>3</td><td>5</td><td colspan="2">1</td><td>4</td><td>3</td><td></td><td>1</td></tr>
<tr><td>机械系</td><td>3</td><td>3</td><td>5</td><td colspan="2">1</td><td>4</td><td>3</td><td></td><td>1</td></tr>
<tr><td>航空系</td><td>3</td><td>3</td><td>5</td><td colspan="2">1</td><td>4</td><td>3</td><td></td><td>1</td></tr>
<tr><td>铁管系</td><td>3</td><td>3</td><td>5</td><td colspan="2">1</td><td>4</td><td>3</td><td></td><td>1</td></tr>
<tr><td>电专</td><td>3</td><td>3</td><td>5</td><td colspan="2">1</td><td>4</td><td>3</td><td></td><td>1</td></tr>
<tr><td>矿冶系</td><td>3</td><td>3</td><td>5</td><td colspan="2">1</td><td>3</td><td>4</td><td></td><td>1</td></tr>
<tr><td>医学院</td><td></td><td>1</td><td>1</td><td>1</td><td colspan="2">1/2</td><td colspan="2">4</td><td>4</td><td>1/2</td></tr>
<tr><td rowspan="3">农学院</td><td>农艺系</td><td>3</td><td>4</td><td>4</td><td colspan="2">1</td><td colspan="2">3</td><td>4</td><td>1</td></tr>
<tr><td>森林系</td><td>3</td><td>3</td><td>4</td><td colspan="2">3</td><td colspan="2">3</td><td>3</td><td>1</td></tr>
<tr><td>桑蚕系</td><td>4</td><td>1</td><td>4</td><td colspan="2">2</td><td colspan="2">3</td><td>4</td><td>2</td></tr>
</table>

二、各院系录取学生是否应定一共同录取标准，请公决案。

议决：照各院系系数计分法总平均数取录，除医学院在30分以上者录取外，其他各院系以25分为取录标准，若人数较少之系，得降低至20分以上取录，专修科得再酌量降低。

三、所考科目有零分者是否取录，请公决案。

议决：所考科目中有一科零分者原则上不予取录，但其总平均成绩够一般标准，而主要科目成绩特别优异者准予录取。

四、若考生成绩达录取标准，是否可录入非报考志愿之其他各系，请公决案。

议决：可照案录取，但限于性质相近之院系。

五、边疆学生及侨生是否应照部令从宽取录，请公决案。

议决：照案从宽取录，总平均成绩在15分以上者，取为特别生。

六、先修班录取标准如何决定，请公决案。

议决：照教部规定计分法，总平均成绩在18分以上者均拟编入先修班，名额请整理委员会决定。

1949年11月5日会议

日期：十一月五日上午九时

地点：会议室

主席：张海秋

出席人：张福延　李吟秋　张其濬　殷永嘉　杜棻（赵代）　赵明德　王士魁　张瑞纶　蒋同庆　宋玉生　蒋蕙荪　周荫阿　方国瑜　江应樑

报告事项

一、报告新生放榜经过（在各系取予之309人中，有3人经考查其成绩有两零分，而后有未经各系录取者有5人，照部令总平均在25分以上经分别核查120名，或性质相近之院系，故录取人数为311名）。

二、先修班录取标准：通过总平均18分以上者共录取149名。

（十三）国立云南大学毕业生成绩审查委员会会议记录

1940年3月17日会议

日期：三月十七日下午三点半

地点：接待室

主席：王赣愚

出席人：王赣愚　楚图南　吴传颐

议决事项

一、所缺本系必修课目尽量以他课代替之，其有特殊情形者，由系主任决定之。

二、凡毕业论文尚未缴卷及尚未完成必要手续者，统限于三月二十八日以前办理完竣，否则延缓毕业期限（此项决议以本会名义送请学校公布，届限后即由教务处照案办理）。

三、体育军训缺分或不及格者，应俟补修或补考后始得毕业。

四、操行平均及格者以及格论。

1940年8月1日会议

日期：八月一日（星期五）下午四时

地点：接待室

主席：王贡予

出席人：王贡予　吴传颐　王伯琦（吴代）

列席人：石充　张友铭

记录者：吴传颐

讨论事项

一、各系毕业生成绩即由注册组送交各系主任予以初步分别审查，并请于一周内审查完毕送还注册组。

二、理学院全部成绩请由何衍璿先生代为审查。

三、除疏散部分因特殊情形缺少体育军训特准予免修外，其在校本部各系学生必须修足体育四年、军训一年，始准毕业。

四、操行平均及格者以及格论，其缺登记一学期操行者，请训导处查酌证明。系对于部定公同必修科目凡在廿七年以前入大学者得由系主任变通办理之。

五、毕业论文手续限于八月八日以前办理完毕，否则绝对不准随同本届毕业。

六、加试科目不及格者不准毕业。

1940年8月12日会议

日期：八月十二日（星期二）下午四时

地点：接待室

主席：王贡予

出席人：王贡予　王伯琦　吴传颐　崔之兰　沙玉彦　张友铭（列席）

记录：吴传颐

议决事项

一、议决：有下列情形者不予审查：（1）学分不足。（2）转学生原校成绩单欠缺者。（3）未取得学籍者。（4）未参加总考者。

二、议决：体育、军训在二十七年前入学者奉校长指示特准免修。

三、议决：论文未缴，但经导师证明有不可归责于学生之事由者准许届期完成手续。

四、议决：英文、国文不及格者不得毕业。

五、议决：通过本届毕业生名单如下。（略）

1941年6月10日会议

日期：六月十号

地点：校长室楼下

出席人：崔之兰　姜寅清　赵诏熊（姜代）　鲁冀参

列席人：张友铭

讨论事项

议决：

一、毕业生成绩完全照部令办理。

二、毕业生平日成绩请张主任查与部令相合与否，分别交各系主任初步审查，在一礼拜内送交注册组。

三、毕业生论文由本会通告各院，如有不及格者，于本月二十日以前通知注册组。

四、经校长准各生免修各科，俟校长返校后又再商酌办理。

五、毕业生之操行成绩平均及格者以及格论。

六、毕业生党义、军训、体育三项成绩严照部令办理，其因疏散问题缺修者，由本会建议学校于暑假中补授。

七、关于国英文不及格者不得毕业。

八、下次开会日期定本月二十二号（即星期一）午后三时。

1941年6月22日会议

日期：六月二十二日

地点：文法学院办公室

出席人：鲁冀参　崔之兰　姜寅清　赵诏熊（姜代）

列席人：张友铭

讨论事项

议决：

一、学生李荣富、张振常、钟永仁、木从规、甘永安、束炳麟、王佩七名成绩完全及格，且与部令相合，准予毕业。

二、李俊昌、郭相卿、浦宏、刘世熊、缪鸾和五名经校长许，可以“心理”代“自然科学”。缪鸾和、李俊昌、郭相卿、浦宏、刘世熊、赵宗煜、李淑贞七名，经校长许可“论理学”免修半年。李俊昌、郭相卿二名经校长许可，“哲学概论”免修半年。以上免修代替各生，俟教育部核批奉到，始准毕业。

三、各院系学生学籍未准者，俟部令批准后再为审查。

四、毕业论文限本月底呈缴，过期不予审查。

五、缺“体育”、“军训”、“党义”三科者，俟成绩到齐后再与审查。

六、其他必修科缺成绩者，不准毕业。

七、工学院成绩全部未送到，请学校迅予设法催缴。

八、本会任务在本届开毕业典礼之日即告结束，过期以后关于毕业成绩问题不再予审查。

1941年7月8日会议

日期：七月八日

地点：文法学院办公室

主席：姜寅清

出席人：崔之兰　曹国琦　石充（列席）　张友铭（列席）　蒋导江　姜寅清　赵诏熊（姜代）　鲁冀参

讨论事项

主席报告：第一次会议先决定审查标准一依部令办，第二次会议即照此原则将各院系学生依名审查，但因各方面成绩未缴者尚多，审查结论能与部令相合准予毕业者甚少，会后即通告各方赶送成绩，近来大体皆已赶到，故再召开第三次会议，审查原则仍照第一次所定标准议决。

一、学生冯瑞莲、高榕生、周蕊莲、李俊丞、苏尔贞五名成绩及格，依部颁标准论准予毕业。

二、凡转学成绩未全者请注册组追缴完全后方得发给毕业证书。

三、凡一切成绩皆无问题，仅学籍未蒙部令批准者，俟部令批准时即得毕业。

四、凡必修课目及国文、英文缺修或不及格者不得毕业，补修办法请由学校决定。

五、“党义”、“军训”、“体育”三科缺修学生甚多，请学校立即设补救。

六、土木系电机试验工厂实习二科因环境关系不能开班，又平面测量仅修五学分，与部定标准不合，该系学生毕业成绩审查标准暂不计此三科，专案报部请核。

七、矿冶系课程多与部定标准不合，审查标准暂据核系石主任笺启报部请示。

八、论文抄正本限七月二十号以前交到，决不觅延通融，凡到时不交者不得毕业。

九、法律系学生石筠鸿成绩不合不准毕业。

十、政治系学生左泽所作论文有问题，不予毕业。

十一、经济系学生徐显勋“财政学”缺一学分，得以“战时财政”补，俟学籍批准后即予毕业。

十二、经济系学生吴庆鹤社会学缺一学分，政治学多二学分，准其两抵，俟学籍批准英文补修及格即予毕业。

十三、经济系学生李源华统计学系两个上学期，不能予以审查。

十四、数学系学生曾云鹏学分不足，请教务处详审。

十五、理化系学生徐德基学业成绩另有问题，暂不予审查。

十六、土木系学生魏道应所缺学分过多，不准毕业。

十七、土木系学生潘瑞沃所缺学分甚多，俟补修后再予审查。

十八、土木系学生周人龙成绩无法审查。

十九、二十九年度毕业生周曾锡论文至本年方呈缴，久已逾限，然成绩及格暂予审查专案报部。

二十、三十年度上学期毕业生四人暂准依照旧例审查全部成绩及格准予毕业。

二十一、凡学生所缺修科目有不仅有关一院一系者，函请学校在暑中设法补授。

二十二、各院系学生成绩既经详细审查分别注明，只待学校补课完毕教部批示到来以后，即分别照案办理，暂时无再开审查会之必要，在本假期中请由主席与注册组商酌处理。

附：

土木系笺启（丘主任）本届毕业生所缺。

（一）电机实验一科，因东川无电力，且机件不全，不能开班。

（二）工厂实习因暂时工厂尚未成立，在东川因电力问题。

（三）平面测量五学分，学分虽与教育部所规定者少五学分，然全部课程已全部授完，计演讲四个学分，实习一个学分。

（四）暑假测量已补，分数即送来。

矿冶系石主任笺启——兹烦代向教部陈明有关矿冶系课程各项如左：

（一）矿冶课程系依中基部云大所组设计委员会所规定课程开课。

（二）课程中有物理实验、材料实验、电机实验、机械实验、工厂实验、电冶实验、暑期测量实验，因抗战及疏散在乡关系，无法设备开班，又暑期地质实习已与暑期参观工厂一科合并，经济地质（三学分）及经济地址实验（一学分）改为半年，共四学分。

（三）教部规定矿冶系毕业生应修完一百四十二学分，但此届矿冶系毕业各生均修完一百六十余学分。

兹将矿冶系审查毕业生时所采用特别办法及应请注意事项条例如左：

1. 测量学欠一学分，因内容尚无任何区别，应予免修。
2. 准以修之普通地质学学分代替自然地质及历史地质。
3. 采矿工程欠一学分者免修。
4. 暑期参观矿厂，即矿厂实习。

1941年8月1日会议

日期：八月一日

一、土木系钱培风、张德昌、解德容加试“应用力学”不及格，是否准予补考，提校务会议讨论。

二、医学院陈耀辉、周文辉缺修“生物学”（陈振鹏、陈永祥缺“神经及精神病”），张振东缺“国文”。

三、医学院缺战时救护者准放暑假补修。

四、文史系李光溪缺国文半年，不准毕业。

附：

召集人会同注册组张主任审核各案

自第二次会议后各会员以审查标准既已规定此后审查，仅手续程序问题乃各会员分处，各地召集极为不易，故遂由会决议以后审查由寅清与注册组商酌全权处理。至本月二十四日乃会同注册组张主任依照议定标准将上两次会议未决各生重与审查结果分列如下：（一）政治系学生熊剑英、经济系学生黄尚恭二人成绩合格准予毕业。（二）法律系学生吴钧补足“党义”、“体育”学分后专案报部。（三）政治系学生李思齐准予三十年度上学期内补交论文，经审查及格后报部准予毕业。（四）矿冶系课程与部定不合各生毕业问题，请部核定。（五）理工两院各系所缺“党义”、“军训”、“体育”学分已送到第二次审查时仅缺此三科，各生凡学籍已准者皆得予以毕业。（六）土木工程系学生张显庭、钱同福、朱家骏、沈鑫生、叶圣教五人原校缺“军训”、“体育”二科，或缺“体育”者呈部核示。

1942 年 5 月 19 日会议

日期：五月十九号下午三时

地点：经济系办公室

主席：姜亮夫

出席人：鲁冀参　崔之兰（郝天和代）　姜亮夫

列席人：张友铭

议决事项

一、请各院系按照部定课程标准作初步审察并在本月内通知本会。

二、毕业审察标准一律依教部规定课程审察，各院系课程如与部定有出入者，请校中转知各院系自行商定办法后，请校中通知本会，本会即按照所通知办法另行审查。

三、军训成绩请学校迅速设法通知注册组登记。

四、“党义”、“体育”不及格者不予审察。

五、毕业论文缮清本及其成绩限七月七号以前呈缴，过期不与审察。

六、学生作毕业论文应守规则，请学校即日拟定公布。

七、凡课程有问题的各院系，本会下次开会得请该院系负责人出席说明。

八、下次会期定七月十四号

九、本会任务在毕业生名单提交教授会议后即告结束。过期以后，关于毕业生成绩问题不再予审查。

以上议案于五月二十六号油印分送校长室、教务处、注册组及各院系及有关各组。

1942 年 7 月 15 日会议

日期：七月十五日

地点：经济系办公室

出席人：姜亮夫　殷之澜　崔之兰　吴富恒（丘勤宝）　鲁冀参　张友铭

一、准予毕业各生：周妨、刘玲、杜才奇、段星辉、杨家伟、于嘉蓉、老笑轩、吴慧贞、何远言、邓玉媛、杨子铎、徐乃松、于庭赞、王茂山。

二、严明森、唐湘清二生成绩补全，准予以去年度审查标准毕业。

三、不准予毕业各生：25001、25013、28142。

四、各院系未将初步审查交来而未能审查者计有：

A. 文法学院：法律系；B. 理学院：数学系、理化学系；C. 工学院：土木工程学系、矿冶工程学系；D. 农学院：农艺学系、蚕桑专修科、森林学系；E. 医学院。

五、通知各院系请将一切成绩及初步审查在廿三号以前送交注册组，过期本会不予审查。

六、本会最后一次会期定于本月二十四号。

1942年7月24日会议

日期：七月二十四号

地点：文法学院文史系办公室

出席人：崔之兰　张福延（列席）　张友铭（列席）　姜亮夫　鲁冀参　吴福恒

一、准予毕业各生：

杨宪益、郑以恭、周杰、周维迅、张祥麟、萧启元、曹儒修、常德荣、赵家璧

陈曼石、陈世忠、陈岱珊、郑清和、晋德全、周先邱、林乃祥、伍建丰、叶希文

戴步超、安庆澜、朱丹、曾云鹏、钱春深、林铮、戴玉珍

二、学籍批准即予毕业各生：

石筠鸿　张启明　李毓槐　常以谦

三、各系课程代替及涉于课程内容问题不在本会审查范围之内，暂照校长核定办法补全后及准予毕业候部核定：A. 梁慧如，照该生实际所修课程呈报。B. 苗华殿，“社会学”缺加选登记手续，姑准予登记。C. 万龙昌，“中国政治思想史”准予登记（以上三名准予毕业）。D. 叶云松，“社会学”、“中国通史”八月底以前加作报告得以成绩列入三十一年度。E. 凡缺“三民主义”者尽于八月底以前补交读书报告，成绩及格准给学分。F. 土木系设置课程照实际情形呈报。

四、医学院临床考试须八月十五日始能结束，各生毕业问题暂缓审察。

五、农学院学生尚缺体育半年暂缓审查。

六、工学院土木学系必修学程不全，暂缓审察。

七、工学院矿冶系尚未经系主任作初步审查，暂缓审查。

八、理化系学生龙文池学程学分，俟校长核定后再行审查。

九、以下各生因证件不全学分不足，不予审查：26021、28149、27029、28170、31701。

十、梁德成补原校成绩单审查合格学籍核准后准予毕业。

十一、缪霭和候三民主义补来报告毕业论文及格后再予审查。

1942年9月28日会议

日期：九月二十八日午后三时

地点：文史系办公室

出席人：吴富恒　张友铭　姜亮夫　鲁冀参

提议事项

一、朱春甲“自然科学未修”，“中国政府”缺半年，补足后准予毕业。

二、时佩锋所缺“体育”已补足准予毕业。

三、万龙昌所缺科目已补足，准予毕业。

四、高自强成绩已全，准予毕业。

五、苗华殿准予毕业。

六、龙文池缺“三民主义”及毕业论文，不予毕业。

七、缪霭和缺“三民主义”及毕业论文，不予毕业。

八、土木工程系所缺必修学程照实习情形呈部，俟核准后准予毕业。又该系学生王昕学籍未准俟部核定。

九、矿冶系所缺必修科“矿冶机械”未曾开班，以实际情形报部，俟经核准饬下列各生准予毕业：王经钦、张行煜、张速元、张宝智、张彬、张子珍、赵康裕、程金镜、舒全安、林志禄、郑济和、方景琏、英克刚、林元冀、刘敬尧、刘邦瑞、唐景汉、崔忠秀、俞去明、濮君文。

十、矿冶系下列各生学分不足不予毕业：朱学智、张绳祖、杨光瑞、英宪、李书文。

十一、医学院全院必修科已经该院院长审查准予通过，“体育”、“军训”、“三民主义”准照该院所拟办法呈部。下列各生准予毕业：林瑗长、武丕光，其余各生于呈报毕业生名单前交到实习成绩及格者准予本届毕业。

十二、农学院全院学生成绩及格准予毕业。（李德天、王立亭学籍未准，俟部核准后始准毕业）

十三、蚕桑专修科徐世俊、唐凤岐准予毕业。李校钧学籍未准，俟部定准予毕业。

十四、三十一年度第二学期毕业生成绩审查问题全部移交学校，以后不再受理。

1944年7月17日会议

日期：七月十七日上午九时

地点：校长室楼下

主席：章辑五

出席人：章辑五　王树勋　赵明德　鲁冀参　张友铭（列席）　吴富恒

议决事项

一、文史系李光汉所缺“社会科学”半年，准援照应征译员体格不及格学生补课办法办理，至所缺其他学分俟第二次会议再行核定。

二、经济系童玉如缺“自然科学”半年，应补修后方准毕业，陈允杰所缺“三民主义”半年，准援照应征译员体格不及格学生补课办法办理。

三、社会系陈竞华毕业加试“民族学”一科不及格，应于下届补考及格后方准毕业。

四、矿冶系牛乃麒上年总考成绩准予承认，又该系各生暑期实习报告准予代替研究报告。

五、医学院各生所缺各科目由注册组函请姚院长核示办法。

六、农艺系各生所缺作物学三学分及彭逢华、王鸿福二生所缺“农学概论”二学分，据该系来函谓均已补修，经查无成绩，应请该系速将成绩交注册组并声明补修情形。

七、蚕专许澎如本学期未补修“国文”、“三民主义”、“军训”等三科，则本届不准毕业。

八、本届毕业论文除矿冶系、医学院、蚕专及已交来者罗志芳、童玉如、陈麓卿、罗锦江、杨维宪、谢敬仪、曾荣新等七名外，其余各生限于七月底以前交注册组。

九、在第二次会议未开以前请求发给毕业证明书者，如已合毕业条件可由本会主席及注册组主任酌予批准先行发给。

十、经本次会议审查准毕业者计曾荣新一名。

十一、本会第二次会议定于八月一日举行。

1944 年 8 月 1 日会议

日期：八月一日上午九时

地点：校长室楼下

主席：章辑五

出席人：王世中　吴富恒　赵明德　王树勋　章辑五　张友铭（列席）　鲁冀参　丘勤宝

议决事项

土木系钱培凤、张继昌、解德容加试“应用力学”一科不及格。

1945 年 6 月 26 日会议

日期：六月二十六日下午三时

地点：校长室

主席：柳灿坤

出席人：朱驭欧　楚图南　柳灿坤　丘勤宝（姚代）　杨惠芳　吴富恒

一、学籍未准予备案者暂准予参加毕业考试。

二、军训已奉令停止，凡缺修军训者准予免修，专案呈报。

三、缺必修学分及科目者（不得超过两科）暂准参加考试，惟次年应补修学分，不得超过二个科目。

四、缺修体育者是否可准补修，仍须先由体育主任签注办法后，再行由会决定。

五、毕业论文限七月底交入缮清本。

六、“三民主义”学分遵照三十三年九月部颁新科目科以修足四学分为满足。

七、各系毕业生学分仍应请各系主任详予审查。

1945 年 9 月 24 日会议

日期：九月二十四日

出席人：此次会议因柳主席未在校且到会人数不足，改为谈话会

何教务长报告：

（一）此次谈话会议决办法送呈校长批准施行。

（二）必修学分不足不能毕业，各生即由注册组通知注册补修，其因故不能按期注册者，酌予保留学籍。

（三）缺共同必修科目（如体育等）者，通知应补修后方准毕业。

（四）贯辉实“科学概论”及“论理学”学分准予呈报。

（五）凡科目名称或学分不合教部规定者应由系主任参照部颁课程标准于可能范围内加以解释，由校方参酌报部。

（六）请各系于本月底以前将审查意见送交注册组。

1946 年 6 月 17 日会议

日期：六月十七日

时间：下午三时

地点：校长室

主席：柳灿坤

出席人：丘勤宝　朱驭欧　王树勋　柳灿坤

列席：张友铭　杨惠芳

议决事项

一、学分总数，文法、理、农等学院最少以一百三十六学分审查，工学院及文法学院法律系则以一百四十六学分审查。

二、“体育”未修足或成绩不及格者须照章补足后始准毕业。

三、毕业生三十四年度第二学期成绩请各系主任催各教员于大考后一星期内交注册组。

四、毕业生缺修必修科目及学分者或科目名称不同者，请各系主任参照部颁课程标准于可能范围内加以解释，由校方参酌报部。

五、毕业论文限七月十五日以前交入，逾期不交者，不准毕业。

六、毕业生成绩、论文、相片等交齐后，由注册组通知柳灿坤先生召开第二次毕业生审查委员会。

散会。

1946年7月28日会议

日期：七月二十八日下午三时
地点：校长室楼下
主席：柳灿坤
出席人：秦仁昌　柳灿坤　张福延　凌达扬　于振鹏　崔之兰
列席：张友铭　王少钦
记录：王少钦
议决事项

一、毕业论文缮正本（经教师评定成绩者）限于八月十五日以前呈交，否则不得于本届毕业。此后学生于四年级选课时论文题目即应决定。

二、除“三民主义”外凡达132学分者准毕业。

三、“体育”不足者补足后准毕业。

四、凡因必修学分变更而缺一二学分者，由教务处商同系主任决定。

五、上年及本年度缺必修学分不得毕业者补修，限于下年度（三十六年）办理。

六、各系必修科目未开班由各系呈由学校转呈核定。

七、必修科目不及格应补考者，如补考及格准仍列入本届毕业。

八、杨邦顺“哲学概论”系毕业考试科目，应补考及格。

九、李培宣应补修补习英文及大一英语，张正昌英文补修半年。

十、李光溪、于光新毕业问题不考虑。

1946年8月24日会议

日期：八月廿四日上午九时
出席人：司徒尹衡　方国瑜　杜棻　邱勤宝　柳灿坤
会议内容（略）

（十四）国立云南大学被炸损失救济金分配委会会议记录

1940年11月29日会议

日期：十一月廿九日午后四时
地点：校长室楼下
主席：熊庆来

出席人：杨克嵘　胡小石　伍纯武　熊庆来

列席：张福延　汤惠荪（张代）　赵鸿勋　何衍璿（张代）

记录：张福延

甲、报告事项

主席报告本校师生、工警损失情形及救济金来源。

乙、讨论事项

一、孔院长汇来救济金万元，如何分配。

议决：教职员、学生50%，校工警10%，铺被准备金30%，药品准备金10%。

二、教职员学生救济金如何分配。

议决：教职四千元，学生一千元。

三、救济金分配标准。

议决：分三种救济：（1）生活必需品占60%。（2）教学必需品占30%。（3）杂项用品10%。珍玩及奢侈品不在救济之列。

四、各方救济金分配后，如有余额，应如何处置案。

议决：悉数留作预备金用，如附中汇来救济金三百四十元。

五、教职员学生救济金审查分配人选案。

议决：公推伍健一先生（召集人）、姚碧澄先生、沙玉彦先生。

六、校工警救济金分配案。

议决：交由总务处办理。

1940年12月5日会议

日期：十二月五日下午三时半

地点：本校接待室

出席人：姚碧澄　沙玉彦　伍纯武

一、根据委员会议决策第二及第三条确定救济金额及分配比例。

二、将教职员学生损失物品分为生活必需、教学必需、杂项用品及珍玩奢侈品四类，在各人损失报告单上以（1）指明生活必需品，以（2）指明教学必需品，以（3）指明杂项用品，以（4）指明珍玩奢侈品。

三、将各类损失物品价值总数除各该类所应受之救济金额得出各项损失之救济单位（例如：假定教职员生活必需品损失总价值为四千八百元，而委员会所得救济金额为二千四百元，即以4 800元除2 400元得50元即为生活必需品救济单位）。

四、以各项损失单位乘各人损失各项物品价值总数，即救济金实数。

五、各种损失单位及各人各种损失所应得救济金实数，请由总务处及会计室依照上列办法计算。

六、如计算结果（2）（3）类救济单位大于（1）类救济单位过多时，应再提请委员会重行考虑。

1940 年 12 月 26 日会议

日期：十二月廿六年十时
地点：校长室楼上
主席：熊庆来
出席人：姚碧澄　张福延　胡小石　李季伟　伍纯武　熊庆来
记录：李季伟
报告事项
审查组报告审查情形（改组纪录）及救济金分配。
一、救济金
孔院长：一万元
救济会：四千元
附中：三百四十元
金女大：二百元
以上共计一万四千五百四十元。
二、救济金分配
（一）孔院长一万元：
教职员救济五千元
学生救济一千元
工友救济一千元
预备棉被救济二千五百元
医药救济五百元
（二）救济会四千元：
教职员救济一千元
学生救济一千元
预备棉被及杂用一千五百元
医药救济五百元
（三）附中与金女大伍百四拾元：
金额捐归学生救济。

1941 年 3 月 19 日会议

日期：三月十九日
地点：校长室楼下
出席人：熊庆来　伍纯武　何衍璿　张福延
列席：路祖焘
主席：熊庆来
记录：陈远模

甲、报告事项

张总务长报告上次救济金分配情形有无复议必要。

乙、讨论事项

一、关于补请救济学生损失数目如何分配及曾领受救济学生应否再行补给案。

议决：补请救济学生损失数目由军训组调查议拟后再予分配，其曾领受之学生酌量损失程度再补给一次。

二、关于空袭救济处账款四千元如何函复报销案。

议决：由总务处办理并尽先将学生工警、次即教职员账款单据送交该处以凭报销。

散会。

1941年4月9日会议

日期：四月九日午前九时

主席：熊庆来

出席人：胡小石（楚代）　熊庆来　伍纯武　何衍璿　张福延　汤惠荪（张代）

列席：路祖焘

记录：刘惟聪

甲、报告事项

张委员海秋报告本次召集会议原因。

乙、讨论事项

一、本校现奉教部汇发救济金六千元，应如何分配案。

议决：以二千元补助购备医药用品，二千元作准备救济金，一千五百元追加补助救济放被炸职员，五百元救济工警。

二、现奉教部汇发之救济金六千元，应如何呈报案。

议决：以救济教职员、学生、工警，数目凑足六千元呈报。

三、关于周家模所报损失，数目超过二千元以上，其救济金应如何分配案。

议决：仍照前订原则审查分配并决定最高数目：（1）生活必需品以五百元为限。（2）教学必需品以五百元为限。（3）其他用品以二百五十元为限。

1941年5月8日会议

日期：五月八日

地点：校长室楼下

主席：熊庆来

出席人：熊庆来　何衍璿　张福延　柳灿坤

记录：陈远模

甲、报告事项

张委员海秋报告本会办理救济金分配经过情形及第二次收到损失报告表。

乙、讨论事项

第二次收到损失报告表是否依照上次分配标准救济案。

议决：由会审定价值，仍照上次标准分配救济。

1941年6月25日会议

日期：六月廿五日下午五时

地点：接待室

主席：熊庆来

出席人：熊庆来　柳灿坤　张福延　伍纯武　何衍璿

记录：陈远模

甲、报告事项

熊校长报告本校收到龙主席拨给救济费国币二万元情形，应用作学校教学救济及教职员、学生、工警生活救济。

乙、讨论事项

一、龙主席拨给本校救济费应如何分配案。

议决：照下列分配数目办理。(1) 修理费一万元；(2) 补充破损器具二千元；(3) 工警奖金一千零五十五元；(4) 被盖（工警用）一千元；(5) 药品一千元；(6) 临时消耗二百元；(7) 购置食堂用品二千元；(8) 棉被（员生用）一千元；(9) 员生工警损失救济费一千七百四十五元正。

二、关于员生工警损失应如何办理案。

议决：由军训组、庶务组会同调查后再酌予救济。

1941年11月8日会议

日期：十一月八日上午十时

地点：校长室楼下

主席：熊庆来

出席人：熊庆来　伍纯武　何衍璿　姚碧澄　柳灿坤　路祖焘

记录：陈远模

讨论事项

一、关于本校第二次被炸各员生损失及校外各人员损失，应如何救济案。

议决：照本会第四次会议之决分配办法办理。

二、据会计室路主任报告，本会第六次议决分配数目第三、四、五、六项支付均已超出，应如何弥补，请公决案。

议决：第三、四、五三项共再加一千元，第六项临时消耗品为四百元，均由第一项修理费移用。

散会。

1941 年 11 月 26 日会议

日期：十一月二十六日上午十时

地点：接待室

主席：熊庆来

出席人：熊庆来　何衍璿　柳灿坤　张福延　路祖泰　伍纯武

记录：陈远模

讨论事项：

一、柳总务长报告第三次分配救济金照前次比例计算，超过指定款数约一千余元，应如何办理，请公决案。

议决：住校内员生初受损失者照分配数通过，其余减半救济。

二、教育部汇发本校第二次救济费五万元，应如何分配案。

议决：照会计室所拟预算分配表修正通过。

散会。

（十五）国立云南大学总务处文书组组务会议记录

1940 年 3 月 2 日会议

日期：三月二日上午九时

地点：本组办公室

主席：虞唐

出席人：虞唐　王汝训　周保康　陈远模　陈仲和　宋为藩　李永龄

记录：王汝训

提议事项

一、虞唐先生提议：关于本组撰拟文稿应如何划分案。

议决：关于呈文部分由虞唐先生撰拟，对各机关往来函件由王汝训先生撰拟，其余普通稿件由陈仲和先生办理，如有学生临时急件，视情形斟酌分配。

二、王汝训先生提议：凡本组已呈核之稿件及已签办之到文，除主任不再送阅外，每日须由收发员送交各拟稿员会阅，以期对于来往文件内容得到相当明了，请公决案。

议决：所有核签到文及核定文稿均由陈远模先生交王汝训先生、陈仲和先生会阅盖章。

三、虞唐先生提议：缮写员每日工作应规定标准案。

议决：专任缮写员每日规定以二千字为限，其余任有其他职务并兼缮写者，每日规定以一千五百字为限。

四、本组办理一切文件以三日内办毕为原则（急件除外），倘有送请各处室、组馆、院系办理事件，不能依限办竣，应如何处理案。

议决：本组送请各部分办理事项于限期内未见回复，应由主办人查照催办，经催促后倘再迟延，应签请总务长转呈校长核示办理。

五、虞唐先生提议：本组职员应予每星期六组务会议报告本周工作情形，请公决案。

议决：通过。

1940年3月11日会议

日期：三月十一日（星期一）上午九时

地点：本组办公室

主席：虞唐

出席人：虞唐　王汝训　周保康　陈仲和　陈远模　宋为藩　李永龄

记录：王汝训

甲、报告事项

本组各职员报告上周工作情形。

乙、提议事项

一、陈仲和先生提议：关于已失时效及已完案之文件可否汇作废卷案。

议决：关于已失时效及完案之文件先由经办人整理剔出，送请主任核阅后，转请总务长核示办理。

二、虞唐先生提议：本校二十八年度下学期滇籍生奖学金应在限期内申请完毕，如已届期尚未申请学生应如何办理案。

议决：本学期滇籍学生奖学金前一学期业已申请者由本组查明后，商请教务处将其学科、操行成绩抄送一份，经查明已合于教育厅规定标准者即由校代其申请，其不合规定标准者即予剔除，至逾期申请者概不受理。

三、虞唐先生提议：填工作报告表应填事由案。

议决：通过。

四、王汝训先生提议：本组组务会议时间应改订于每周星期一举行，以便填报每周工作案。

议决：通过。

1940年3月18日会议

日期：三月十八日上午九时

地点：文书组办公室

主席：虞唐

出席：虞唐　陈远模　陈仲和　周保康　宋为藩　王汝训　李永龄

记录：王汝训

甲、报告事项

本组各职员报告上周工作状况。

乙、提议事项

陈仲和先生提议：剔出已失时效及已完案之文件，应如何送阅，请公决案。

议决：凡完案及已失时效之文件由经手整理人剔出后，开列清册，俟全部卷宗整理完竣即将清册连同废卷一次送阅。

1940年3月25日会议

日期：三月廿五日上午十时

地点：本组办公室

主席：虞唐

出席：虞唐　王汝训　周保康　陈远模　官教荣　陈仲和　宋为藩　李永龄

甲、报告事项

各职员报告上周工作状况。

乙、提议事项

一、王汝训先生提议：本校学生（滇籍生除外）向其原籍教厅申请各种代金或救济金等，应如何办理，以期划一，请公决案。

议决：由王汝训先生将各省机关所送代金或救济金省机关原案检出，查明学生申请应备手续及规定金额汇列一表以后，须按照拟定限制办法，于限期申请一并公布，学生照办，以示限制而免参差。

二、周保康先生提议：本校委令式样应行改良以示美观，请公决案。

议决：由周保康先生拟定式样呈请核示办理。

三、周保康先生提议：关于本组缮写人员有缮写错误、遗漏之处，应否由校对员登记提会报告，请公决案。

议决：应将缮写员姓名及错误字数分别登记，周报表以凭考核。

1940年4月8日会议

日期：四月八日上午十时

地点：本组办公室

主席：虞唐

出席人：虞唐　王汝训　周保康　刘骏名　宋为藩　李永龄　陈远模

记录：王汝训

报告事项：

报告工作情形。（略）

1940年5月21日会议

日期：五月廿一日上午九时

地点：本组办公室

主席：虞唐

出席：虞唐　刘惟聪　周保康　陈远模　宋为藩　李永龄　刘骏名

记录：

甲、报告事项

一、虞主任报告：略谓本组组务会议因人事及种种原因，致停顿至五次之多，于本组组务会议推进妨碍甚大，此后务拟按周举行，以资改进。

二、本组各同事报告上周工作状况。

乙、讨论事项

一、陈远模提议：关于学校经费方面公文应注意分别专案呈报，以便归卷，并签请出纳组查照办理案。

议决：通过。

二、虞主任提议：

（一）关于卷宗档案俟整理完竣后，拟设置登记簿一本登记备查。

议决：通过。

（二）本组卷宗间有零乱，以致查看困难，嗣后办文，应分别性质，一文一事，以便归卷而利检查，并呈请校长核准通知各处照准。

议决：通过。

1940年6月20日会议

日期：六月廿日上午九时半

地点：本组办公室

主席：虞唐

出席人：虞唐　刘哲夫　周保康　陈远模　宋为藩　丁济沆　李永龄　刘骏名

甲、报告事项

虞主任报告过去工作及组务会议停顿情形，各同事工作报告尽下周填竣，提下次会议报告。

乙、讨论事项

一、关于整理新旧卷宗应如何继续办理案。

议决：由陈远模先生继续将旧卷陆续整理，务期尽本年度整理完毕，以为本组成绩表现之一部分。

二、关于本组核对事件应否由周先生自下周起切实负责，如有错误，务必登记案。

议决：通过。

（十六）国立云南大学财务委员会会议记录

1949年6月11日会议

日期：六月十一日下午一时

地点：会泽院三楼

主席：王树勋

出席人：邓建国　杨锡琨　张雨润　蒋韦光　李勤　李金祥　杨鹏魁　熊锡之（李慰祖代）

记录：刘谦

讨论事项

一、三处一室主管私人住宅所用学校工役应否保留请公决案。

议决：查各院系主管均无此例，且各教职员宿舍膳团及学生宿舍名额太少，拟请学校将该三处一室工役调拨亟需部门工作，该三处一室工役名额应予废除。

二、柳秘书灿坤私人所用学校一名工役应如何处理案。

议决：应调任公职。

三、农学院本部工友名额太多，超过其他院系工友名额总和，应否重予调整案。

议决：建议校方酌调若干名至校本部服务。

四、核实名册内有问题之名额应如何处理案。

议决：黄绵龄（驻沪办事员）六月份不应再领。赵法源（物理系职员）如批准长假不应再领。梅远谋、赵希哲、彭桓武六月份离校，可补五月份十元尾数。俞法峻（生物系已出国）、秦教中（最近离校）不应再领。余济康、冯建纲休假不在校者，校方尚不准领救济金，病故者理应不能领取。张继龄、仲跻鹍休假不在校者校方尚不准领救济金，故去者理应不准领取。贝麦雅美（外语系教授，惟该系送来名单中未列，应注明员工子弟学校）。周志宏（矿冶系教授，惟该系送来名单中未列，校方原册批注应聘未到校，四月份救济金已领去，以后应不列册）。实习工厂四职员（为顾及本会核实原则，领省府救济金时似应报为技工或技佐，建议学校斟酌办理）。

五、核对名册后，是否可协助校方补领省府三赆维持费，请议决案。

议决：接学校委托书后再为办理。

六、试验农场工役名额应如何核实，请公决案。

议决：函请校方转知农学院张院长自行负责核实后，本会再为办理。

（十七）国立云南大学经费稽核委员会会议记录

1945年5月26日会议

日期：五月二十六日下午四时

地点：校长室楼下

主席：熊庆来

出席人：熊庆来　张福延　徐嘉瑞　蒋蕙荪　何衍璿　丘勤宝

记录：蒋蕙荪

甲、报告事项

校长报告：

（一）三十三年经费情形。三十三年度原亏六百余万元，嗣因教育部第一次追加约二百万元，第二次追加工警膳宿补助费一百一十万元及以加班经费（奉令上年度之加班费，准可至十二月底全数支付关系）移补约二百万元，仅不足约一百余万元。上月复奉部令第三次追加约四百万元，故四共除弥补三十三年度亏欠外，尚余约二百万元，业以该款于晚翠园建学生宿舍五间及教授住宅连厅房五间。

（二）本年度加班费奉部令核定八百五十万元，内指定以六百余万元作建筑设备费用，拟以四百万元建学生宿舍九间，地点在城外围墙内，又后勤部借用本校礼堂及教室补助本校二百万元，教部拨本年度扩充设备费五十万元，拟以此二百五十万元建教室五间（地点在泽清堂前）。

乙、讨论事项

校长提议此后建筑房屋购置材料时，拟由本会推派人员（会同总务处、会计室）监督采购，以示大公案。

议决：推陆忠义、姚瞻、杨桂宫、蔡克华四先生轮流负责，此次学生宿舍及教室材料请杨桂宫先生负责监购。

（十八）国立云南大学合作社理监事联席会会议记录

1944年9月6日会议

日期：九月六日

地点：校长公馆楼下

主席：熊校长

列席人：熊庆来　张福延　何衍璿　陆忠义　徐梦麟　朱驭欧　鲁冀参

甲、报告事项

一、陆忠义先生报告过去账目。

二、朱先生报告：合作金库曾派王经理来社视察，旋到库指示：

（一）须发社员证；

（二）理发部挂合作社招牌，而实际上不受合作社管理，应予改正。

乙、讨论事项

一、今后教职员、学生及工警应否强迫入社案。

决议：

（一）教职员由合作社函请加入，倘在九月底以前不复信表示异议，则视作默认加入，即通知学校在其薪津内扣除两股股金。

（二）通告全体旧生及工警于九月底前自由入社，新生于十月底前自由入社，每人至少认购一股，每股股金一百元。

（三）每人最多以十股为限。

（四）发给社员证，凭证购物，非社员不得享受社员应享之权利。

二、本社经理及会计应否酌予补助案。

议决：通过。

散会。

（十九）国立云南大学建筑委员会会议记录

1945 年 11 月 22 日会议

日期：十一月廿二日下午三时

地点：校长室楼下

主席：熊校长

出席人：熊庆来　邱勤宝　蒋蕙荪　殷之澜（丘代）　张用一

记录：蒋蕙荪

甲、报告事项

蒋总务长报告：此次于泽清堂前所建之教室五间及后门所建之宿舍九间已完成，共用工料约一千万元，教室原预算二百五十万元可不致超出。宿舍因石脚加高，工程较原计划亦多改善，超出数十万元，该项工程已函审计处派员验收在案。

乙、讨论事项

一、拟以此次部拨建筑设备费伍佰万元，续于北门外建筑学生宿舍九间，如何进行，提请公决案。

议决：

（一）仍采自行购料比标包工办法。

（二）购料人员除例由总务处会计室公务组、庶务组各派一人外，本校方面再请训导处指派一人参加，并另函请审计处派员监购。

二、后门外学生宿舍厕所如何建筑，提请公决案。

议决：

（一）地点：建筑于后面围墙侧，但须估计让出将来于现有宿舍东侧续建宿舍地位。

（二）建筑方法：仿照农学院厕所建筑方法以保清洁而注意卫生。

散会。下午五时。

1948年2月20日会议

日期：二月廿日上午九时

地点：本校会议室

出席人：熊庆来　张福延　全云寰　蒋蕙荪　张用一

记录：张用一

讨论事项

一、修理会泽院二楼一、二、三、四教室及大阅览室朽坏梁木、楼板以防危险案。

议决：应分别修理，并提前赶修第四教室以应急需，至所需工料费四亿元，数目巨大，应先函审计处派员勘验实况后再报部请款。

二、积极办理前收回续做永记营造厂未完会泽院楼顶工程案。

议决：关于油漆部分发交艺光承包，包价准给予国币一仟八百五十二万元。

三、应安装玻璃，除尽永记所遗使用外，不敷数即向华山玻璃厂采购。

四、借款建筑教授住宅案。

议决：本校房舍甚感不敷分配，教授住宅关系系留优良师资至巨，为应急需起见，在部款未奉拨前拟向营造厂接洽垫款建盖教授住宅八幢，俟本年度修建费奉到，归还办法如下：

（一）由营造厂先将建筑材料及工资分别估计，商准立约后垫款建盖，垫款仅限于建筑材料，工资应由学校先借款按估单付予。

（二）建筑材料垫款定六个月归还，归还时照市价无息折算。

本案应征求审计处同意。

（二十）国立云南大学整理委员会会议记录

1949年9月22日会议

日期：九月二十二日下午二时

地点：会泽院明远厅

出席人：张福延　蒋同庆　朱肇熙　柳灿坤　王绍曾　宋玉生　杨家驹　蒋蕙荪　杨堃　周耀　蔡克华　段永嘉　方国瑜　彭元士　王士魁　张其濬　张用一　杨元坤　邹景荣　李吟秋　黄国瀛　张友铭　王天祚（张代）　李枢　王绳尧　李德家　诸宝楚　凌达扬　全云寰　张家谟　周光倬　秦仁昌　李莘农

记录：王绳尧

甲、报告事项

张代校长报告本校奉令解散移交事宜亟应准备，如何办理？请各位提供意见。

乙、讨论事项

一、关于移交事应如何准备，请讨论案。

议决：各部分应照部颁格式，尽下星期三以前造就移交清册，送总务处汇总交代，将来点验各部分财物，由各部分负责点交。至毁损器物应尽本星期六以前，自行指派人员向庶务组查对财产目录，迅速办理报销手续，俾实际数目与清册符合而利移交。

二、关于三、四、五三个月金元券薪饷超支及前发教职员工二元五角半开扣款，暨由扩充改良费购存食米项下分配出员工食米共二百八十石，如何报销，请讨论案。

议决：食米专案报销，三、四、五各月金元券薪饷超支及二元五角半开扣款由福利金项下报销。

散会。五时零分。

1949年9月24日会议

日期：九月二十四日下午三时

地点：云南省政府会议室

主席：卢主任委员

出席人：卢汉　任泰　朱景暄　姜寅清　王士魁　黄国瀛　范锜

参加人：吴俊升　刘求南　孙爱棠

记录：刘钟明　李树藩

甲、报告事项（略）

乙、讨论事项

一、拟具《国立云南大学整理纲要草案》，请核议案。

议决：修正通过。

二、拟具《国立云南大学教职员工甄选办法草案》，请核议案。

议决：修正通过。

三、拟具《国立云南大学学生登记甄别办法草案》，请核议案。

议决：修正通过。

四、拟具《国立云南大学临时行政机构组织大纲草案》，请核议案。

议决：修正通过。

五、各组主任应如何延聘，请公决案。

议决：由任委员开拟名单，商请主任委员核聘。

六、应否限定交接日期，请公决案。

议决：俟新校长人选决定再定。

七、本会下次会议日期应否决定案。

议决：临时决定。

附：

国立云南大学整理纲要

一、本纲要依据行政院命令暨教育部会同云南省政府所拟定之原则制定之。

二、整理委员会（下简称整委会）办理教职员甄选、学生登记甄别及其他有关校务整理事宜。

三、整委会临时行政机构组织大纲另定之。

四、教职员、学生应遵守政府法令、学校规章，专心致力教学工作，不得参加任何反动政治组织及活动，其违反者，教员解聘，职员撤职，学生开除。

五、教授、副教授凡无违反国策之言行及服务称职者，由整委会加聘之（甄选办法另定之）。

六、讲师、助教由整委会严予考核，分别去留之（甄选办法另定之）。

七、职员凡忠实服务而无反动言行者，由整委会审核后，斟酌需要取具保证任用之（保证及甄选办法另定之）。

八、校工严加甄选雇用之。

九、学生分别定期登记，严予甄别，其能遵守校规、专心向学而言行不背国策者，准予复学时取具保证注册继续肆业（保证及甄选办法另订之）。

十、本纲要分呈教育部暨云南绥靖公署备案施行。

1949年9月27日会议

日期：九月二十七日下午三时

地点：云大校长室

主席：任泰

出席人：全云寰　王士魁　诸宝楚　黄国瀛　刘钟明　任泰

记录：刘钟明

甲、报告事项

一、云大整理纲要及临时行政机构组织大纲等，业经整理委员会第一次会议通过，应即呈报教育部及云南绥靖公署。

二、本会各组应即日起积极工作。

乙、讨论事项

一、本校现金移交日期案。

决议：请旧任于十月三日将结余现金移交整理委员会。

二、教员甄选委员会组织案。

决议：聘方国瑜、张其濬、丘勤宝、杜棻、张福延五先生为教员甄选委员会委员，以教务组主任为召集人。

三、学生甄别委员会组织案。

决议：聘方国瑜、张其濬、丘勤宝、杜棻、张福延、李德家、宋玉生、王士魁、秦仁昌、李吟秋、王绍曾、王志民、朱锡侯、朱肇熙、蒋蕙荪、蒋同庆、段永嘉十七位先生为委员，以训导组主任为召集人。

四、云大全部移交时间应否规定案。

决议：请旧任于十月十五日以前准备完竣。

五、关于职工甄选事宜，拟由总务组主任于九月三十日以前会商各单位原主管人办理，是否可行案。

决议：通过。

1949 年 10 月 6 日会议

日期：十月六日下午三时

地点：云南省政府会议室

主席：卢主任委员

出席人：范锜　姜寅清　王士魁　黄国瀛　任泰　卢汉

参加人：吴俊升　孙爱棠

记录：刘钟明　李树藩

甲、报告事项

一、宣读第一次会议记录。

二、依照本校临时行政机构组织大纲之规定，聘任王士魁先生为教务组主任，黄国瀛先生为训导组主任，诸宝楚先生为总务组主任，刘钟明先生为秘书组主任，全云寰先生为会计组主任，均已到会工作。

三、奉教育部穗高字 9830 号代电，饬依照教育行政检讨会议之决定，至少裁减职工名额四分之一，经交由总务组迅速办理。

四、熊校长任内结内银六千三百一十七元五角，已拨交本会备用，并酌借支职教员伙食之需。

五、本校学生登记日期经定为本月五日起至十四日止。第一日登记学生共一百三十名。

乙、讨论事项

一、聘任教授、副教授及讲师案。

决议：除教授柳灿坤年老退休，暂不续聘，李枢、梁家椿聘为特约教授，由校致送伕马费，徐溥泽、由振群、熊廷柱改聘为兼任教授，靳式根、俞德浚久未返国，暂不延聘，蔡克华专任农场主任外，余照所拟名单通过。

决议：修正通过。

二、决定开学上课日期案。

决议：定于十月二十五日开学，十一月一日上课。

三、决定举行新生考试日期案。

决议：成立招生委员会于开学以前办理。

四、核发遣散教职员工津贴案.

决议：教员照原支薪级自十月份起发给三个月，职员两个月，工警一个月。

五、农学院附属农场拟酌予合并案。

决议：昆明实验农场与昆明作物试验场暂行合并，弥勒木棉场、厂口林场暂行派员保管听候整理。

1949 年 10 月 11 日会议

日期：十月十一日（星期二）

时间：下午三时

地点：本校会议室

主席：王士魁

出席人：王士魁　李德家　宋玉生　王绍曾　方国瑜　王志民　诸宝楚　黄国瀛　凌达扬（黄代）　段永嘉（昝代）　江应樑　张瑞纶　蒋蕙荪　赵明德　李吟秋　杜棻　蒋同庆　张福延　张友铭　周荫阿　张其濬

讨论事项

一、本年度新生考试是否不分两试举行案。

议决：第一、二两试科目一次考完。

二、阅卷员如何决定案。

议决：阅卷员由各系主任推荐，再由整理委员会聘请担任。

三、监考员如何决定案。

议决：由招生办事处照需要拟定名单，签请整理委员会聘请。

四、继续报名日期如何决定案。

议决：自十月十五日起至十七日继续报名。

五、报名地点如何决定案。

议决：报名点在本校农学院。

六、考试日期如何决定案。

议决：十月二十二、三两日。

七、本年度取录新生名额如何决定案。

议决：以后再定。

八、试题如何命拟案。

议决：命拟标准照旧。

九、命题先生如何决定案。

议决：命题由有关各系负责。

十、监印试题人选如何决定案。

议决：为慎重起见，请由整理委员会副主任委员任泰先生及黄国瀛先生、王志民先生监印试题。

十一、报名费收入，因两试合并举行，如开支费用不敷时，应如何办理案。

议决：请示整理委员会办理。

十二、本年度新生考试是否应举行口试案。

议决：由各院系自行决定。

散会。

云南省公私立中等以上院校整理委员会、国立云南大学整理委员会、国立昆明师范学院整理委员会代表会议记录

日期：一九四九年十月十一日

地点：教育厅会议室

主席：姜厅长

出席人：倪中方　胡毅　王士魁　徐天祥　童玮　黄澄　姜寅清

记录：纳钟明

甲、报告事项（略）

乙、讨论事项

一、英专奉令归并，应如何整理，请公决案。

议决：

（一）英专学生决定并入云大，附设英语专修科继续办理，惟限于二、三年级学生，至一年级新生仍须参加云大或师院新生入学考试。

（二）英专并入云大后，呈请省政府按教部规定每月补助云大副教授一人、讲师一人、职员一人及工役一人之薪俸，并由省府及云大整委会分别代电教部，增加云大教授一人，助教一人作为部方对英语专修科之补助。

二、英专学生并入云大后，住宿与教学问题如何解决，请公决案。

议决：英专学生并入云大后，因宿舍不敷分配，一律通学，不……（原文件缺）……入学生人数由英专拨交云大接收使……（原文件缺）公私立中等以整理委员会召集。

1949年10月27日会议

日期：十月二十七日下午三时

地点：云南省政府会议室

主席：卢主任委员

出席人：姜寅清　孙爱棠　黄国瀛　王士魁　范锜　朱景暄　卢汉　任泰

记录：刘钟明　李树藩

甲、报告事项

一、宣读第二次会议记录。

二、奉教育部令发教育行政检讨会议整肃学风决议案，饬遵照并拟具实施方案。

三、奉教育部令发教育行政检讨会议核减及核实决议案，饬分别实施。

四、奉教育部代电，本校九月份经费国库署已拨发，十月份支付书正寄发中，并先垫发员工遣散费五千元，惟各款迄尚未汇到。

五、准云南省政府公函，保送冯惠慧等四人免试入学。

六、准云南省政府代电，保送边疆学生龚政平等六名，请逾格收取由。

七、准云南省公私立中等以上院校整理委员会函请派代表会商省英语专修科学校合并事宜。经推王委员士魁参加商定，英专二、三年级学生并入本校，附设英语专修科继续办理，经会同省政府电请教育部备案。

八、本校旧生登记结果，参加登记者八百六十四人，应淘汰者八人，准注册继续肄业者八百五六人，又未登记之学生苏经文等十三人应注销学籍。

九、次会议决定员工遣散费计教员三个月、职员两个月、工警一个月，但至发放时，遣散员工已服务半个月，除照议定案办理外并各支给半个月薪饷。

乙、讨论事项

一、李德家教授兼文法学院院长，王士魁教授兼理学院院长，李吟秋教授兼工学院院长，张福延教授兼农学院院长，杜棻教授兼医学院院长，请追认案。

决议：追认通过。

二、聘倪中方教授兼任教务长，黄国瀛教授暂行兼代训导长，诸宝楚教授暂行兼代总务长请追认案。

决议：追认通过。

三、聘任各学系主任案（附名单）：

文法学院：方国瑜教授兼任文史学系主任，凌达扬教授兼任外国语文学系主任，李德家教授兼任政治学系主任，杨克成教授兼代经济学系主任，杨堃教授暂行兼代社会学系主任，饶重庆教授兼代法律学系主任。

理学院：王士魁教授兼任数学系主任，张其濬教授兼任物理学系主任，苗天宝教授兼任化学系主任，秦仁昌教授兼任生物学系主任。

工学院：王景贤教授兼任土木工程学系主任，杨克嵘教授兼任机械工程学系主任，黄国瀛教授兼任矿冶学系主任，李吟秋教授兼任铁道管理学系主任，王绍曾教授暂行兼代航空工程学系主任，周荫阿教授兼任电讯专修科主任。

农学院：张福延教授兼任森林学系主任，段永嘉教授暂行兼代农艺学系主任，蒋同庆教授暂行兼代桑蚕学系主任。

决议：通过。

四、请复议开学及上课日期案。

说明：上次会议原决定二十五日开学，十一月一日上课，兹以旧生办理请保、对保手续尚须时日，新生尚未发榜，拟改定为十一月一日开学，二日至四日缴费注册，五日至八日选课及补考，九日上课。

决议：改定十一月一日开学，九日上课。

五、请核定本学期收费标准案。

决议：照教育部规定，收学费五元，宿杂费五元（不住宿者减收三元），体育费一元，实验费暂收五元，多退少补，无实验者免收，公费生免收学杂费。

议决：通过。

六、请决定接收日期，并请教育部整委会派员监盘案。

决议：定本月三十一日接收，并请教育部孙督学爱棠、姜委员亮夫监盘。

七、本校行政机构拟酌予裁并，拟将校医室、统计室撤销，工务组并入庶务组，以节经费案。

决议：通过。

八、本校甄选续聘教员，凡名义不变更者，均仍照支原薪，俾少更张，当否，请公决案。

决议：通过。

九、各院系助教应照教部规定不担任课程，但须作专题研究案。

决议：通过。

十、各院系财务应由总务处、会计室统筹支配案。

决议：原则通过，交总务长及会计主任详拟实施办法，并应合理支配。

十一、本校遣散员工津贴原定自十月份起，职员发给两个月，工警发给一个月，惟实施上诸多困难，经变通办理改为自遣散之日起计算，工警并免扣十月份借支及伙食，请追认案。

决议：追认。

后　记

学校各种会议记录是反映学校活动的重要依据。本卷收录董泽、华秀升、何瑶、熊庆来四位校长任职期间的各种会议记录，时间跨度从1924年至1949年，内容涉及各个时期的校务会议、教务会议、教授会议、招生会议、聘任会议等诸方面，为读者了解、研究云南省这一历史悠久的高等学府以及云南教育事业发展情况提供了第一手材料。

在编辑整理中，云南省档案馆给予大力支持和热情帮助，云南省档案馆夏强疆先生指导本书编辑工作，云南大学出版社冯峨女士提出了许多重要的修改意见，卫魏、李春雷、李波、李永忠、冯彦杰、赵慧慧等参与文字录入及校对工作，相关领导、专家、学者为本书提供许多宝贵意见，在此不一一列名，谨致谢忱！

本书文献资料来源于云南省档案馆馆藏档案，限于编者查阅档案中的疏忽及对文献的认识，难免有失误和缺漏，敬请读者指正。

编　者

2010年3月8日